京都文科大學教授 文學博士 高瀨武次郎 著

王陽明詳傳

東京 廣文堂書店發行

1915年版本扉頁

序

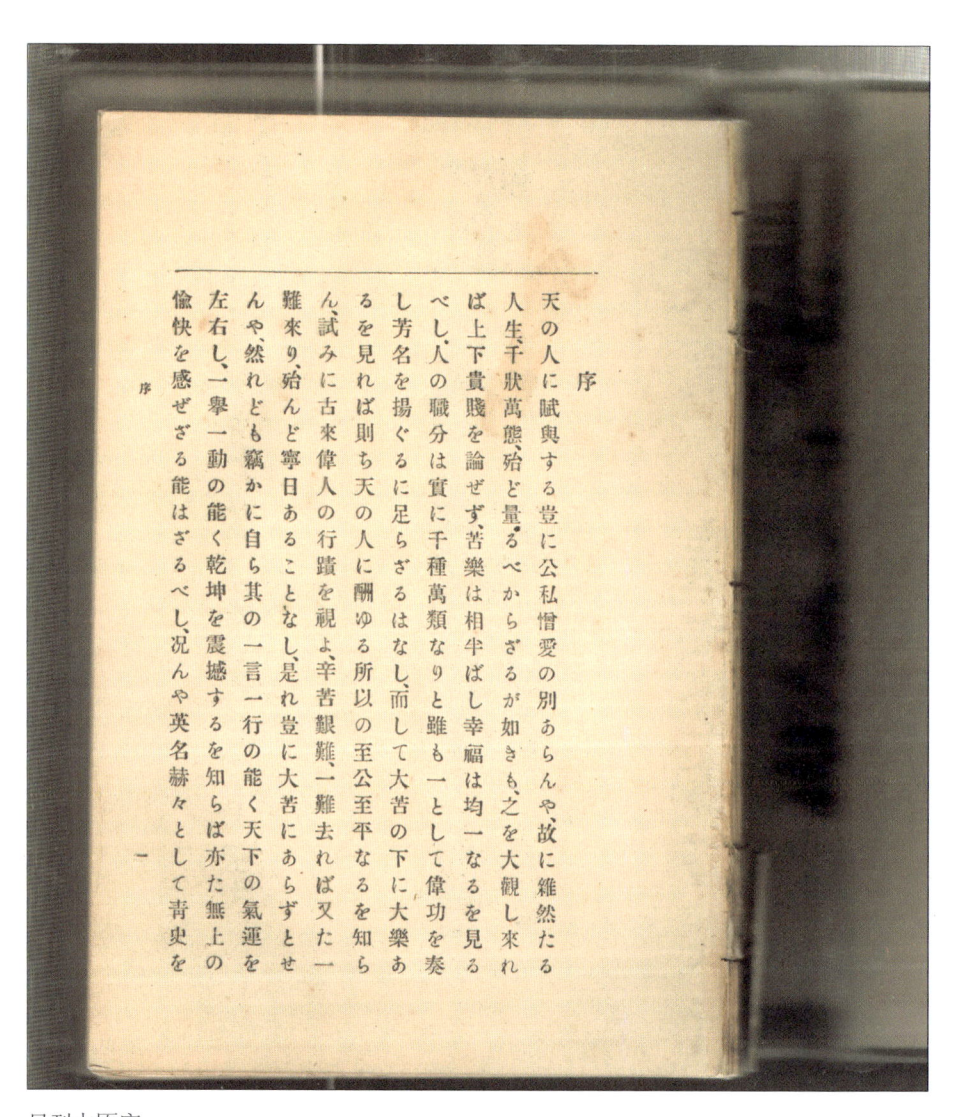

天の人に賦與する豈に公私憎愛の別あらんや故に雜然たる人生千狀萬態殆ど量るべからざるが如きも之を大觀し來れば上下貴賤を論ぜず苦樂は相半ばし幸福は均一なるを見るべし人の職分は實に千種萬類なりと雖も一として偉功を奏し芳名を揚ぐるに足らざるはなし而して大苦の下に大樂あるを見れば則ち天の人に酬ゆる所以の至公至平なるを知らん試みに古來偉人の行蹟を視よ、辛苦艱難、一難去れば又一難來り、殆んど寧日あることなし、是れ豈に大苦にあらずとせんや、然れども竊かに自ら其の一言一行の能く天下の氣運を左右し、一擧一動の能く乾坤を震撼するを知らば赤た無上の愉快を感ぜざる能はざるべし、況んや英名赫々として靑史を

日刊本原序

明王文成公遺像

無善無惡心之體
有善有惡意之動
知善知惡是良知
為善去惡是格物

此陽明先生語也與五
于仕善之旨雖不同然
其道理實覺做上做下
足以垂訓于世
悟軒先生屬書四語於
畫像之上其作肮江之
學必鈦身體力行無疑
也 曾熙拜題

日本人牧山所绘王阳明图像

日本人佐藤一斋所绘王阳明图像

日本人小原庆山所绘王阳明图像

朝採山上荊暮採谷中栗深谷多淒風霜露霑衣
溫採薪勿辭辛昨來彭薪拾晚歸陰壑底抱甕還
自汲薪水良獨勞不愧食吾力

大正十二癸亥年四月謹錄王陽明先生採薪詩

惺軒武

本书作者高瀬武次郎所录王阳明采薪诗轴

侍生王守仁頓首敬啓

侍御王老先生大人執事 昨承

領眙薰

錫多儀 生以丁日感微寒迄今未敢風

未能奔謝感荷之餘可勝惶悚先遣

門人越榛鄭木請罪尚容稍間面詣

也即日侍生守仁再拜啓上

　教

　　外小詩稿一通呈

　　　餘空

即日雖雨不可以盡前
約未刻拽候想
瀘文已發差人明日川
砥直甚如 矢幸
　　　　　　守仁頓首
知之
　　守頓首

適閲
貴篆姓功雖之先書
問候稍間當別
詣叩
　　守仁頓首拜
閱

王陽明先生真像

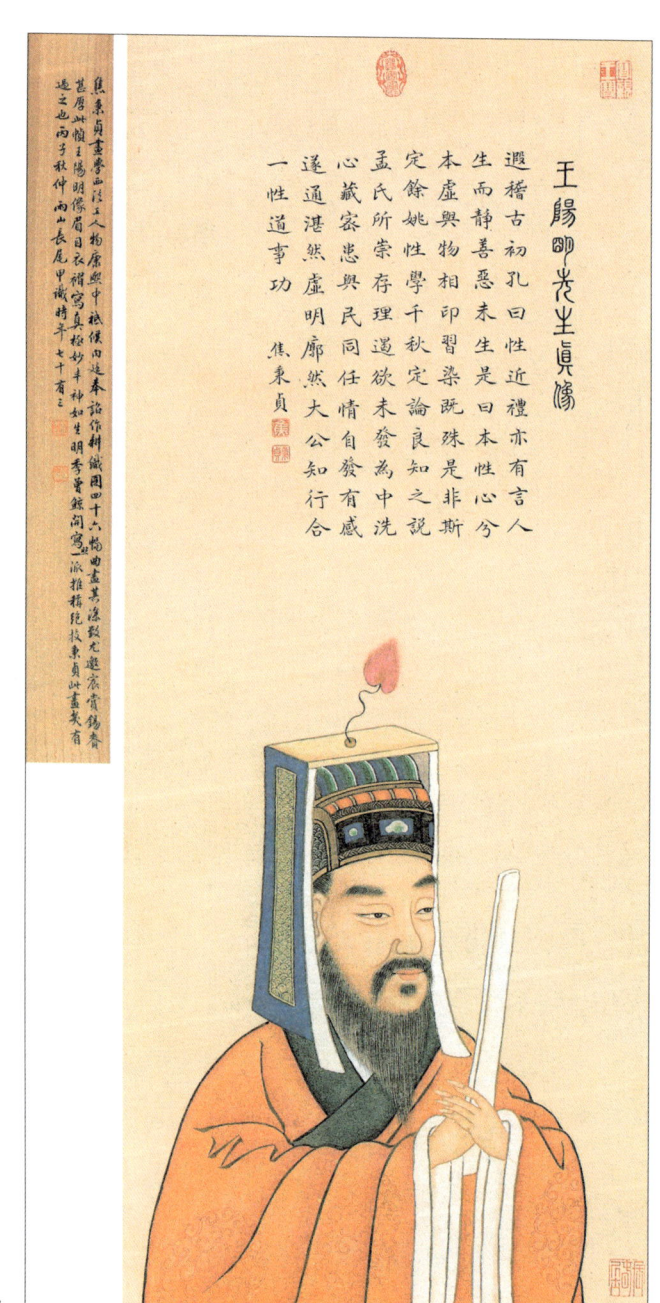

遡稽古初孔曰性近禮亦有言人
生而靜善惡未生是曰本性心分
本虛與物相即習染既殊是非斯
定餘姚性學千秋定論良知之說
孟氏所崇姚學存理道欲未發為中洗
心藏密忠與民同任情自發有感
遂通湛然虛明廓然大公知行合
一性道事功

焦秉貞

清代焦秉贞所绘王阳明像

知行合一王阳明详传

[日]高濑武次郎 著

赵海涛 王玉华 译

北京时代华文书局

图书在版编目（CIP）数据

知行合一：王阳明详传 /（日）高濑武次郎著；赵海涛，王玉华译. --北京：北京时代华文书局，2018.5（2023.6重印）
ISBN 978-7-5699-2439-8

Ⅰ. ①知… Ⅱ. ①高… ②赵… ③王… Ⅲ. ①王守仁（1472-1528）—传记 Ⅳ. ①B248.2

中国版本图书馆CIP数据核字（2018）第111419号

知 行 合 一 ：王 阳 明 详 传

Zhi-xing Heyi：Wang Yangming Xiangzhuan

著　　者 | [日] 高濑武次郎
译　　者 | 赵海涛　王玉华

出 版 人 | 陈　涛
选题策划 | 余　玲
责任编辑 | 周海燕
封面设计 | 程　慧
版式设计 | 王艾迪
责任印制 | 訾　敬

出版发行 | 北京时代华文书局 http://www.BJSDSJ.com.cn
　　　　　北京市东城区安定门外大街138号皇城国际大厦A座8楼
　　　　　邮编：100011　电话：010-64267955　64267677

印　　刷 | 三河市嘉科万达彩色印刷有限公司　0316-3156777
　　　　　（如发现印装质量问题，请与印刷厂联系调换）

开　　本 | 710 mm×1000 mm　1/16　印　张 | 20　彩插8面　字　数 | 260千字
版　　次 | 2019年3月第1版　印　次 | 2023年6月第2次印刷
书　　号 | ISBN 978-7-5699-2439-8
定　　价 | 58.00元

版权所有，侵权必究

序言：阳明之于当代人的意义

我们普通人的人生也许是一部书、几页纸，就可以说尽了。但对一个主动创造人生社会并抵达其极境的人而言，他既富于人性，也富于神性、魔性，他是说不尽的。历史已经给了我们很多示范，在这些说不尽的人物中，王阳明仍是我们当代人较为陌生的一位。尽管我们都略知他的传奇经历，他年轻时对着竹子格致格出病来，他后来在"龙场悟道"，平定宁王叛乱，生前即出版了与弟子问答的"语录"……实现了孔子们梦想而不得的"内圣外王"，成为活着的高于政统的文明道统的人格象征，是很多现代中国人敬服的历史伟人。

但我们对王阳明的隔膜显而易见。无论是极左时期，王阳明被当作地主阶级"唯心派"的代表，具有"反革命"的两手……还是此前此后者对他的想当然，他的知行合一说、他的良知良能说，都被简单地理解成了人的"主观能动性"，如"人有多大胆、地有多大产""你心如何，世界就如何"……一句话，王阳明仍是我们评判世界、贴标签的方便，尚未能成为我们中间的兄弟。

这当然也跟王阳明自己的追求相关。阳明先生年轻时候就对做一个普通人、做当时士人仿效的"成功人士",如科举状元进士、如秀才文人等等,不以为然,他要做一个更大的人物,希圣希贤。他也受到过种种诱惑,最大的诱惑,莫过于释家道家,出家、做神仙、长生久视,但王阳明守住了儒家的一念之仁,并以儒家的维度看出了释家道家的"短板",在宋人援佛道入儒开出"理学"之后,他援佛道入儒光大了圣门的"心学"。……最终王阳明如愿以偿,成为传统中国的"圣人",高居庙宇之中,享用人们对他的崇拜、祭奠。

因此,至今王阳明的传记中,传奇成分不亚于理性、经验成分,尤其在日本人的研究中,王阳明的传奇仍是他们不曾穿越的神秘。以我今天的理解,这一现象归结于,包括日本人在内的东方社会至今仍未完成"现代性的祛魅",人们容易将历史人物神化、圣化。对日本人来说,大和民族的太阳崇拜,使之在前现代社会的暗夜中向往光明,王阳明就是东土社会五百年来黑暗时代的人心太阳,其中有人格的自我期许、成全及日常仪式,王阳明的思想和人生成就满足了黑暗中人的追求。

这种种因素,导致王阳明是我们现代人说不尽的"思想资源",而他跟我们尚未建立起几无扞格的亲切。他的知行合一学说至今仍是东北大学、北京交通大学、北京航空航天大学等中国大学的校训之一。他安身立命,仅仅五十多年的人生成为我们今人的谈资,是我们可望而不可即的高标。我们既少有理性地,包括心理学意义地解读其人生,也很少理性地分析其"短板"。这种亲切、理性的"匮乏",使王阳明成为可观的而非可解的;事实上,现当代中国不只对王阳明欠了这样一笔同情、理解的债务,我们对一切特立独行之士、对主流社会的边缘之人都缺乏"同情之理解"和"理解之同情"。我们多是主流生活的示范者和仿效者,我们是成功的和准成功人士,我们都是不差钱的或只是"窘迫一时的富翁",对那些异端之人,那些边缘者、失意者,我们既不同情他们,也不理解他们。

可以说,如非站在可观的角度,而是站在可以同情、理解的角度看王阳明和王阳明式的人物,我们对王阳明的认知不仅是对成为历史的思想资源的认知,也将是对鲜活的生活营养的认知。只有如此,我们才算真正接纳了他们。

就是说,我们要有足够的信心和能力去平视王阳明,去跟他对话。举例而言,如果王阳明知道革命世纪的"人民哲学"、现代社会人人可期的"公民人格"等等,即是传统儒生梦想的圣贤之道,不知他会做何感想。再比如,他仍囿于儒门而看释家道家之虚,他能理解释家道家的真实不虚或不可思议吗?再比如,他对易经的研究堪称别致,但他能够理解儒释道在宋明以来的合流趋势吗?

在多维时空中,儒家是东方之学,释家是南方之学,道家是北方之学,各有优长。其在宋明的上层社会和民间下层都出现合流趋势,正是中国人功行圆满的需要,仅仅因为我们位处地球时空的东方,我们更偏于或立足于儒家伦理。但自元、明以来,中国人开始真正援西学进来,在汤若望之前,西方人就供职于中国的钦天监,帮助中国人改进文明社会最重要的基石——天文历法。鸦片战争之后,中国人更大规模地引进西方之学,甚至糊涂地喊出了全盘西化或中国特殊的主张。这都是源自理学，包括王阳明在内的心学，因其不足而导致的反动。

因此，认识王阳明需要多维角度。如果我们只是站在传统层面，跟着作者去看热闹，去听传奇，我们就跟孩童无异。在我的研究中，王阳明先生一生与艮卦时空的偏好相关。"艮其背，不获其身；行其庭，不见其人，无咎"，几乎是王阳明的写照。他的一生深得艮卦之义，"时止则止，时行则行，动静不失其时，其道光明"。他临终前说，"吾心光明夫复何言"，也是艮卦之理。

我们当知，艮卦是反省、修身的。王阳明一生多有佛道朋友，自己也实践静坐、修身，并于龙场悟道。其来有自！艮卦也是多难的。王阳明一生坎坷，"其心不快"，"列其夤，厉薰心"。他感叹"良知（心学的根本）之说，是我从百死千难中得来的"。其来有自！王阳明未能彻底理解佛道。同时，他本可站在活的道统高度，较后来的顾炎武、王夫之、黄宗羲们更早地审判政统，这都是因为艮卦人的特点，"君子思不出其位"。他一定要守住儒门家位，在天地君亲师的序列里，他把天地丢掉，把君看得至高，而不愿越位批判。而他同时代西方的哥白尼们，却能把地球中心丢掉，建立起太阳中心说。

我曾经注意到王阳明对人生时空之美的阐发："人一日间，古今世界都经过一番，只是人不见耳。夜气清明时，无视无听，无思无作，淡然平怀，就是羲皇世界。平旦时神清气朗，雍雍穆穆，就是尧舜世界。日中以前，礼仪交会，气象秩然，就是三代世界。日中以后，神气渐昏，往来杂扰，就是春秋战国世界。渐渐昏夜，万物寝息，景象寂寥，就是人消物尽的世界。"我们当代人以此类推，夜气清明时，是瑞士等中欧北欧世界；平旦时，或者是欧盟世界；日中以前，大概是美国；日中以后，该是我们当代中国了。只是我们个人很少能做到此一日多省，给予自己夜气清明、平旦气朗等时空的感觉。而以"《春秋》责备贤者"来要求王阳明，他很少去反省大明王朝是在一个什么阶段。

因此，王阳明才像艮山一样矗立在那里，他把黑暗寒冷挡在身后，他像明灯一样燃亮在那里，但他尚未能成为活的光明温暖、普照人心。用我们今人的话，他不及孔子、朱熹们的教诲更切实，他是伦理的捍卫者，未能做天地历史的推手。

当然，王阳明已经接近了历史推手的边缘，他是"五百年来第一人"，也许不仅顾王黄们，就是"五四"的陈胡鲁蔡诸贤，与他相比也难以望其项背。但"五四"诸贤已经为王阳明做了最好的背书，即把他的良心良知之说跟个体自由打通。王阳明在宋明昏暗之际，发现了这种个体的时空之美，东方社会最宝贵的个人自由，他称其为良知。"学者信得良知过，不为气所乱，便常做个羲皇上人。"可惜，"好个孩儿，可惜被道破"。孩童王阳明因此被改名为"守仁"，他发现了"个性的解放"而不再道破，以至于历史演进到四五百年后的"五四"诸贤，才道破这一秘密。

尽管艰难，但他光明磊落地活着，比起大明王朝"自皇帝以下，皆是奴才奴隶"来，王阳明活成了心灵极度自由的真正的个人。也许他同时代的权贵、名人、才子、官商成功人士，承认他的才学和能力，未必羡慕他，甚至在他受难受嘲笑受打击的一生中有优越感；但他是世界秩序的真正维系者，他也是他自己人生的真正推手。

我说，王阳明之路，即自我之路，即荣格说的"阿基米德点"，即时空宇宙大爆炸的奇点。只有从自我这一点出发，才能生成宇宙，才能做历史的推友。王阳明多少做到了。

迄今为止，我读王传已有四部。这一部日本学者的著述，再一次唤起我对王阳明先生的"理解之同情"。我愿意佛头着粪，把我对阳明先生的认知写在这里，并希望读者有所会心。

是为序。

余世存　2013年10月16日写于北京

原　书　序

纵观公私憎爱于天下人岂能无别，故而杂然者此人生千状万态，终归难以衡量。看之大观，无论上下贵贱、苦乐相伴，幸福则均一者耳。人之职分，实千种万类者也。虽从其一，奏伟功、扬芳名，终不足耳。而大苦之下可见大乐，则可谓天道酬人。此可知至公至平。试看古来伟人之行迹，辛苦艰难，一难将去一难又至，多无宁日。此岂非大苦者耶？然又观其一言一行能左右天下之气运，知其一举一动能震撼乾坤，亦能感其无上愉快耳。况英名赫赫照青史，千秋之下犹为人敬仰者是也。此岂非人生一大快事哉？吾辈碌碌之徒如是，行尸走肉、蠢蠢尔无所作为，饱食暖衣间度过一生，倦怠天赋之职分，失人生之真义，静动存亡于社会毫无影响，坟土未干其名早既为人所忘者也。此岂非人生悲痛之极哉？以知苦乐相伴、幸福均一之妄说，无能设令为震天撼地之大业，犹誓不废一事一业，芳名终不能垂竹帛之上，犹盟失照稗史野乘。浮利虚名固希求不足，然空以醉生梦死毕，神圣之天赋奈之何也？惟阳明先生能为此大苦大乐之人也，身起为文臣，建盖世之伟功，烝烝英名永照千秋。真是可谓百世之上至百世之下感奋兴起者也。先生终世遭逢辛苦，吾人即其行迹，借以磨炼心胆、策振气象之龟鉴者也。

凡聪明敏活、能洞察几微，又能妙计案叠出者是有智之人；天真恻怛、感愤人类之不幸，感慨国家之非运者是有情之人；豪健勇猛、临大节无为所动，大敌当前无惧者是有意之人。有智之人得不惑，虽时难免失于冷刻；有情之人待人接物有钦慕悦服之长所，然时难免驰于慷慨激越；有意之人临事有泰然自若之利，然时难免压制弱者之弊。庸常之人大抵偏长三者之一而止，若能二者兼达，则必为杰士，得成命世之伟业，况于能三者调和发达之人哉？先生属于如何种类之人哉？有智之人？有情之人？或有意之人？之于其事迹所征，或如长于智，或如长于情，或如长于意，其或三者完备之者乎？夫先生明代大宗，为古今诸家所等见，近者我邦（日本）学者之言所征，斋藤拙堂①翁曾评道："明氏中业最者当推王新建，救戴铣，因忤刘瑾，谪遭杖恤，吾可见其气节。能怀柔京军无犯，阻许泰、张忠之计，吾可见其智略。南中数十年破定寇乱，旬月平朱宸濠，吾可见其用兵之神。《传习录》《五经臆说》诸书难免遭后人议，然其要亦有一己见解，吾可见其学问之深。其余，骑射之微，笔札之小，以一无不晓也。而文章雅健，为一代大宗，可称朱明第一人物。谁人谓不可哉？"盖谓当适评，阳明先生豪健是由其意志巩固，思想深邃、武略纵横是由其智力卓越，共语者感奋之、相接者悦服

---

① 斋藤拙堂（179—1865），日本江户幕府末期的朱子学者，名正谦，字有终，通称德藏。因其博学为世所知，尤擅汉文，对日本古今汉文评论有《拙堂文话》，武士道论著《士道要论》《海防策》等。

之是由其热情所发，是由言语眉睫间之所表。茅鹿门①评先生道"文成公百世殊绝之人"，亦固毫无溢美之词。抑或成大业之人专乘机在者，人生百事皆以用兵比况成败之机，只在毫发之间。成功续以成功者则见机明敏乘之成勇壮者，但唯有拔群技俩，虽无一点邪欲之念，其举动必丑陋不足观。读先生传记者，复当见其明敏乘之机、勇壮其行、熟察其心事之高洁者也。

夫英杰之士无待刺激能感奋兴起，然常人所不能。刚毅之士无待辅助能坚忍不拔，然庸人所不能。虽设令英杰刚毅之士，亦犹得刺激辅助，愈以得勇迈强健者也。然则读古来伟人传记，追想其人物事业，翻其遗书感其英灵，有触及神韵之效果。由智愚所异是观，庸常之士率智识浅劣意志薄弱，故每见闻其心志所从难免动摇变移，吾人以是常讲求刺激辅助须得之策：或与当时杰士相交鉴其言动，或揭伟人肖像以强一己敬慕之意，或翻先贤传记以盛一己私淑之意，或诵圣贤遗训为己修养之资，或玩哲人遗爱以赏其气韵，或访豪杰遗迹以追忆其之雄图，或吊英雄坟墓，烧香献花以慰其魂魄，孰可为精神修养一助也。若薄志弱行之徒为之，缺少适当刺激辅助，放辟邪侈无所不至，遂一生禽兽一无是处。若彪悍狞猛之徒为之，缺少适当制裁指导，残虐暴戾无所不至，终必毒害至社会。

先生传记有感奋人极大者，惰气生时读之生勇气，邪念起时读之归

---

① 茅坤（1512—1601），明代散文家、藏书家。字顺甫，号鹿门，归安（今浙江吴兴）人。茅坤文武兼长，雅好书法，提倡学习唐宋古文，反对"文必秦汉"的观点，主张必须阐发"六经"之旨。编选《唐宋八大家文抄》。茅坤与王慎中、唐顺之、归有光等同被称为"唐宋派"。有《白华楼藏稿》《茅鹿门集》传世。

正义之念，胸中沉郁时读之洒然如洗，志气浮靡时读之活动心生，厌世之念起时读之归乐天之念，人生不安之念起时读之悟人生之稳健，怨恨嫉妒之心生时读之恰如把雪片投诸烘炉，浮荣虚誉之念起时读之忽焉归恬淡高洁，陷玄远空虚时读之归活用实学，流于支离散漫时读之归简易直截，盖先生一生极其多变又多趣。其多变多趣之所成，即于上述诸件及读者的刺激辅助成其所以者。余甚好翻读古今人物传记，然未曾有见如读先生的传记，趣味津津令人感奋兴起者也。故尔余不顾文采谫陋，斗胆论述先生详传之所以然，乞请读者勿责文辞拙劣，于言外则当接近先生之风流余韵耳！

高濑惺轩　撰

目录

001～006 序言：阳明之于当代人的意义

001～004 原书序

001～007 第一章　王阳明家世

　　远祖王羲之 / 002 此乃《忠义传》中人 / 003 高洁超脱 / 004 "欲借人间种" / 005 小　结 / 007

008～023 第二章　少年时代

　　逸　话 / 009 越中文化 / 010 地方生活的影响 / 010 不为厌世家的缘由 / 013 神　童 / 014 权　谋 / 017 立志学武 / 019 求学经历 / 021 小　结 / 023

024～055 第三章　志向动摇时代

　　新婚夜出游忘洞房 / 025 书法精进 / 028 练习辞章 / 029 变谐谑为严谨 / 030 潜心学问，第一次落榜 / 032 第二次落榜的态度 / 034 热衷武举 / 035 疏淡学问，从事心学 / 036 进士及第，梦想照进现实 / 037 建言时事 / 038 得遇神仙道人 / 039 彻悟诗文之弊 / 045 阳明洞专修神仙道 / 046 厌世之人向社会活动的转变 / 047 晓谕禅僧，以求孝养 / 049 始论经世思想 / 051 终以圣学为己任 / 052 小　结 / 054

056～083 第四章　精神历练　龙场悟道

　　国势日颓 / 056 愤慨时势，言事下狱 / 058 贬谪龙场驿 / 061 险遭杀害之时，投江 / 062 果真未死 / 067 投宿虎穴 / 068 再遇仙道，接受警策 / 069 收徐爱为门人 / 072 谪居的困苦 / 074 大悟的状态 / 076 夷人来服 / 078 谪居中对门人倡导知行合一 / 080 邪党全灭正党复兴，贬谪获免 / 081 西辞龙场 / 082 小　结 / 083

001

084～094 第五章　第一次讲学时期

政　绩 / 084 收方叔贤为门人 / 086 徐爱大悟 / 088 讲学盛况 / 090 省察克治 / 090 惜别诸友 / 091 教导法大变 / 091 辨明仙佛儒 / 092 拟作《谏迎佛疏》/ 093 小　结 / 094

095～135 第六章　第一次靖乱时期

受命平定漳南巨贼 / 096 训诫流寇 / 098 侦识奸贼 / 099 十家牌法 / 100 变更兵制 / 102 讨　贼 / 103《时雨堂记》/ 105 颁布队伍法 / 107 赏罚分明 / 108 平定横水贼寇 / 110 神　机 / 111 用人诀窍 / 112 乘胜追击 / 114 一心平定巨贼 / 115 平定桶冈之贼 / 116 天纵之武 / 122 设置崇义县 / 123 征三浰池仲容，一兵未动诛灭巨贼 / 123 破山中贼易，破心中贼难 / 132 征讨流寇 / 133 战后经营 / 134 小　结 / 135

136～145 第七章　第二次讲学时期

《古本大学》/ 137《朱子晚年定论》/ 138《传习录》上卷成书 / 139 慰劳宴 / 142 三教异同论 / 143 乡约保甲法 / 143 小　结 / 145

146～200 第八章　第二次靖乱时期

宸濠的权势 / 147 打探宸濠的举动 / 148 贤妃娄氏 / 149 悼孙燧、许逵诗二首 / 153 幸　运 / 157 踏上征途 / 157 宸濠三策 / 159 准备征讨 / 160 宸濠之军陷南康、九江 / 161 宸濠遣人招降先生 / 163 宸濠发大军 / 164 陷入先生之计 / 168 再打宸濠 / 170 宁王的末路 / 175 慰劳诸将 / 177 一波未平一波又起 / 179 接触三个奸人 / 184 欲辱人必被辱之 / 186 遭遇逸谤 / 188 进退维谷 / 189 格物说及学者用功法 / 191 作《啾啾吟》训诫世人 / 192 因小人重报捷音 / 193 批　评 / 194 门人冀元亨横死 / 195 祭刘养正母 / 196 战后的经营 / 197 收王心斋为弟子 / 197 收舒芬为弟子 / 198 听讲盛况 / 199 小　结 / 200

目 录

201～263 第九章　第三次讲学时期

发表"致良知" / 202 记录陆象山的子孙 / 205 白鹿洞门人聚义 / 209 随意体认天理 / 210 谕众说之异同 / 211 论心之动静 / 212 君父之情 / 213 神仙养生论 / 214 衣锦还乡 / 215 因武功获官"新建伯" / 216 龙山公的诞辰 / 217 避祸辞官 / 220 龙山公卒，行丧葬礼仪 / 221 病中谢绝探访 / 223 请求恩赏公平 / 224 遭到弹劾 / 225 考官排挤王门学子 / 226 诽谤再起 / 228 教谕讲友间的态度 / 230 训诫轻傲 / 231 论儒老佛三教 / 232 南大吉门人 / 233 听讲者三百余人 / 234 诗人董沄 / 235 天泉桥宴请门人 / 237 敬畏与洒脱 / 239 入山静养说 / 240 圣学无碍举业论 / 240 续刻《传习录》/ 243《尊经阁记》 / 244 题壁勉励诸生 / 245 致知格物论 / 246 拔本塞源论 / 248 论良知与礼 / 250 南大吉致良知修养的效果 / 251 讲学与实务 / 252 良知与见闻 / 253 天地万物一体观与良知 / 254 死后的门人 / 256 惜阴会 / 258 良　知 / 259 致良知的修养方法 / 260 著述问答 / 261 小　结 / 263

264～293 第十章　第三次靖乱时期

拜命出征 / 264《客座私祝》/ 266 论徐樾的禅定法 / 271 欢迎盛况 / 272 以气象动人 / 272 士友三百人畅谈良知 / 273 督励同志 / 274 纵横经略 / 275 抒怀文德大化 / 276 上疏镇压思、田逆贼 / 278 建立学校 / 280 征讨余贼 / 281 关心学况与家事 / 283 罹患咳疾 / 284 随处体认天理与致良知 / 286 增城祭祀祖先 / 286 鼓励学友安顿后事 / 288 终焉：此心光明复何言 / 289 殁后际遇 / 290 小　结 / 293

294～296 后　记

297～304 原书附录

题名：朱子学与阳明学（简要目次）/ 297 王阳明简要年谱 / 299 原文参考书目 / 302 译文参考书目 / 304

第一章　王阳明家世

大师王阳明先生名守仁,字伯安,其先祖可以追溯到三国魏晋时期的晋代光禄大夫王览。由《王阳明年谱》可知,王览原本是琅琊郡①人,到了他的曾孙王羲之的时候,王氏一族经迁徙定居在名为山阴②的地方。

据明朝文人湛若水③撰写的《阳明先生墓志铭》所载:文成公之父龙山先生,即大宗伯公,出身名贵。其祖上名人辈出,有如晋代高士王羲之(303—361,一作321—379)、光禄大夫王览(206—278)等。就像庄子所说的那样,"夫水土之积也厚,其生物必蕃",真可谓是世代显赫。

---

① 秦朝统一全国后,地方实行郡县制,全国分为三十六郡。琅琊郡为三十六郡之一。
② 古地名,即今绍兴(会稽、山阴)一带。
③ 湛若水(1466—1560),明代哲学家、教育家、书法家。字符明,号甘泉,增城(今广东省增城市)人。孝宗弘治间进士,选庶吉士擢编修。世宗嘉靖初,官南京祭酒、礼部侍郎。后历南京礼、吏、兵三部尚书。少师事陈献章,后与王守仁同时讲学,各立门户。王主讲"致良知",湛主讲"随处体认天理"。认为"吾之所谓心者,体万物而不遗者也,故无内外;阳明之所谓心者,指腔子里而为言者也,故以吾之说为外"(《答扬少默》)。强调以主敬为格物功夫,说:"故善学者,必令动静一于敬。"(《答于督学》)。著有《湛甘泉集》。

远祖王羲之

话说世人都有追慕先祖的嗜好，阅读他们的传记，甚至仿效他们的言行举止，从中获得励志向上的信心。王羲之距离王阳明先生虽然有一千多年的时间，但仍然被记录于王氏族谱之中。在王氏的族谱中，大概再没有人比王羲之更为家喻户晓，更为世人所崇敬和仰慕的了。

王阳明先生出生的地方距离因王羲之而闻名于世的兰亭遗址①极近，兰亭正是王羲之当年与风流雅士们把酒赋诗的地方。《兰亭序》数百年来脍炙人口，流芳百世。在兰亭遗址附近，就是王右军②书法楼以及王右军府邸旧址。王羲之当年罢官后，和诸文人墨客交游广泛，透过这些古迹不难看出王羲之当时是何等的风流雅趣。因此，后世之人经常以仰慕风流为名，至此流连忘返。当然，更有那些文人雅士前来凭吊、怀古，或寻找创作的灵感。

每次读王阳明先生的传记，或者读王羲之的传记，我都会独自沉思品味。虽然与两位王氏伟人相隔千余年，但他们放浪形骸的风骨气节和在精神世界里的痴迷陶醉，实在令人难忘。王阳明先生也颇得祖辈王羲之先生的情趣，这也许就是源自他对先祖的追慕思怀。从祖辈们流传至今的祖制家训也极大地激励了王阳明先生。

---

① 兰亭遗址最早建于"湖口"，后来又相继被移至"水中""山椒"与"天章寺前"。进入明代后，尤其是在清代，兰亭遗址不仅得到重建，而且得到较大规模的扩展，兰亭之名亦因此日渐隆盛。明清格局的兰亭遗址，占地30余亩。
② 王羲之曾任会稽内史，官至右军将军，人称"王右军"。

第一章 王阳明家世

王羲之往下至二十三世孙王寿，官至迪功郎①，这在王阳明先生的年谱和墓志铭中都有相应记载。至于晋代的王览是否为王阳明的祖上，根据目前已知材料尚且无法做出准确考证。时隔千余年，要厘清其高祖究竟为何人，的确有些不易。

然而常言道："积善人家，必有余庆。"作为历史上的名门望族，王家后裔继承其绵延千年的血统，在中国历史上也是不多见的。因此，我们不得不对此进行揣测，此事宁可信其有，也不能信其无！

此乃《忠义传》中人

王寿从山阴的达溪迁徙至余姚定居，自此，其后世也都成了余姚人。王寿的第五代孙王纲，在明史的《忠义传》中就有相关记载：王纲，字性常，文武双修，善于识鉴人物，与诚意伯刘基②交往甚为亲密。

王纲曾经对刘基说："你是个有抱负的人，而老夫我呢，只耽爱隐居山林之乐，祖祖辈辈都不愿为官场所累。"于是刘基对王纲刮目相看，不久便向明太祖朱元璋举荐。明洪武四年（1371），王纲以文才被招到京师，这时他已经是72岁的高龄，明眸皓齿，犹若壮年。太祖见王纲一派仙风道骨，极为惊叹，并向他求教治世之道。

不久后，王纲官拜兵部郎中。当时正赶上南方的潮州地区爆发农民

---

① 迪功郎是古代官名，又称宣教郎，始于宋代。《宋史·职官志八》："迪功郎……为从九品。"
② 刘基（1311—1375），字伯温，谥曰文成，元末明初杰出的军事谋略家、政治家、文学家和思想家，明朝开国元勋，明洪武三年（1370）封诚意伯，人们又称他刘诚意。

起义，朝廷便委任王纲为广东省参议，命其督管军粮。王纲曾对身边的人说："我是用身家性命来为国家效力的。"写下诀别信后，王纲奔赴广东。

王纲带着儿子王彦达同行，两人骑马赶赴潮州治理流寇骚乱。就在父子二人将要抵达增城的时候，不料被贼匪头子曹真所抓获。曹真便以巨额的金银财宝利诱王纲当众强盗的军师，王纲严词呵斥："你们想干什么？现在皇上已经昭告天下，坚决铲除地方叛乱。你们应当洗心革面，改作良民，共享太平盛世。否则，就是自寻死路，迟早被朝廷诛灭。"

曹真大怒，立刻将其杀害。

王纲的儿子王彦达这年才16岁，边哭边骂道："你们这帮匪徒，也把我一起杀了吧！"

曹真见状思量道：人们常说，父忠子孝，父子一并杀害恐有不祥，便释放了王彦达。王彦达用羊革裹着父亲的尸身，将他葬在禾山。

过了几年，御史郭纯将王纲横死之事上报朝廷。皇帝听后大为震惊，下诏在增城为王纲建造庙堂，以褒扬他的忠烈。

王纲是王阳明先生的五代祖先。本来王彦达凭借父亲的忠义之举，也可谋得一官半职，事实上，朝廷也有此意。但是自从目睹了父亲的惨死后，王彦达对做官之事再无兴趣。王彦达不应征召，一生粗衣恶食，归隐不仕，号称秘湖渔隐。

高洁超脱

王彦达膝下有一子，名叫王与准。王与准天资聪颖，对《礼》《易》二经的研究造诣很深，他曾著有《易微》，全篇洋洋数千言，为当时人所称道。永乐年间,朝廷下令遍访遗贤高士,打算起用王与准为官。王与准得知后立即逃入深山老林,坚决不肯踏上仕途一步,自号遁石翁,终老逍遥一生。

王阳明的曾祖父王世杰,此人也是无欲寡求,淡泊名利,自称槐里子。王世杰因通晓明经,任教于太学,一直到其去世。

王阳明的祖父王伦,字天叙,自号竹轩公。后人曾经为竹轩公王伦著书立传,将他与晋代的陶渊明、宋代的林和靖①等有隐逸志向的文人雅士放在一起,褒誉其高洁的品格,称赞其"环堵萧然,雅歌豪吟,胸次洒落",实在是不同凡响。

竹轩公王伦迄今留下的遗作有《竹轩稿》《江湖杂稿》等,为世人所爱读。竹轩公曾官拜翰林院修撰。因王阳明祖上的忠义事迹,后两代子孙皆被朝廷授任为嘉议大夫、礼部右侍郎等官职。

王阳明父亲王华(1446—1522),字德辉,号实庵,晚年号海日翁。因王华常年在家乡龙泉山的深幽之处读书自修,后世的研究者们尊称王华为龙山先生。

"欲借人间种"

龙泉山老家有一豪绅世族,听闻龙山公王华的鼎鼎大名,于是前

---

① 林和靖(967—1028),名逋,字君复,今宁波奉化人。北宋隐逸诗人,一生不娶不仕,以梅为"妻",以鹤为"子",有"梅妻鹤子"之说。书载性孤高自好,喜恬淡,勿趋荣利。后隐居杭州西湖,结庐孤山。

往山里拜访他，并请其出山，在山外为龙山先生修建书馆，引为家府座上客。

有一天晚上，一个陌生的美丽女子来到龙山先生的书馆求见。女子对龙山先生说："龙山先生万莫惊讶，我本是此家豪绅的小妾，主人多年膝下无子嗣，故而冒昧前来，打算借龙山先生雨露，以将香火发扬光大！"

龙山先生闻言大惊道："承蒙你家主人厚意邀请，我才在此馆留住。如此不义之事，实难从命！"

此女从袖中取出一扇，说："这是主人的命令，龙山先生只需看扇面的题字便知。"

龙山先生接过扇子一看，果然是这家主人的亲笔题字，上书：

欲借人间种。

看来面前此女的确奉命前来不假。龙山先生提起笔，在后面添上五个字：

恐惊天上神。

然后龙山先生措辞严厉，将其拒绝，女子无奈怏怏离去。此事无果而终，龙山先生的高洁美名于此可窥一斑。

成化十七年（1481），龙山先生考取进士，名列甲等第一名。官拜南京吏部尚书，死后被封为新建伯。

龙山先生经常去山阴的风景名胜游览寻访，在先祖们居住过的地方凭吊追思。后来他从余姚迁至越城的光相坊，安居乐道，就如住在余姚一般惬意。

成化七年（1471）辛卯，龙山先生迎娶夫人郑氏。第二年王阳明出生。王阳明后来曾在四明山凿筑阳明洞，阳明洞距离越城东南只有二里多路。

正是在此处，王阳明终有所悟，号称阳明先生。

小 结

王阳明先生祖辈的情形如何？从现存的资料来看，确实很难了解得比较详细。在王氏的先人中，贤明的远有王羲之，近有王纲、秘湖渔隐、遁石翁、槐里子、竹轩公、龙山公等，个个都不是等闲之辈。

从以上简略事迹可知，王阳明的祖辈们淡泊名利，动辄便会隐居山林壁洞；或者凭借其聪敏果断，洞察时事变迁；或者忠义当头，为国家鞠躬尽瘁死而后已，不得不令人心生敬佩，感叹不已！

毋庸置疑，王阳明一生的志趣选择都得益于这些先贤潜移默化的影响，尤其是他的祖母岑氏、父亲龙山先生的教导训诫，铸就了他一生的儒者品格。

第二章　少年时代

大凡历史上风流伟大、功业彪炳千古的人物，往往自孩童时代就开始引人注目。事实上，这一点却经常为普通大众所忽略，对于这方面的记载自然也就少之又少。而一旦有一天此人飞黄腾达，对社会做出重要贡献，人们才会开始关注造就其成长的时代土壤。

幼年是一个人一生成长最为重要的阶段。大凡那些帝王将相和伟大人物，其幼时的资质、少年时期的言行举止，都会表现出与众不同的一面。但是，要详细地考察清楚这些帝王将相、伟大人物的生平经历和不凡事迹，且做到毫无偏差，实在是十分困难的事情。

对于王阳明先生，要获悉他的幼时经历自然也是如此。坊间流传的不少事迹，自然不乏后人的牵强附会及夸张之传。同样，要判断其真伪也是非常困难的事情。本章节择取笔者认为是正确的内容，对王阳明先生的幼学时代展开叙述。

成化八年（1472）九月三十日，明宪宗在位时期，王阳明出生在浙江省绍兴府余姚县①。但凡伟大人物的诞生总有种种奇谈流传后世。至于王阳明幼时获得神僧点化，被相术士所评判的传说，自然是后人看到其事业辉煌，为了向后世夸赞而胡乱杜撰的事情。

王阳明先生因此比一般的伟人还伟大多倍，最终得以扬威名于世间。

逸 话

传说王阳明出生的时候，太夫人郑氏已经怀有身孕十四个月。这一日，王家祖母岑氏做了一个奇怪的梦，梦中有一队身着绯衣的天神腰佩美玉，从云中飘逸而来，吹奏着乐曲，敲打着鼓点，气象万千，十分曼妙。神人们从空袅袅而降，把怀里的一个婴儿递交给岑氏。老太太在梦里一惊，于是马上醒转过来。就在这时候，忽闻一声嘹亮的婴儿啼哭声——王阳明就这样带着神幻色彩诞生了。

王阳明的祖父竹轩公王伦闻知此事，感到十分惊异，于是便给孙子取名为"云"。不仅如此，事情不久便不胫而走，众紧邻乡亲都引以为奇观。到了后来，大家甚至还将王阳明出生的房子称作"瑞云楼"。

王阳明到了5岁的时候，仍然不会说话，家里人都暗暗着急。一日他与一群孩子在门外戏耍玩闹，正好有一高僧路过，他看见了王阳明，便叹了一口气，说："好个孩儿，可惜被道破。"

---

① 余姚县，今余姚市。此处因有姚江，故阳明学也称姚江学。姚江，又称舜水，全称为余姚江，源头是四明山支脉天平山，东流经余姚至于宁波汇奉化江，最后合为甬江。

竹轩公王伦一旁听闻，可谓一语惊醒梦中人啊，他连忙给孙子改了个名字，为王守仁。几乎是与此同时，接连五年都不能开口的王阳明立刻会说话了。

祖母的梦和祖父的改名故事，的确多少有些近乎怪谈。但在某种程度上，其与王阳明所受到的幼时教养，也是一种暗合。

越中文化

吴越地方在古时候是荒蛮偏僻之地。到了春秋末年，吴王夫差与越王勾践在这里交战多年，几度盛衰兴亡的历史为世人所共知。然而吴越的文运至此尚未正式开启。

吴越地方气候温暖宜人，五谷丰稔，既有"陂池灌溉之利"，又有"丝布鱼盐之饶"，其西北诸州的情况自然远不能超过它。

倘若越中地方文运开启，其进步更将是一日千里。不过，这样的隆兴一直到了东晋才姗姗到来。到了唐朝，更是繁荣昌盛几近顶峰。到了南宋时期，此地已经是人多地少，甚至都有些人满为患了。勤劳好强的人们在此繁衍生息，繁荣兴旺的文化也得以代代相传。

地方生活的影响

叙述至此可以想象得到，吴越地方为人称道的秀美山水和名胜古迹，引得世间文人骚客驻足流连自然是不会少的。王阳明出生在这里，受到吴越文化的感化自然不会少于一般普通人。且不说祖上的遗风早在他的心里生根发芽、潜移默化，王阳明天性豪迈阔达，势必会有一番大的作为。

这点绝非偶然。

古文有云："橘生淮南则为橘，生淮北则为枳。"如孟子昔日云："居移气，养移体。"此话不假。地位和环境可以改变人的气质，优越的生活条件同样可以改变人的体质。正所谓是人随着地位、待遇的变化也不断发生变化。任何进化论者不论如何探索生活进化的规律，都逃避不了"适者生存，不适者被淘汰"这亘古不变的自然法则。

此处谈论其故土生活的影响之大，并不是信口开河、胡乱一说的。人作为万物之灵长，之所以能区别于其他万物，那是因为人会追求自由的意志，并采取行动，遵循外部的生存环境，从而获得生存下去的机会。其实这也是对起初叙述的印证。

当一个人遇到外围条件变化的时候，他不仅在形体上，且在精神上也会受到很大影响。倘若史学家们都能秉承这一法则，来整理伟人们的事迹，探索其本源，并将其地方生活的经历参考进去，继而斟酌考虑，必然会有大的斩获。

众所周知，中国的陆地幅员辽阔，南方与北方的地理气候差异极大。北方气候残酷寒冷、蚀骨穿心，屡遭缺水等诸多自然灾害困扰。[①]群山峭壁巍峨高耸，浊水汪洋四处流淌，佳卉良草较为少见，珍禽异兽更是难觅踪迹。所以北方人自古就有隐忍自律的品性，其文化就多显淳朴

---

① 此书作于1915年，该部分论述是原作者基于当时对中国的印象而写，特此说明。——译者注

笃实之貌。实际上，北方好多人都为衣、食、住、行等基本生活资料疲于奔命，深思远虑和远见卓识自然无暇顾及。

与这些形成对比，中国的南方地方气候温暖，土地肥沃，天空晴朗，江河清澈见底，空气新鲜，山水秀丽美好，花鸟虫鱼更是数不胜数。中国大诗人杜牧曾对这一景象作诗《汉江》一首，讴歌汉江的风景宜人：

> 溶溶漾漾白鸥飞，
> 绿净春深好染衣。
> 南去北来人自老，
> 夕阳常送钓船归。

诗中体现了大诗人艳羡安逸，性情风流放荡，不囿于规则掣肘，超然物外的情怀。就像上诗所写的那样，北方人在天性方面，易对浮华之事大肆追求，而南方人得益于天赐之丰饶万物，有着充足的物质财富，其精神世界也十分丰富。中国六朝时代绮靡烦冗的文学表现形式就是其中一个重要体现。

越中及南方一带也一度成为中国古代的文化中心之一，虚无玄远的老庄思想在此大行其道，甚至达到了鼎盛。

后世居住江左的晋代人皈依老庄教谕者数量众多，这点也绝非偶然。王阳明深受南方文化的影响，有着恬淡静退的价值观倾向。在他一生中，很多进退维艰的时候，他都能选择脱离凡尘俗世、归隐于山林壁洞，就是其明证。且不说王阳明耽爱佛教和道教，从其厌世思想也可窥

第二章 少年时代

> 闲依妙高台上月,
> 玉箫吹彻洞龙眠。

这一说不打紧,座上客人可是大吃一惊:"这孩子真聪明,太了不起了!"于是决定再试下他的才华,便以《蔽月山房》为题,让王阳明应对。

不料,王阳明张口就来:

> 山近月远觉月小,
> 便道此山大于月。
> 若人有眼大如天,
> 还见山小月更阔。

座上客人艳羡不已,当即对竹轩公王伦说道:"令孙辞章才华非比凡人,他日必以文章名为天下人所知。"

从以上两首诗的内容来看,其艺术水平的确还没有达到非常高的境界。但是对于一个年仅11岁的孩子来说,已经是非常不简单的事情了,赢得座间客人的惊叹自然很正常。这两首诗以物理层面的角度为独特的着眼点,充分体现出了小诗人的天性。

在他12岁的时候,父亲送王阳明去私塾读书,由于王阳明生性豪迈不羁,并不能专心读书向学。他经常逃学跑出去,和一群孩子一起玩耍,他们制作了很多大大小小的战旗,伙伴们围绕着王阳明四散奔跑,如同战阵态势。而王阳明独坐圈中,充任指挥的大将。孩子们按照王阳明的指派左旋右转，如同布阵。

龙山公王华见儿子如此顽皮捣蛋、不知天高地厚，对此感到十分担忧，生怕闹出什么事情来。而竹轩公王伦经过金山寺的见闻，却对孙子如此有悖于常人的行为表示默许，他知道自己的孙子"麒麟并非池中物"，成大事只是早晚的事情。

一日，王阳明和小伙伴们一起在北京的胡同玩耍，这时来了一个卖鸟儿的人，王阳明看上了这只鸟儿，但卖鸟儿的死活不肯让步，于是王阳明就与卖鸟儿人讨价还价起来。

此时一个会看面相的相士路过，看到王阳明大惊，说道："此子他日必有大富大贵，定会建立不朽功勋！"

于是相士自己花钱帮王阳明买了那只鸟儿。相士把鸟儿递到王阳明手里，抚摸着他的脑袋说："我给你相面，以后你千万要记得今日我所说的话！"随后对王阳明说道：

> 须拂领，其时入圣境。
> 须至上丹台，其时结圣胎。
> 须至下丹田，其时圣果圆。

临末相士又嘱咐他说："你应当好好读书，立志高洁，我今天的话将会一一应验。"

此事以后，王阳明经常琢磨相士所言，后来潜心向学，诵读经书以求上进。自那以后，王阳明每每摊开书本，静坐读书的时候，都会陷入沉思。

在中国，那些伟大人物经历相士相面的事迹大都与此类似。当然，将此类传闻归为王阳明先生的生平事迹的确有些不严谨，也不具有说服力。

自这件事后，王阳明开始认真思考，他曾经问自己私塾的师傅："天下何事为第一等事呢？"

私塾的师傅回答他说："唯有鬼科高第，如你父辈等考取功名，中状元光宗耀祖才是最大的事情！"

王阳明马上质疑道："鬼科高第者是常有的事情，这难道就是人生第一重要的事情吗？"

私塾师傅答道："当然，如你所见，什么事情都要成为第一名才好！"

王阳明分辩道："登第及科恐未为第一等事，或读书学圣贤之人吧。"

其父龙山公王华听闻王阳明的话，笑着反问道："你打算要成为圣贤之人吗？"

这样的事迹在王阳明一生中屡见不鲜。然而，这样的话语终成为他毕生坚持的座右铭，他为了成为圣贤而勤奋不已。

王阳明13岁那年，其母亲即太夫人郑氏去世，卒年41岁。居丧期间，王阳明哭泣甚烈，母子之情令人动容。

权　谋

郑氏殡天后，龙山公王华又续弦新娶，是王阳明庶母。此继母对待王阳明并不好，王阳明对此心中也有颇多腹诽与牢骚。

一日，王阳明去街上玩耍，见一人用草绳绑缚着一只猫头鹰沿街叫卖。王阳明拿出钱将这只鸟儿买了下来，又从怀中取出银钱五文赠送给遇到的一个老巫婆。此时，王阳明心生一计，然后跑回家准备给继母一个教训。

王阳明悄悄地潜入继母的卧室，将猫头鹰塞入继母的被窝。继母一掀开被子，猫头鹰就从被子里飞了出来，在屋子里盘旋飞翔，还发出令人恐怖的啼叫声。

继母见状惊恐不已，打开窗户想把猫头鹰驱逐出去，折腾了很长时间家里才恢复平静。

在中国民间有一讲究，十分忌讳野外的鸟儿飞入寝室，更何况是猫头鹰这种叫声不祥的鸟儿，但凡看见的人都以为不吉利，而藏在被窝里更是忌讳中的忌讳。曲房深户、重帷厚衾中怎么会有猫头鹰藏在其中？这一定有缘由。

于是继母追问是否是王阳明搞的鬼。王阳明佯装不知此事，说是听到鸟儿奇怪地鸣叫，但自己不知道究竟是什么缘故。

继母于是找来巫婆卜算究竟。巫婆一进门便说王家有一股不祥之气环绕，见了小夫人又发现原是小夫人气色不佳，看来家中最近有不祥的事情发生。

继母见状，便把自己掀开被子飞出猫头鹰的怪事情全盘托出。

巫婆就说："我应该将此事向家神报告一下。"她马上吩咐人备下香烛，叫小夫人在前面跪下来，然后要来神木将香烛点燃后，巫婆就假装郑夫人还魂附体，厉声念道："你对我儿苛刻，我已向天神禀明，那只怪鸟就是我的化身，今日奉旨索你命来！"

小夫人信以为真，连忙磕头求饶，表示忏悔，说自己以后再也不敢这样虐待郑氏的儿子王阳明了。

过了好长时间，巫婆苏醒，缓过神来。她告诉小夫人，大夫人因为小夫人苛待遗子而返回阳间。此次回来幻化为怪鸟儿要啄取小夫人的魂魄。所幸的是，小夫人已经认识到自己的罪行，愿意洗心革面、改过自新。"大夫人"看到此景后才从屋檐下飞起，穿过屋脊，从半空中盘旋几圈后飞走。

小夫人也意识到了自己的过失，发誓自此要善待大夫人的遗子。而王阳明幼时的智谋韬略从此就可知一斑了。

立志学武

小小少年王阳明14岁的时候，就开始学习骑射技术，研读兵法书以求具备文韬武略。他曾说道："读圣贤书的儒者应该以不会用兵为羞耻。孔子也曾在《孔子家书》中说过，有文事者，必有武备；有武事者，必有文备。现在的很多儒者，往往以文章和词句欺世盗名、获得富贵。以华丽辞藻粉饰太平。国家出现危机重大变故时，则畏首畏尾，束手无策。实在是儒者的羞耻！"

第二年王阳明随同父辈，私自出游居庸关（有上、中、下三关，此处号称万里长城第一关）。在那里，他游历遍观祖国的大好河山，"慨然有经略四方之鸿鹄大志"。在那里，王阳明详细勘察了各个蛮夷部落的地理位置，听取将士的许多策略，甚至看见胡人路过，追逐着胡人进行骑射。胡人见状，摸不着头脑，最终不敢贸然回击及有任何的轻举妄动。

就这样折腾了一个月后，王阳明才意犹未尽地回到北京。一天夜晚，他做了个梦，梦境中，王阳明来到了伏波将军的庙堂中拜谒。且说这伏波将军原本是汉朝的大将军马援。马援，字文渊，原是陕西省扶风人，因其一生戎马生涯，后被追封为伏波将军。在梧州建有庙宇，供后人怀念。故而后世常用此名。

今存王阳明赋诗为证：

> 卷甲归来马伏波，
> 早年兵法鬓毛播。
> 云埋铜柱雷轰折，
> 六字题文尚不磨。

常言道，日有所思夜有所梦。此话不假，王阳明上面这个梦梦到伏波将军马援，绝非偶然。这首诗很清晰地展现了王阳明内心世界的"尚武精神"。就在当时，很多地方水旱灾害接踵发生，盗贼也趁机兴风作浪。京城中跟前有王英、王勇一帮盗贼不断地群起滋事，陕西地方还有石和尚、刘千金等作乱，屡次攻占朝廷城池，掠夺府库金银军饷，骚扰平民，而政府却对这帮盗贼无可奈何、无计可施。

王阳明见状，好几次都要上书给朝廷，表明自己要像汉朝的名将那般冲锋陷阵，率领精兵一万人马，征战沙场，一定要攻破敌人城池，捣平逆贼的巢穴，使海内共享太平盛世。

龙山公王华得知此讯后，马上出面制止。龙山公王华斥责王阳明太过狂妄，竟敢如此不羁地胡言乱语，这样下去只能是死路一条。

自此，王阳明才对此事死心，最后全心全意投入读书求知中去了。

求学经历

王阳明从11岁开始，在北京生活了六年时间。有关此一时期王阳明读书和游学的情形，从本人查阅到的资料来看，并未存留太多的资料详细记载，其中的具体细节就更难以判断其真伪了。

《送德声叔父归姚并序》中记载了王阳明和叔父王德声共学于家父龙山公王华的情形。根据序文记载，当时王阳明与叔父王德声一起在龙山公座下研习学问。叔父经常将自己锁在房间里冥思学问，最后决定返回家乡孝养父母。有一日，王阳明邀请叔父一起去游学做官。王德声于是笑着回答道："古人都崇尚孝养双亲，拿再高的官职也不会交换。我又怎么能抛弃老母而博取一个儒学的头衔呢？"就在王阳明写此文的夏天，王德声来江西探视王阳明，住了三个月后，就兴致勃勃地返回故乡余姚。王阳明再三挽留也无济于事，叔父对侄子王阳明说道："秋风菁鲈景色宜人，但是我了解你的志向。然而今日世事如此，我知道你不能离开官场独善其身，我也不能强拉着你一起回余姚。这样吧，我先回去，为你的阳明学先去做最基础的工作，你觉得如何？"此情此景，令王阳明感慨万千，叔父王德声真可谓是王阳明的知己啊！临行前，王德声对王阳明说："我马上就要启程了，你写首诗送给我吧！"王阳明于是写下了下面的这首诗：

> 犹记垂髫共学年，
> 于今鬓发两苍然。
> 穷通只好浮云看，
> 岁月真同逝水悬。
> 归鸟长空随所适，
> 秋江落木正无边。
> 何时却返阳明洞，
> 萝月松风扫石眠。

从中可以窥知，王阳明在北京侨居的时候，除了向私塾师傅学习外，还通过其他的学习途径来提高自身修养。又比如在《答储柴墟书》中，记载了早年王阳明和王寅之、刘景素共同游学于太学的情形，翻译为现代汉语大致如下：王阳明昔日与王寅之、刘景素游学于太学，每次考试，王寅之的名次都排在刘景素的后面。于是王寅之便自认为自己的课程不及刘景素的好，后来便决定拜刘景素做自己的老师，行弟子之礼。知道此事后，王阳明甚为感叹，认为做出如此举动的王寅之真可谓是豪杰之士，也是自己学习的楷模。王寅之持之以恒地追求学问，这在古代先贤中也有先例，例如曾子病革而易箦，子路临绝而结缨，横渠撤虎皮而使其子弟从讲于二程，这都是古代的前辈们为了追求学问，立志成为天下大勇之人的模范事例。王阳明自然是非常清楚的。自此，王阳明也更加坚信，那就是以圣贤之道为己任，首先要从求师问道这样的小事情做起。

当然，在太学中，他们所学课程究竟包含哪些内容，在今日要搞清楚的确是件困难的事情。但王阳明先生终生不厌学习修养却是确有其事，不管任何时候，发生任何事情，他都是只要一息尚存，则学业不废。

从今日王阳明生平传记留存材料来看，王阳明早期沉溺于任侠仗义，后迷恋骑射，紧接着耽爱辞章文华，第四执着于寻仙问道，第五遁形于佛教经书。到了正德元年丙寅（1506），这一情况开始扭转，他开始进修以儒教为代表的圣贤学说，这正是王阳明先生闻名遐迩的"五溺一归正"说法的最早所出。

十六七岁的时候，王阳明仗剑走天涯的游历，正是其"初溺"任侠仗义和迷恋骑射时期的一个证明。

小 结

对于王阳明先生幼时的求学经历和言行举止的记述如上谫陋之言，大多地方都是粗枝大叶，难穷尽其详细。约略看来，一个血气方刚的少年，其语言举止的天真无邪和粗犷率真，其爱好趣味的广泛杂多也不似常人，这是一般泛泛凡庸之辈毕生中可遇而不可求的。

如众所知，王阳明家祖世代气节高洁，注重人伦道理。王阳明一生言行的根本也都是出自忠君孝亲的人文伦理。他执着于教化晓谕后人。得益于如此家教背景，王阳明卓越的天资素养受到了良好的熏陶，最终成为受后人景仰的丰伟人物。

第三章　志向动摇时代

本章要讲的是王阳明17岁至34岁之间，大概十七年时间里面的言行记录。

在这一阶段中，王阳明锐气过剩，好多方面还显得不是很成熟。其间他做了很多重要的事情，探讨了很多学问上的疑问，还按自己的想法做了一些自以为正确的事情，发挥了自己的作用。也有辗转反侧中寻找自己理想的烦闷，也曾为了宋儒格物的学说走上科举官场，还为了修养神仙养生之术创建阳明洞。为了探究六韬三义的深奥内涵萌生攘夷的策略，也曾有改饶舌谐谑的性格为严谨寡默，也曾有志于辞章诵唱的圣学实践，也曾万念俱灰打算遁世修行。

尽管如此，王阳明还是在孝亲的传统理念的召唤下，回归俗界，如若不是忠君孝亲这一人生理念的支撑，估计他很早就成了方外之人了吧！

王阳明在这一阶段经历了人生中最大的变迁。尽管他一生中的起起落落不在少数，但是十七年的时间里，如此频繁往复，让人不得不认为，这是王阳明一生中的志向动摇时代。

第三章 志向动摇时代

新婚夜出游忘洞房

明孝宗弘治元年（1488），王阳明17岁。他返回故乡余姚，然后取道前往江西，暂住在亲戚家中。这一年七月，他从洪都①迎娶新娘诸氏。

这位夫人是江西省布政司②参议诸养和家的千金小姐。王阳明当时就暂住在这位准岳父家里。古人都讲究30岁儿孙满堂，这在如今看来的确是有点早婚的嫌疑。但是当时的风俗的确如此，更别说这位诸养和还是王阳明的表舅呢！这么说来，他们还是近亲结婚，这在当今社会更是大家所忌讳、所要避免的。

大家忙忙碌碌地准备好一切，也就到了王阳明和这位诸表妹的婚礼合卺良缘的吉日。正当大家兴致勃勃地等待两位新人拜天地入洞房的时候，意想不到的一幕发生了。大家找遍了府宅里里外外所有角落，就是找不到王阳明的踪影。

诸准岳父马上派人到外面去找。原来大婚那日早上王阳明出门逛街，不知不觉就走到了许旌阳的铁柱宫。这许旌阳何许人也？许旌阳就是道教著名人物许逊（239—374），是东晋时期的名道，也是江西南昌人。他因出任过旌阳县令，后人就以旌阳称呼他，也叫作许真君。这可是位了不得的人物，被奉为净明道、闾山派尊奉的祖师。而铁柱宫是道观的说法，如同佛教的寺庙，都是房舍，只是说法不同而已。

话说王阳明到了铁柱宫，在殿侧遇到一个老道，"庞眉皓首，盘膝静

---

① 即今江西省南昌市。
② 日文为"布政使"，应为错。

坐"。王阳明对着道士行礼后，尊敬地问道："道士，你为什么在此处打坐呢？"

道士答道："我原本是四川人，本是到此地访朋问友，故而到得此处宝地！"

王阳明便问道士姓甚名谁，道士对答："我从小离家求道，所以不知道自己的原名了。世人看见我经常静坐念道，于是大家都将我称作是无为道人。"

王阳明观其精神矍铄苍劲，谈吐声若洪钟，认为眼前的无为道人必是得道高人。于是他再次行礼，与他继续探讨神仙养生之术的具体内容。

无为道人回答道："养生的秘诀独在静一字耳。老子好清净，庄子崇爱逍遥，只有清净后才能达到逍遥的状态。"

随后，无为道人还向王阳明传授了成道的秘诀。所谓的仙家养生的方法，指的就是道家林林总总、各种各样的呼吸法，如辟谷咽霞呼吸法等。

闻知此后，王阳明恍然大悟。原来道家的精髓就在于闭目静坐，如枯槁木桩一般笔挺，不避晨昏，废寝忘食。

而与此同时，诸养和派来寻找王阳明的人正翻天覆地地寻找新郎官的下落，谁能想得到他居然跑到道观去和道人切磋养生之术了呢？

就这样直到第二日天明，寻找的人才找到铁柱宫。没有办法，王阳明不能和无为道人继续深入地探讨下去了。王阳明再看此时的无为道人，他一如昨日初见模样，纹丝不动地静坐在那里，没有丝毫的改变。

找他的人催促王阳明赶紧回去成亲，王阳明依依不舍地与无为道人告别。无为道人只说了四个字："珍重！珍重！"

王阳明性格豪迈跌宕前已叙述，不受陈规旧制的钳制到如今丝毫没

第三章 志向动摇时代

有改变。日本的尾崎愚明①曾对人说起这个故事,原话大致如下:

王阳明先生17岁迎娶夫人诸氏,结婚洞房花烛夜却不在家。新婚宴尔花烛摇曳,但是婚礼却不能如期举行。诸养和公派人多方寻找,搜寻其踪迹,一直追查到深山之中,却发现他正和一老道相谈正酣。而王阳明却对此解释道:昨天晚上我正准备回家的时候,正好遇到了一位得道神僧。如此机缘巧合定是苍天注定,我们便聊人生,谈论人生最美好的佳境。我们将身外所有之事都抛至九霄云外了,专心致志地交流,故而忘却返回时间。每当我想起王阳明先生这个事情的时候,总会觉得无比钦佩!

诚然如此,一个人专心致志地做某一件事情,而能够超越尘俗的烦琐羁绊,是何等愉快的事情!普通人合卺大喜的晚上,绝大多数都纵情于风流快活,其他事情都能一概忽略对待。王阳明先生却居然忙里偷闲,丢下一切跑出家门,到道观里与道士论仙。

不拘礼法的束缚,是王阳明先生独特的品质。我也多次说起王阳明新婚夜访仙问道的故事,到了后来,自己结婚的时候,也打算在新婚之夜效仿王阳明先生,但还是在最后走回家门,自然就不能体味到王阳明先生做自己喜欢的事情的时候那无上愉快的心境了。

如此看来,也只有王阳明才能做出这样的事情,真是不走寻常路啊!

---

① 日本明治时期阳明学的主要研究学者。

书法精进

诸养和的家里储存了很多纸张。王阳明在洪都的这段时间,一有空就取来纸笔练习书法。等他从这里返回余姚的时候,其家人才发现好几筐子的纸张都被王阳明使用一空。

王阳明的书法自然也是大有精进。后来王阳明对自己的弟子们说起自己练习书法时候的情形,他如是说道:"我开始练习书法的时候,是按照古人的书法临摹的。但是我并不止于观照着古人的字帖,单单从字形上追求形似。每次我下笔的时候,都要仔细琢磨,轻易不敢胡乱就落笔。凝神屏息,平静心情,在心里考虑这个字如何写最好。时间久了就明白了这个道理。"

原来王阳明在阅读程颐遗书的时候,读到"吾做字甚敬,非是要字好,只此是学"时,暗暗对这位前辈的话表示认同。他说:"从这些事情上我就顿悟到,古人随时随事都善于潜心去学习,只要他的心获得昭示,他写的字随之也有了精气神!"

听到此论者无不表示信服。后世的学者们在讲到学习方法的时候,经常会引用王阳明的这个故事。在日本,王阳明的字帖和书法广泛流传,他的字豪宕横逸,字如其人。

古人有云:"写字就是写心。"

对此,我非常赞同。

第三章　志向动摇时代

练习辞章

第二年王阳明18岁,偕夫人归还余姚府,途中在抵达广信府下面的上饶县时,拜访了当时的儒学大家娄谅先生。

娄谅字一斋,生于1422年,卒于1491年,是明初理学家吴与弼①先生的高徒,对朱子学和心学颇有领悟。这次两人间的结识是王阳明迈进儒学领域的标志性事件。两人在交谈中,娄谅向王阳明说及宋儒"格物致知"的精义,还告诉他"圣人必可学而至"的道理。

王阳明对此表示完全赞同。接下来他以此为契机,发愤图强,以成为圣贤为毕生的最高理想。

但是王阳明返回余姚后,很快又恢复了舞文弄墨的志趣,和周围的文人墨客迎来送往,以喝酒对诗为乐。从王阳明的传记来判断,这正是他"耽爱辞章"的时期。

尽管如此,当时的记载是否可信至今仍存有疑处,但王阳明纵横捭阖的诗文创作的豪情却是生动逼真至极。另外,他随心所欲、信马由缰式的诗文创作其实也是他发表一己之见的重要手段。此时他的文藻修炼水准也不是一般人可以超越的。

王阳明的诗文,在中年时代以前,注意辞藻的修饰和选择,对句式和选字亦颇多讲究。到了中年之后,文章开始关注通顺和达意,因而多

---

① 吴与弼(1391—1469),初名梦祥、长弼,字子傅(一作子传),号康斋,明崇仁县莲塘(今抚州市)人,崇仁学派创立者,明代学者、诗人,著名理学家、教育家。清代黄宗羲在他的《明儒学家》一书中,把《崇仁学案》位列第一,又把吴与弼列为《崇仁学案》的第一人,显示了吴与弼在明代学术思想界的重要地位。

为后人所效仿和赞赏。喜欢其中年以前文章的人，大多为其兴味盎然的理致情趣所吸引，这是他晚年作品中所没有的特征。

世界上估计再没有人，像王阳明先生那般沉迷于文章的写作和辞藻的锤炼了吧！作为中国明朝屈指可数的文学大家之一，王阳明的文风流畅明快，一点都没有停滞不通顺的情况，而且文字富于变化，豪迈跌宕，真是十分了得！

这一点也许是得益于他对苏东坡文章的喜欢吧！

变谐谑为严谨

时间很快又过去了一年，到了弘治五年（1492）。就在王阳明回到余姚不久，他的祖父王伦就去世了。龙山公王华居丧返乡。丧事完毕，龙山公王华就命令王阳明和王华的堂弟，即王阳明的堂叔王冕、王阶、王宫及姑父王牧一起准备三年一度的科举考试，于是他们常常在一起研究经义。

王阳明白天和长辈们一起为了准备考试而钻研学问，到了晚上则将祖父先辈们遗留下来的经史子集等各类书籍整理归类，经常一读就忘了时辰，回过神来一看，已经是深更半夜。

长辈们将这些看在眼里，为王阳明的学问和写文章的本事而惊叹得不得了。他们赞叹王阳明的状态是"已游心举业之外"，说道："王阳明你这般努力准备考试，我们哪里能超得过你呀！"

王阳明平日谐谑豪放，给人的印象向来是嬉笑怒骂、光明磊落、简单率真，和大多数孩子不一样，他有点不走寻常路的意思。

第三章　志向动摇时代

大家第二天再见面，突然发现这个孩子一夜之间发生了很大的变化。只见王阳明正襟危坐，除了探讨学问，一句玩笑的话也不多说。平日里喜欢饶舌搞笑的孩子突然严谨沉默，这么一弄，大家都觉得有点意思，还有人为此暗自发笑。

但此时的王阳明不苟言笑，正色回敬质疑的长辈们道："我过去放任不羁，如今知道自己错了。春秋时期卫国人蘧瑗（字伯玉）说，活到50岁才知道自己此前49年间的过失。我现在还不到20岁，悔过自新还不晚吧！"

自从这件事以后，其他四人也都竞相收敛，注意个人修为。而王阳明这严谨默然、正襟危坐的作风也一直得到保持，自始至终都没有再发生改变。在后来的时日里，天下的精英豪杰们，争先恐后地从中国的四面八方仰慕拜访，估计也都为王阳明先生沉静阔达的气概所感动吧。

这一年（1492），王阳明祖父竹轩公王伦卒于北京。父亲龙山公王华居丧扶灵柩返回故乡。就在这一年秋天，王阳明第一次参加浙江省的乡试，与后来的忠烈王孙燧[①]、尚书胡世宁[②]共同中了同榜的举人，这在当时一度被传为美谈。

[①] 孙燧（1460—1519），明代官员。字德成，号一川，浙江余姚人。弘治六年进士。历仕刑部主事、郎中、河南右布政使、右副都御史、巡抚江西，七疏朝廷宁王朱宸濠必反且晓以大义，悉被遮获不得达，终反被害，卒追赠礼部尚书。

[②] 胡世宁（1469—1530），明代官员。字永清，号静庵，浙江仁和人。弘治六年进士。任南京刑部主事，上书极言时政缺失。再迁郎中，与李承勋、魏校、余佑称南都四君子。后迁江西副使，疏论宁王宸濠反状，系锦衣狱，减死戍辽东。嘉靖中，拜兵部尚书，加太子太保，陈兵政十事，又上备边三事。后以疾乞归，卒谥端敏。胡世宁为官清廉，疾恶如仇，为时人称道。著有《胡端敏奏议》等。

二十七年之后，在剿灭宁王朱宸濠的叛乱中，胡世宁挺身而出揭发其罪行，孙燧则被奸细所出卖杀身成仁。这已是后话了。

随后在王阳明的带领下，明军平定叛乱，世人都将这段故事称作奇谈。

潜心学问，第一次落榜

1492年，王阳明为了领悟宋代儒学"格物致知"的精髓，跟随父亲龙山公王华返回北京侍读，想方设法地搜寻朱子著述的遗留存阙，并打算就此发愤研究。

一日，他读到程伊川的"众物必有表里精粗，一草一木，皆涵至理"，便陷入了沉思。众所周知，程伊川即程颐（1033—1107），字正叔，北宋洛阳伊川（今属河南省）人，后世称其为伊川先生，是中国北宋时期著名的理学家和教育家。他当然也是"格物致知"思想的重要支持者之一。

在龙山公王华居住的府邸中，种植了大量的竹子，王阳明便每日对着竹子发呆。时日久了，他就命人拿来竹子，将竹子斫开察看其内部究竟，然后思考里面的道理。尽管王阳明废寝忘食，消耗了很多的精力，但是仍未能想通圣贤书上所写的道理。王阳明在内火外忧的多方焦虑下，终于病倒了。这就是王阳明"格竹子"的逸话所出之处。

格物的事情总算告一段落。向来意气风发、年少轻狂的王阳明不得不面对自己悟道不出的失败场面。原本他是一心要做圣贤的，但是第一个回合就败下阵来，的确给他不小的打击。王阳明甚至产生了这样的想

第三章 志向动摇时代

法:"自古以来圣贤被开始区分后,与此同时就应运而生了如何作辞章的学问。"于是他决定重新返回到文学报国的道路上去。

通过格物这件事,可以知道,王阳明此时对性理学还只是知其皮毛,尚涉入不深。他只知道程伊川的著述而没了解到程伊川儒学的精要,而且简单地通过对竹子来格物求知,实在是有些形而上学的味道。这样怎么会格出真正的理呢?

朱子学派的人经常拿这个例子来指责王阳明的浅薄,然而进一步想,也正是他对程伊川学说的质疑与不解,才有了后来王阳明"心即理、心理合一"核心学说的横空出世。当然了,王阳明在当时还没有达到那么高的境界,这一点也是不能忽略的。

第二年春,已经22岁的王阳明参加三年一度的全国性会试。这次他是信心满满,要当状元的。但是王阳明却意外地落榜了。

王阳明的好朋友们都跑来安慰他。当时的宰相李西涯、韩东阳鼓励他参加下一届的考试,说道:"你今年意外落第,没有关系,你文采出众拔萃,来年金榜高中,在文坛上叱咤风云是迟早的事情。莫不如你先试着作一个《来科状元赋》[①]吧?"

大家原本就是一玩笑话,没想到王阳明听完,立刻就一丝不苟地应对了一篇。

在场的人见状,莫不惊讶:"天才!天才!"

当然,常言道:"木秀于林,风必摧之。堆出于岸,流必湍之。行高于人,众必非之。"此话一点不假,知道了这件事,很多嫉妒王阳明的人

---

① 今已失传,亦未被王阳明相关文集收入在内。

私底下都议论道:"这小子绝对中不了榜,眼中太自大无人了!"

第二次落榜的态度

光阴荏苒,转眼又是三年,又到了会试的关键时刻。"果为忌者所抑"——由于那些嫉妒王阳明才华的人做了手脚,暗中打压,王阳明又名落孙山了。与王阳明一起落榜的,还有他的几个好朋友。

好朋友们知道了落榜的消息后,唉声叹气,叫苦不迭。王阳明看到这个情形,还跑过去安慰人家,说:"世人都认为考试落榜是羞耻的,但是我觉得,由于考试的落榜自己动摇心性和气节,丧失勇气才是最可耻的呢!"

有识之士听了王阳明的这番话,都为他的高深见解而感到钦佩。

会试的二度落榜已成定局难以挽回,王阳明就自己回到老家余姚。回到家乡以后,王阳明经常出入龙泉山寺庙,与周围的文友们吟诗作对。不久他就在龙泉山寺庙组建了诗社,取名为龙泉诗社。

在诗社里,王阳明他们纵情诗词,耽爱山川,极尽风雅之能事。后来,一位叫作魏瀚的也加入进来。魏瀚早年是曾做过官的,并"以雄才自放",待人接物豪放热情,后来厌倦功名,归隐山林。

王阳明和魏瀚虽然年龄有些悬殊,但脾气倒是相投,两个好朋友一起登山观高,一起对弈联诗。王阳明自幼文思敏捷,在大自然的熏陶下,联诗时佳句频出。

魏瀚见状,表示十分佩服,不得不抚须慨叹自己才学不如眼前的翩翩少年王阳明,这可真是江山代有才人出啊!

以上就可知王阳明先生的诗文才华何等出众了。

热衷武举

王阳明26岁的时候寓居北京。当时中国边陲远地常有异族骚乱发生,急报频传,可谓是国家到了需要人才的时候。朝廷下旨命令地方的官吏们举荐能带兵打仗的人才,但是应者寥寥。

王阳明见此,感叹道:"朝廷应该执行举用武官的制度,否则招到的人大多是些会骑射技术或者臂力超人的蛮莽之辈而已。这些人都缺少文韬武略、排兵布阵的本领。"

上述王阳明两次会试落榜,此时本应好好温习功课,准备再考。平时他也顾不上研讨军事武术,况且备考的时间越来越短,他自然不能做到心有二用。

但是形势的变化,使得王阳明内心的军事热情高涨起来。他十分关注国家军事情况的最新进展,将很多的时间投入军事研讨之中。他私下甚至阅读了不少谈用兵策略的指挥秘典。

说一个有趣的例子。每每参加宴会的时候,总能看见王阳明捯饬一大堆果核的情景。为了模拟战场布阵局势,他收集了很多的果核,按照兵书的解说布阵埋兵,指挥阵势的纵横捭阖。这为他后来锻造带兵打仗的基本素养做好了重要的铺垫。

一天傍晚,王阳明做了一个梦。威宁伯王越在梦中赠授给他一把尚方宝剑。梦醒后,王阳明记起了所梦到的事情,便对周围的人说道:"威宁伯嘱咐我统率军队报效国家,将来必定会名垂青史。我以后一定要按照他的嘱咐行事。"

自此，王阳明有了以武报国的志向，就更加努力进取了。

疏淡学问，从事心学

恍惚间，一年又倏忽而去。王阳明仍寓居在北京，还在修学辞章诗赋，以求早日登科及第，为国效力。

王阳明自然也知道，仅仅修学辞章诗赋尚不能探求出人生的真谛所在。于是他四处访亲问友，探讨圣贤精要。尽管如此，所收获的和所期待的差距仍然太大，王阳明备感苦恼，不能求解。后来偶尔一次，他读到朱晦庵①的《朱子语类》，读完后反复玩味。再后来，他又读朱子上书给宋光宗皇帝的《上光宗疏》，其中载道："居敬持志，为读书之本。循序致精，为读书之法。"

王阳明暗自沉吟，恍然大悟："原来一直以来，自己只是一个劲儿地读东读西，却独独没有做到循序以致精，所以虽然看的书目很多，可得到的感悟却少之又少。看来无论什么事情，都要遵循其发展规律，然后再求融会贯通，最终做到事物的道理和我的心境合二而一，达到统一，否则就背道而驰，如油水不能相容。"在王阳明看来，这是与做圣贤有关的问题。假若心与理为二，理在外物而不在吾心，则"即物穷理"。这就

---

① 朱熹（1130—1200），江南东路徽州婺源人。行五十二，小名沈郎，小字季延，字符晦，一字仲晦，号晦庵，晚称晦翁，又称紫阳先生、考亭先生、沧州病叟、云谷老人，谥文，又称朱文公。南宋理学家，理学集大成者，后世尊称为朱子。

是古书上记载的"物理吾心终若判而为二者也"的出典所在。

王阳明郁郁寡欢的时日久了，导致早年的旧病一并复发。由于自己尚没领悟到圣贤的深刻含义，他便认为"圣贤有分"，自己不是做圣贤的料，于是对自己产生了怀疑。为此，王阳明十分苦恼。后来，他听说有一道士谈养生之说，便愉悦自得地前往拜访。见到道士后，他甚至一下子萌生了要遗世入山的想法。

在王阳明的许多传记中，大多将这一时期认为是王阳明早年"沉溺神仙之道"的阶段。

进士及第，梦想照进现实

弘治十二年（1499），王阳明28岁。他的主要活动地点仍然是在北京。这年春天，他参加了朝廷组织的新一届的会试。将近而立之年的王阳明终于金榜题名，在南宫举办的会试中名列第二等第二名，殿试上"二甲进士出身第七名"。朝廷命他去"观政"工部，即在工部实习。

在王阳明还没有考中的时候，有威宁伯王越曾托梦赠剑的事情。等他考上了，恰好是王越去世之年，朝廷授命他护送王越灵柩回王越家乡浚县安葬，负责监督修建威宁伯王越的陵墓。王阳明一路上都是骑马前往，没用车轿。后来在山路险要的地方，马匹受到惊吓，王阳明就从马上摔了下来。

当时王阳明口吐鲜血，随从惊恐万分，请求王阳明使用轿辇代步。王阳明却一副大丈夫气概，根本不予理睬，依旧我行我素骑马前行。他对周围人解释道，这是练习自己的骑马技术呢！

等到了浚县，见到了威宁伯王越的后人，王阳明还不忘向他们仔细讨教威宁伯生前用兵打仗的秘法。

威宁伯的后人据实以告，王阳明立刻来了精神，他按照兵法布置造坟的兵士和建筑工的分工。他还制定了轮番休息、工作的制度，以求达到事半功倍的效果。

果然，他的布置很快产生了效力，工事的修建大大加速。督造工程完毕后，威宁伯的后人献上金帛布匹表示感谢，王阳明悉数拒绝，不肯接受。后来，这家人拿出一柄宝剑，说这是威宁伯生前所佩带的宝剑，愿以此表示对督造坟茔的感激之情。

这时，王阳明想起原先的梦境，简直和其如出一辙，于是他欣然接受了。从此也能约略看得出，王阳明武力报国的念头是何等强烈了。

建言时事

督造威宁伯坟茔工事结束后，王阳明向朝廷复命报告。此时，天空中某颗星星发生异变，观测星宿的官员立刻上报朝廷，朝廷十分重视这件事，于是下诏全国，要求官员们发表意见，为国分忧。

此时边陲鞑靼蠢蠢欲动，经常侵犯朝廷边关人民的生命财产安全。王阳明得知这个情况后，十分气愤，于是起草了《陈言边事疏》，后收录于《阳明全集》的第九卷。通观全文，言辞极其激切，主要对边关的政务提出了八条建议，摘其要如下：

一曰蓄材以备急，

第三章 志向动摇时代

二曰舍短以用长，

三曰简师以省费，

四曰屯田以足食，

五曰行法以振威，

六曰敷恩以激怒，

七曰捐小以全大，

八曰严守以乘弊。

以上，王阳明先生洞察时事之准确可见一斑。王阳明29岁的时候，获命刑部云南清吏司主管一职，这是王阳明官场生涯的肇始。

得遇神仙道人

弘治十三年（1500），王阳明时年29岁整，接受朝廷指派，去江北调审刑事案件的审案卷宗、平反冤狱。王阳明一去，很多冤假错案得以昭雪。当地的人民群众都说王阳明判案公平、处置合理，这不得不使人联想到王阳明先生的深厚家学，当然更重要的是他自身性格的原因。

公务处理完毕后，王阳明顺便取道佛教四大名山的九华山游玩，其间作有赋、诗各一首，收录在今日王阳明的文集之中，值得一读，今援引如下：

循长江而南下，指青阳以幽讨。启鸿蒙之神秀，发九华之天巧。非效灵于坤轴，孰构奇于玄造。迁史缺而弗录，岂足迹之所未到。白诗鄙夫九子，实兹名之所肇。予将穷秘密于崔嵬，极玄搜而历考。涉五溪而径入，宿无相之窈窕。访王生于邃谷，淘金沙之清潦。凌风雨乎半霄，登望江而远眺。步千仞之苍壁，俯龙池于深窅。吊谪仙之遗迹，跻化城之缥缈。饮钵盂之朝露，见莲花之孤标。扣云门而望天柱，列仙舞于晴昊。俨双椒之辟门，真人驾云而独跻。翠盖平临乎石照，绮霞掩映乎天姥。二仙升于翠微，九子邻于积稻。炎歊起于玉甑，烂石碑之文藻。回澄秋于枕月，建少微之星旗。覆瓯承滴翠之余沥，展旗立云外之旌纛。下安禅而步逍遥，览双泉于松杪。逾西洪而憩黄石，悬万丈之灏灏。濑流觞而萦纡，遗石盘于润道。呼白鹤于云峰，钓嘉鱼于龙沼。倚透碧之崾峴，谢尘寰之纷扰。攀齐云之巉峭，鉴琉璃之浩濑。沿东阳而西历，餐九节之蒲草。樵人导余以冥探，排碧云之瑶岛。群峦翳其缪霭，失阴阳之昏晓。垂七布之沉沉，灵龟隐而复佻。履高僧而屦招贤，开白日之杲杲。试朝茗于春阳，汲垂云之渊湫。凌绣壁而据石屋，何文殊螺髻之蟠纠。梯拱辰而北盼，臁遗光于拾宝。缁裳迂于黄匏，休圆寂之幽悄。鸟呼春于丛篁，和云韶之鸎鸎。唤起促余之晨兴，落星河于檐橑。护山嘎其惊飞，怪游人之太早。揽卉木之如濯，被晨晖而争姣。静镜声之剥啄，幽人剧参蕨于冥杳。碧鸡哕于青林，鹇翻云而失皓。隐捣药于樛萝，挟提壶饼焦而翔绕。凤凰承盂冠以相遗，饮沆瀣之仙醨。羞竹实以嬉朝，集梧枝之袅袅。岚欲雨而霏霏，鸣湿湿于薲葆。躅三游而转青峭，拂天香于茫渺。席泓潭以濯缨，浮桃泻而扬缟。淙渐渐而落荫，饮猿猱之健狡。睨斧柯而升大还，望会仙于云表。悯子京之故宅，款知微之碧桃。倏金光之闪映，睫异景于穹坳。弄玄珠于赤水，舞千尺之潜蛟。并花塘而峻极，散香林之回飙。抚浮屠之突兀，泛五钗之翠涛。袭

第三章 志向动摇时代

珍芳于绝巘，袅金步之摇摇。娑罗踯躅芬敷而灿耀，金幢引玉女之妖娇。搴龙须于灵宝，堕钵囊之飘摇。开仙掌于嶔嵌，散青馨之迢迢。披白云而蹠崇寿，见参错之僧寮。日既夕而山暝，挂星辰于窿嵍。宿南台之明月，虎夜啸而罴嗥。鹿麋群游于左右，若将侣幽人之岑寥。迥高寒其无寐，闻冰壑之洞箫。溪女厉晴泷而曝术，杂精芩之春苗。邀予觞以玉液，饭玉粒之琼瑶。溘辞予而远去，飒霞裾之飘飘。复中峰而怅望，或仙踪之可招。乃下见陵阳之蜿蜒，忽有感于子明之宿要。誓予将遗世而独立，采石芝于层霄。虽长处于穷僻，迺永离乎氓嚣。彼苍黎之缉缉，固吾生之同胞。苟颠连之能济，吾岂靳于一毛。矧狂胡之越獗，王师局而奔劳。吾宁不欲请长缨于阙下，快平生之郁陶。顾力微而任重，惧覆败于或遭。又出位以图远，将无诮于鸱鹗。嗟有生之迫隘，等灭没于风泡。亦富贵其奚为，犹荣莩之一朝。旷百世而兴感，蔽雄杰于蓬蒿。吾诚不能同草木而腐朽，又何避乎群喙之啵啵。已矣乎，吾其鞭风霆而骑日月，被九霞之翠袍。抟鹏翼于北溟，钓三山之巨鳌。道昆仑而息驾，听王母之云璈。呼浮丘与子晋，招句曲之三茅。长遨游于碧落，共太虚而逍遥。

乱曰：蓬壶之藐藐兮，列仙之所逃兮。九华之矫矫兮，吾将于此巢兮。匪尘心之足搅兮，念鞠育之劬劳兮。苟初心之可绍兮，永矢弗挠兮。

（题为《九华山赋》）

春宵卧无相，
　月照五溪花。

>掬水洗双眼,
>
>披云看九华。
>
>岩头金佛国,
>
>树梢谪仙家。
>
>仿佛闻笙鹤,
>
>青天落绛霞。
>
> (题为《游九华山》)

沿着羊肠小道游览完毕这个景点后,紧接着途经五溪、望华亭、二圣殿,王阳明还相继游历了附近的无相寺、化成寺等佛道庙宇,所到之处必会夜宿参悟。也就在这一日,他邂逅了一位姓蔡的道士。蔡道士蓬头垢面,破衣烂衫,却端端正正地盘坐在寺庙大堂的正中央,神态自若。

一般人看到道士这衣衫褴褛的情景,都以为其神志不清,称其疯癫无状。王阳明一看,却心里暗暗称其迥异于常人。话说这位蔡道士,对方外之术颇为熟悉,侃侃而谈,对王阳明以尊贵宾客之礼对待,礼节上极为恭敬。

王阳明于是借机询问何为得到神仙之术。蔡道士摇摇头,说道:"你尚未达到至高境界!"

王阳明见状忙叫左右退下,邀请蔡道士移步去后面亭子,然后施以大礼,请求道士告知其详细。

蔡道士又摇了摇头,说道:"你尚未达到至高境界!"

王阳明再三恳求,都没有得到道士的传授。后来这位蔡道士对王阳明说:"我初见你,看你衣着打扮得体尊贵,便知道你心仍属意于官场。虽然有心问道,但还是六根未净,心牵挂凡尘,对于方外之术只是徒慕其表而已。"

王阳明听完仰天大笑离寺而去,继续自己的游览。等路过地藏洞的时候,他听说在悬崖峭壁的巅峰上有一位得道高人,姓甚名谁谁也不知道,大家都说这位高人长年累月在老松树的落叶丛里打坐,风餐露宿,看上去不是一般的人。

王阳明获悉后,马上前往访问。他立刻攀缘着悬崖峭壁,一路来到山顶。那位高士正在酣睡之中。王阳明便默默不言,坐在高士旁边,轻轻地抚摸他的足底和掌心,一直到这位道人苏醒。

道人睁开睡眼,看到眼前有人十分惊讶,问道:"这上来的道路如此险峻难行,你是如何上来的呢?"

王阳明对答说:"我一心要和高士谈论道家要髓,正是这个信念的指引才使我能够抵达彼岸。怎么能怕辛苦而畏缩不前呢!"

两人自此时开始一见如故,畅谈佛教和道教的要义精华,还探讨了儒家的思想。说到儒家思想的时候,说及周濂溪、程明道,二人不禁称赞这些前辈,他们可以说都是儒家学说的集大成者。又说到朱考亭,即朱熹的时候,二人认为朱熹虽然也悟到儒学的一些精要,但是距离一乘妙旨的境界仍相去甚远。

王阳明对道士的谈吐非常喜欢。两人不禁惺惺相惜,相谈甚欢,天色很晚还不愿辞别。待到第二日,王阳明再去原地拜访,却发现昨天和自己交谈的高人已不知去向。王阳明当即赋诗一首:

路入岩头别有天，
松毛一片自安眠。
高谈已散人何处，
古洞荒凉散冷烟。

随后，王阳明在两首抒怀的诗（《重游化城寺二首》）中写道：

其一：

爱山日日望山晴，
忽到山中眼自明。
鸟道渐非前度险，
龙潭更比旧时清。
会心人远空遗洞，
识面僧来不记名。
莫谓中丞喜忘世，
前途风浪苦难行。

其二：

山寺从来十九秋，
旧僧零落老比丘。
帘松尽长青冥干，
瀑水犹悬翠壁流。

第三章 志向动摇时代

> 人住层崖嫌洞浅，
> 鸟鸣春涧觉山幽。
> 年来别有闲寻意，
> 不似当时孟浪游。

从上诗中的"会心人远空遗洞"一句可以看出，王阳明对当年与道人的邂逅，真是感叹不已，同样对那位道人的追慕之情也溢于言表。

彻悟诗文之弊

弘治十五年（1502），王阳明31岁，他完成在江北地方犯因的审录工作，回到北京复命。此时朝廷中的旧交名士纷纷模仿古体诗词吟诗作文①，引为时尚。这帮文人还成立了诗社，热情邀约王阳明加入。

王阳明对此表示拒绝，而且还叹息着对周围的人说："我怎么能把有限的人生精力花费在那些没有任何意义的虚词空文中呢？"

不久，王阳明便向朝廷上疏，告病请辞，在奏疏《乞养病疏》中如是写道：

> 臣原籍浙江绍兴府余姚县人，由弘治十二年二甲进士，弘治十三

---

① 即明朝的复古主义文学思潮，为首者为明朝前七子的李梦阳，"倡导复古，文自西京、诗自中唐而下，一切吐弃，操觚谈艺之士，翕然宗之"。后称之为"学古诗文"。——译者注

年六月除授前职，弘治十四年八月奉命前往直隶、淮安等府会同各该巡按、御史审决重囚，已行遵奉奏报外，窃缘臣自去岁三月，忽患虚弱咳嗽之疾，剂灸交攻，入秋稍愈。遽欲谢去药石，医师不可，以为病根既植，当复萌芽。勉强服饮，颇亦臻效；及奉命南行，渐益平复。遂以为无复他虑，竟废医言，捐弃药饵；冲冒风寒，恬无顾忌，内耗外侵，旧患仍作。及事竣北上，行至扬州，转增烦热，迁延三月，尪羸日甚。心虽恋阙，势不能前；追诵医言，则既晚矣。先民有云："忠言逆耳利于行，良药苦口利于病。"臣之致此，则是不信医者逆耳之言，而畏难苦口之药之过也。今虽悔之，其可能乎！

臣自惟田野竖儒，粗通章句；遭遇圣明，窃录部署。未效答于涓埃，惧遂填于沟壑。蝼蚁之私，期得暂离职任，投养幽闲，苟全余生，庶申初志。伏望圣恩垂悯，乞敕吏部容臣暂归原籍就医调治。病痊之日，仍赴前项衙门办事，以图补报。臣不胜迫切愿望之至！

（以上参见《乞养病疏》）

阳明洞专修神仙道

王阳明终于得到朝廷的同意，返回故乡越中地方。后来，返乡的王阳明在家乡四明山南侧挖掘了一个洞穴，称作阳明洞，常日里在此修养仙术。这里风景雅致，山清水秀，王阳明非常喜爱这里，于是他选择在此隐居。后世因此称王阳明为阳明先生。

王阳明说："我曾经在结婚当夜访道铁柱宫，一直将仙道的教谕谨记心中。所以要在此修炼神仙导引的养生术。"

周围的人纷纷传说王阳明修炼的地方是神仙们聚会的场所,这其实也是王阳明为了躲避那些人世间的迎来送往的故为之事。王阳明在此修身养性,整日里练习静坐养气。

这在当时的中国是极为普遍的。由于中国独特的地理环境,很多厌世之人都能寻找到一块属于自己的静谧场所,遁隐山林,与世外隔绝,不相往来。对于王阳明而言,此时他遁隐的心思还没有那么强烈,有朝一日他是否会重新回到凡尘中去呢?此时这还是不能确定的事情。

厌世之人向社会活动的转变

静坐日久,王阳明的想法果真发生了很大变化。"此簸弄精神,非正道者也。"他迫使自己不去想心中新生的念头,力求身心重新恢复宁静。慢慢地,他内心开始平静,脱离了对世俗凡尘的纠葛,暂时获得了内心的超然。

时隔不久,王阳明开始想念起祖母岑夫人和父亲龙山公王华了。祖母和父亲对自己的恩爱和抚养不断地萦绕在他的脑海。辗转反侧,想来想去,王阳明对此还是犹豫难决,不知道怎么办才好。

何去何从?

这的确是个艰难的选择!但是他又想:子女尽孝道是人间第一等重要的事情。"此念生于孩提。此念若可去,是断灭种性矣!"

多年以来,王阳明一直受到传统儒家思想的教化。儒教摒除佛家和道家的精义众所周知,然而回过头来再思考,这三教中只有儒家尊崇孝养,也只有儒学是"至正之道"了。

想到这里，王阳明幡然醒悟。他重新返回人世间，创建一番事业的志向又勃勃生发了。通过查阅王阳明传记来看，这正是所谓的"正德丙寅年元年，始归正圣贤之学"的一个时期。

就这样，悔悟后的三年时间里，王阳明一直在家尽孝道，赡养父母。倘若这个时期，王阳明缺失来自家庭的熏陶，孝亲的观念逐渐淡漠，那么他终会舍弃人伦亲情，失去人性的本真所在，只能是成为方外之人。

所幸的是，祖母岑氏老夫人和父亲龙山公王华对其训诫有方，运筹帷幄无不准确，使得王阳明在人生关键时刻保持住了对人生美好的信念，终于回归到正道上来。所谓孝悌的内涵，通过这样一件事情就能明白其中精要。

接下来的二十年时间，王阳明进入了他一生中的黄金时代。他富于进取之心，热衷于功名济世之举。如果他还像以前那样，飘逸于尘俗之外，是取得不了后来的一番丰功伟业的。

当然，他偶尔也会畅想神仙之术。由于自幼年以来，一直患有严重的咳疾，王阳明有时候也会多愁善感，陷入矛盾的境况。于是他就以神仙养生之术自我修炼，他还参考了佛教中安身立命的精义。《王阳明传记》中将这一时期称为"耽爱佛教"时期，其所指就是王阳明人生中的这段时间了。

通观王阳明一生，即便是在不断地修炼交替时期，他也从来没有荒废过学业。王阳明对字义训诂的苦涩学术也有拓展之功，这也是他一生中非常用心思的地方。从王阳明的一生经历来推测，此时的王阳明将儒学、佛学和道教的思想杂糅在一起，互相纠缠，这也是他思想的一个表现。

王阳明早年崇尚佛教和道教的精义,但是随着阅历的增长和对人生的体悟,他越来越对这些玄妙莫测的东西感到疑惑。如前所述,人生不能为了成为圣贤而成为圣贤,自古以来的圣贤都是为了天下苍生而祈望不休,从而成为圣贤。可以说,佛教和道教的修行,却使得王阳明体悟到了佛教和道教的局限之处,从而更清晰地看到了自己的人生道路。

晓谕禅僧,以求孝养

之后第二年,王阳明搬至钱塘江(今浙江杭州)西湖侧畔静养身体。众所周知,西湖以风光秀美闻名天下,附近的名胜古迹和名寺古刹也是数不胜数。前面提过,王阳明一生走遍大江南北,在很多地方留下自己的脚步,而独独钟情于古刹庙宇,一旦经过必然少不了去参观一番。

一日,王阳明在一个叫作虎跑寺的古刹中游览。就在这古刹中,果真又遇到一个禅僧。这位禅僧在此坐关三年,三年来一语不发、一物不视,人都称奇。王阳明获悉此事后,对着参禅的禅僧立刻厉声呵呼:"这和尚口巴巴说什么?终日眼睁睁看什么?"

这位禅僧被吓了一跳,对着王阳明略施一礼,然后才说:"我在此平心静气坐关三年。你为什么却说我'这和尚口巴巴说什么?终日眼睁睁看什么'呢?"

王阳明不理这话茬,转过话头却问道:"你是哪里人?"

禅僧答道:"我本是河南人,现离家已有十余年之久。"

王阳明再问:"你家中难道就没有别的亲戚朋友了吗?"

禅僧答道:"只有一老母,只不过现在不知道她是生是死。"

王阳明追问:"那你是否曾想念在家里牵挂着你的母亲呢?"

禅僧回答道:"怎么能不想念呢!虽然每日一言不发,但是我在心里默默想念。虽然终日目不视一物,但是母亲的形象在我心中却越发的真切!"

说到这里,禅僧恍然大悟,于是合掌连忙致谢,并说道:"檀越之言,实在是高论!请先生再说详细些!"

王阳明继续说道:"父母和子女间的感情是人之常情,作为人,又怎能随随便便就将它摒弃。你今日想念母亲的念头已经萌生,就是你的原本真性的再次发现。终日枯坐只能使你的心绪越发芜杂混乱。"

王阳明反复以孝养老母的道理训诫这位禅僧,未说完,禅僧就已泪流满面、泣不成声,说道:"檀越的故事真是太好了。我明天一大早就返回老家,以后好好孝养父母!"

第二天早上,王阳明再去虎跑寺,禅僧已不见踪影。其他留守的和尚告诉王阳明,昨日的禅僧一大早担着行李,人已经返回河南老家了。

王阳明听闻此事后十分高兴,说:"看来'此念生于孩提'对于禅僧也是颠扑不破的真理呀!实在是灵验得很呢!"

如上所述,禅僧幸遇王阳明,受到他的训诫,终于选择返回家乡孝养老母,这正是人性中最本真的孝悌观念的影响所在。但是,就在这后不久,王阳明又萌生遁世的念头,企图过隐士般的生活。把这件事情和他训诫禅僧的事情进行对比,我们也会感到,其回归圣贤的道路也绝非是那样坚不可摧的。

始论经世思想

弘治十七年（1504），王阳明33岁的时候，他受朝廷指派至山东任职。当地有个叫作陆偁①的巡按督查御史听闻过王阳明的鼎鼎大名，于是就派人去请王阳明到自己府邸交流。

转眼就迎来了山东省的乡试，王阳明被陆偁聘请为主持考试的主考官。通过考试选拔，穆孔晖②中了解元（成绩优异——原作者注），后来穆孔晖成为广为人知的名臣。

实际上，山东省这次乡试的考题均出自王阳明一人手笔。具体的考试题目，比如有：《明朝礼乐之制》《老佛害道，源自圣学不明》《纲纪不振，源于名器泛滥》《用人太急，求效甚过》，还有《土地分封》《以清兵戎》《抵御外夷》《平息讼诉》等国家治理和军事等方方面面的问题③。

这些考题大部分都是针对时局的实实在在的问题，从乡试的试题题

---

① 陆偁（1457—1540），明朝政治人物，字君美，浙江行省宁波府鄞县（今鄞州区）人，一说为慈溪人。
② 穆孔晖（1479—1539），字伯潜，号玄庵，山东堂邑人。明朝官员。弘治十八年（1505）进士。选庶吉士，任检讨，为刘瑾所恶，迁调南京礼部主事。刘瑾败后复官。历升国子监司业、翰林院侍讲、春坊庶子、学士、太常寺卿。
③ 此处据钱德洪《阳明先生年谱》弘治十七年"主考山东乡试"条，原文为："巡按山东监察御史陆偁聘主乡试，《试录》皆出先生手笔。其策问，议国朝礼乐之制：老佛害道，由于圣学不明；纲纪不振，由于名器太滥；用人太急，求效太速；及分封、清戎、御敌、息讼，皆有成法。录出，人占先生经世之学。""老佛害道"以下全是撮录"答卷"中的文意，并不是考题。此"答卷"收入《山东乡试录》，实为主考官王阳明拟作。

目也可以看得到王阳明先生颇具经世之才，以及对佛道二说的态度，那就是探求如何学以致用。王阳明中年时代写作的文章已经达到了巅峰，到了晚年，他更注重达意，在文章修辞上颇为考究和着意，一点也让人感觉不出来有粗制滥造之嫌。

众所周知，思想和学术上的进步主要依靠一步一步，日积月累，最终走入最高境界。因此有人认为，王阳明先生著述的精微所在正是其晚年大作，而此时《王阳明全集》所记载的山东乡试中的全部题目仅给人以秀逸之感。

终以圣学为己任

同年（1504）九月，王阳明被重新委派职务，调任为兵部武选清吏司主管。王阳明不得不从山东返回北京就任。当时的学者都耽爱陈腔滥调的复古文潮，根本就不知道经国利民的实用之学究竟为何物。

王阳明此时带头讲学，倡导实用之道，即所谓的身心之学。他主张通过身心之学，"要使人立必为圣人之志"，大凡执贽①来求学拜师的，王阳明便敞开胸襟，广开门户而将其收纳。为了使门生在这里树立远大的志向，王阳明不断地开设讲座。

在当时的大背景下，由于"师道久矣"而有荒废的倾向，而王阳明如此大的动作，必然会招致同僚们的非议，说他以此博取名声。

此时只有翰林庶吉士湛甘泉（字若水）与王阳明来往频繁，一见如故。

---

① 本义为古时初次求见人时所送的礼物，即见面礼。

第三章 志向动摇时代

他们两人终日兴致勃勃地探讨圣学之事,最终结成莫逆之交,终生交好。

后来王阳明去世,湛若水亲笔题写墓志铭,全文收录于《阳明全书·附录篇》中。对于他们当时的交往,王阳明也曾赋诗留世,题为《赠阳伯》,内容如下:

> 阳伯即伯阳,
> 伯阳竟安在?
> 大道即人心,
> 万古未尝改。
> 长生在求仁,
> 金丹非外待。
> 缪矣三十年,
> 于今吾始悔![1]

小 结

写到这里,王阳明先生的方针谋略大部分已经呈现出来。迄今三十余年的星霜岁月,其可谓是遭遇了万种变迁。通过梳理王阳明一生中嗜好兴趣的不断迁移,我们也可窥察得到阳明先生的心力是何等丰富。他无论沉溺于游侠生涯,还是热衷于骑射之术,或者辞章之学,或者神仙道术,或者后来的耽爱佛教,萌发隐居山林、出家遁隐之意,他其实都

---

[1] 此诗明显不是赠给湛若水的。

是苦恼于人生方向的不断抉择。

尽管一路挫折，王阳明还是波澜不惊地从各种困境中走了过来，他甚至在很多方面取得了令人瞩目的成就，自己的身心也因此获得愉悦和超然。

王阳明的一生道路没有坦途，礁石险滩随处可见。他生命中的风云机变如此繁多，如何面对人生的困难和境遇，这是他不得不面对的问题。

但是，从书中的故事也能看到，王阳明面对这些问题时候的人生态度：泰然处之，乐观面对，一切问题最终都会圆满解决。这大概就是王阳明先生的过人之处吧。

也有人说王阳明的性格属于多血质那种类型，也有人认为，与其说王阳明是多血质，倒不如说是神经质才合适。但是我们看看周围患有神经质的人，大多都是患得患失、愤慨抱怨之人，失去了坚守自己本分的自我。这都是他们的弊病所在。

然而，再回过头来看王阳明，他性格洒脱豪爽，幽默风趣，还能和普通人谈笑风生，胸襟宽广。每每读到王阳明先生的生平事迹，我无时无刻不感受到他性格的光辉照人。"忙中日月闲中度，八万尘劳乐天地"，正是王阳明先生气度超凡的写照。不论遇到什么难事，他都能够以自己的聪明睿智巧妙周旋，用力化解。不论遇到什么难关，他也都会全心全意，一丝不苟，直到最后的成功。

经历了那么多人生的历练，王阳明的才干也在其中获得磨炼和荟萃。无论是国家大事，还是一己之利，他都能够处变不惊，沉静泰然。当然王阳明也有过挫折和蹉跌，但是他强韧的意志力，给予他处理困难的百折不挠的气概。王阳明先生的非凡资质以及人生中数不尽的丰富历练，都使得他能够判测出事情的轻重缓急和表里深浅程度。即便是面对源源不断的外部刺激的时候，王阳明都能够集中心力，使用节制无不精妙。

自此以后，王阳明先生作为一个坚持纯粹圣贤学问的大师，几乎没有对任何事物盲从和沉溺过。可以说，过去的三十年生涯，对于王阳明而言，就是一个自我修养提高的过程。而最终能力的实践和体现，还有赖于接下来二十多年的人生来检验！

第四章　精神历练　龙场悟道

本章节所讲述的主要内容是从王阳明35岁那一年二月上书"建白书"被投入狱开始，到其39岁那一年二月赴任龙场驿为止，前后大概四年间的言语和行动。虽然时间跨度仅仅为四年，但是这期间王阳明却遭受了千辛万苦，当然，他的精神也得到历练，达到大彻大悟的境界，奠定了以后得以安身立命的宝贵基础。

这一时期是我最喜爱熟读玩味的部分，其中难穷究竟的趣味终觉得有一种无尽言说的妙处。

国势日颓

明朝建立的时候，太祖朱元璋考察历代弊制，严禁宦官主政，而燕王朱棣篡位之后，怀疑老将旧臣中有不服从自己的人，便委任宦官来充任皇城中的内应。后历代皇帝越发给予宦官们信任，渐渐使得宦官左右了朝廷的政权。

明英宗朱祁镇在位时先有宦官王振，后有曹吉祥；英宗之子明宪宗

第四章 精神历练 龙场悟道

朱见深在位时有宦官汪直；宪宗后的孝宗至武宗期间，宦官刘瑾专政，大力排斥贤臣异己，结果导致朝政大乱。此外，更有奸佞钩心斗角，对百姓课以重税，以结交宦官。民间怨声载道，盗贼更是四起。直隶的山东、河南、湖北、湖南等地的人民几乎没有过上一天安宁的日子。当时的有识之士十分气愤，于是上奏朝廷阐明"上忧宦官弊政，下忧流贼猖獗"的顾虑。此时的王阳明面对中华上下如此的困境，感到心力交瘁也自然是不能避免的。

弘治十八年（1505），孝宗皇帝朱祐樘患病日益严重，于是召见内阁大臣刘健、李东阳、谢迁等，明孝宗紧握着刘健的手托付后事，说道："你们为了国事辛劳不已，朕当皇帝以来件件都看在眼里。如今的东宫太子年幼，喜好逸乐之事，请你们以后要教养太子读书，并辅佐他成为一代明君。"刘健、李东阳、谢迁等感泣接受孝宗皇帝朱祐樘的遗命。待孝宗驾崩后，其子嗣武宗皇帝朱厚照即位执政。

武宗朱厚照还是东宫太子的时候，身边侍从刘瑾、谷大用、马永成、张永、魏彬、罗祥、丘聚、高凤八人得八虎称号。武宗即位后重用八虎，国家前景每况愈下。阁老刘健、谢迁、韩文、李梦阳相继准备对刘瑾一党进行打击，根据其罪过，按照法典进行惩处。但是他们却没有利用好时机，就在要动手的时候，机密泄露，刘瑾与其同党一起跑至皇帝面前诉苦，一行人环绕在皇帝御座之下，跪着哭泣道："下臣胆敢直谏皇上，那是因为司礼监无人掌管的缘故。"

皇帝朱厚照不明事理，反而听信这帮人的谗言，命令刘瑾执掌司礼监，因此权力逐渐旁落到宦官刘瑾手中。

自此刘瑾更加作威作福，一时权倾朝野。而刘瑾却小人得志，不久便罢免韩文之职，刘健、谢迁、刘大夏等几人一看形势不妙，纷纷上表给武宗皇帝表明自己辞官的意愿。在这几个人里面，唯独李东阳因为和刘瑾早年有旧交情，幸运地得到了保全。

愤慨时势，言事下狱

正德元年（1506），南京科道官戴铣①、薄彦徽等上疏朝廷弹劾宦官刘瑾。上奏说道："皇上新政宜亲君子远小人，不宜轻斥大臣，任用阉寺（指宦官）。"

刘瑾听说后大怒，立刻在皇帝面前诬奏戴铣、薄彦徽等人，编造戴铣等所奏言论太狂妄，有欺瞒皇帝的嫌疑。戴铣等人便被逮捕入狱。

王阳明当时任兵部主事，目击此事后愤慨之情难禁，于是率先上朝谏疏搭救戴铣。在其疏中原文如此写道："臣听闻君仁则臣直。如今戴铣等居为谏司官，因为直言相谏而获罪。事实上，假使戴铣说的话正确，那么陛下就应该嘉纳采用；即使戴铣所说的不妥，那陛下也应该包容，以此打开忠谠言官的言路。但是陛下您今日赫然下令，远事拘囚戴铣，造成了很大的轰动。对陛下而言，此举不过是稍微要昭示下惩创的决意，并非对戴铣恼怒。但是普通的民众他们不了解实际情况，这样就容

---

① 戴铣（？—1506），字宝之，江西婺源人。明朝进士、政治人物。武宗即位，宦官刘瑾等横暴专权。正德元年（1506），刘瑾逐刘健、谢迁，激起士人共愤，戴铣与给事中艾洪、御史薄彦徽等二十一人，或独自具名，或几人联名，上疏请求保留刘、谢二人。最后皇帝将这二十一人全部逮捕，各廷杖三十。戴铣死于杖下，蒋钦三次被杖，三天后死在狱中。著有《朱子实纪》《峰文集》。

第四章 精神历练 龙场悟道

易妄生疑惧,请陛下三思为上!如果戴铣遭到牢狱之灾,自是而后,哪还有人再敢跟陛下禀明情由?陛下您聪明超绝,如果能念及此处,怎么会让您的臣民们寒心?在这里,我真心祈求您追收前旨,让戴铣等仍旧担任以前的职位,来宣示陛下您的宽仁之心,明改过不吝之勇;圣德昭布,您的臣民也都会欢欣鼓舞,这将会是多么让人快慰的事情!"

从王阳明的奏疏内容来看,他企图通过仁君仁政之说劝告皇帝广开言路,以仁慈之心宽宥戴铣,同时也是为戴铣开脱罪责。结果王阳明此举又触怒了刘瑾一党敌对势力。不久王阳明也遭到无端诬陷,紧接着被捕下了大狱,还被廷杖四十[①]。

刘瑾暗使心腹监视罚杖的过程,廷杖者便下手格外重,王阳明一度气息奄奄。王阳明在狱中的抒情诗有十四首,皆悲愤之至。今选录其中两首:

见月

屋罅见明月,
还见地上霜。
客子夜中起,
旁皇涕粘裳。
匪为严霜苦,
悲此明月光。
月光如流水,

[①] 中国书记载多为三十,此处存疑。——译者注

徘徊照高堂。
胡为此幽室,
奄忽逾飞扬?
逝者不可及,
来者犹可望。
盈虚有天运,
叹息何能忘。

屋罅月

幽室不知年,
夜长昼苦短。
但见屋罅月,
清光自亏满。
佳人宴清夜,
繁丝激哀管。
朱阁出浮云,
高歌正凄婉。
宁知幽室妇,
中夜独悲叹。
良人事游侠,
经岁去不返。
来归在何时,
年华忽将晚。

第四章 精神历练 龙场悟道

> 萧条念宗祀,
> 泪下长如霰。

贬谪龙场驿

被贬为贵州贵阳龙场驿驿丞（如村主任之职）时，王阳明时年35岁。作为礼部侍郎的龙山公王华当时居于北京，闻此信息却大喜，对身边的人说道："吾子为忠臣，将名垂青史，得此吾心愿已足。"

第二年，王阳明36岁，即将赴任龙场驿时，刘瑾又派心腹分两路跟踪，观其言语行动。王阳明到达杭州府时，正值夏日酷暑，再加上一路劳苦积聚，大病一场，于是暂时歇息于胜果寺①。

留诗（《移居胜果寺》）为证，如下：

> 江上但知山色好，
> 峰回始见寺门开。
> 半空虚阁有云住，
> 六月深松无暑来。
> 病肺正思移枕簟，
> 洗心兼得远尘埃。
> 富春咫尺烟涛外，

---

① 据旧志记载，胜果寺在修武县城南门内，初建于唐代，北宋绍圣年间重修，有殿宇寮舍七十二间，并建寺塔九层一座，即今天的胜果寺塔（又名宋塔）。

时倚层霞望钓台。

险遭杀害之时，投江

王阳明在胜果寺一住就是两个月，一日午后，王阳明一个人在廊下纳凉，随身的童仆正好都出外办事去了。突然，有两个兵卒打扮的人从外面走进来，上前问王阳明道："你是王主事①吗？"

王阳明对他说道："是的，我正是兵部主事王阳明。"

二卒于是说道："我二人有要事要对王大人讲。"说完就架着王阳明向大门外走去。

两人一路裹挟着王阳明同行，王阳明喘着气问道："你们这是要把我带到哪里去啊？"

二卒不理王阳明的问题，只是说："你只要向前走就知道了。"

王阳明说："我正在生病之中，不能走路太多。"

二卒说道："王大人先勉强支撑一下，路不远，我们也可以左右相扶，很快就到了。"

王阳明无计可施，只好任其所为，大约走了一里地的路程，后面突然又有二人飞驰而来。

王阳明观其相貌，这二人好像是自己熟悉之人。等这二人上前来，对王阳明说道："王大人是否还认识我们？我们正是居住在胜果寺的邻居沈玉和殷计，素闻王阳明是当今的贤者，平时未敢当面拜见。刚才听说

---

① 指王阳明。此处称呼官职。

第四章　精神历练　龙场悟道

有官府仆卒挟持王大人而去，我们担心他们对大人不利，特追随至此，以察看王大人下落。"

二卒听了之后，大惊失色，便对沈、殷二人说道："此人是朝廷的罪人，你们怎么能够亲近？"

沈、殷二人说道："朝廷已贬谪王大人的官职，又有什么理由叠加罪名呢？"

二卒不理沈、殷二人的问话，只顾挟持王阳明继续往前走，沈、殷二人见状也只能尾随其后。

天色渐近黄昏的时候，五人一起行至江边一室中。二卒秘密地对沈、殷二人说道："我们其实是奉了朝廷太监刘公公[①]的命令，到这里是为了杀害王阳明大人的。你们二人万万不要横加干涉，赶快回去！"

沈玉说道："王公是当今大贤，怎能让他死于刃下？"

二卒说道："你所言有理。"说话间解开腰间所带青色细绳，长一丈有余，他把绳子递交给王阳明，说道："我们允许你自缢而死，这下好很多了吧？"

沈玉又说道："绳上之死和刃下之死，其惨虐程度是没有区别的。"

二卒顿时大怒，手拔利刃，厉声对沈、殷二人说道："此事如果不完结，我们也无法回去复命，必然会死在刘公公手中。"

殷计说道："足下不必发怒，让王公夜半自己投江而死，既保留了全尸，又不会累及我们地方，你们也可以完成任务，向你们的主人刘公处复命，岂不妙哉！"

---

①　即刘瑾。

二卒低声议论片刻，少顷便收刀入鞘，说道："这样还差不多。"

沈玉于是又说道："王大人性命于今天晚上将尽，你们且买酒来同饮，醉了就会忘记这样悲惨之事。"

二卒表示同意，于是将王阳明封锁于一室内。

王阳明呼沈、殷二人说道："我今天必死无疑，只是还要麻烦你们向我的家人通报一声，帮我收尸。"

沈、殷二人说道："我们愿意通报给大人的家属，还请大人亲笔书信方可！"

王阳明说："恰好我袖中有白纸，遗憾的是没有毛笔。"

沈、殷二人说道："我们理当帮你向酒家讨要！"

沈玉和一卒一起去市中买酒，殷计则和另外一卒一起在王阳明门外把守。

不一会儿，买酒者归来，一卒打开门，两人各自带了一个酒盅。沈玉斟满一杯酒敬献给王阳明，还未说话就已潸然落泪。

王阳明说道："我得罪朝廷，死是我的宿命，我一点都不感到悲伤，你又何必为我悲伤呢？"说完，王阳明便举杯一饮而尽。

殷计又敬献一杯，王阳明也是一饮而尽。王阳明酒量不是多么大，如是再三，于是便推辞说道："我真的是不胜酒力了。承蒙你们二位的厚意，愿意帮我传递家书，接下来我要去写家信了。"

沈玉把笔递给王阳明。王阳明从袖中拿出白纸，顷刻间写诗一首。此诗（题为《绝命诗二首》）今留，如下所示：

学道无成岁月虚，

第四章 精神历练 龙场悟道

> 天乎至此欲何如。
> 生曾许国惭无补，
> 死不忘亲恨有余。
> 自信孤忠悬日月，
> 岂论遗骨葬江鱼。
> 百年臣子悲何极，
> 日夜潮声泣子胥。

王阳明吟兴未尽，于是再作一首，如下：

> 敢将世道一身担，
> 显被生刑万死甘。
> 满腹文章宁有用，
> 百年臣子独无惭。
> 涓流裨海今真见，
> 片雪填沟旧齿谈。
> 昔代衣冠谁上品，
> 状元门第好奇男。

二诗写完之后还有绝命词，据说在信纸后作有十字篆书，可惜并未保留下来。

沈玉、殷计通报给二卒，说道："王阳明已决意投水自尽。"

事实上，这二卒本不识文字，只见王阳明挥笔如飞，片刻未停，两人面面相顾，惊叹王阳明真是天才。王阳明一边写一边吟诵，还时不时给这二卒斟满酒杯，不久二卒就有了醉意。四人互相劝酬，二卒很快便喝得酩酊大醉。

等快到夜半的时候，云月朦胧，二卒乘酒兴，打算逼迫王阳明投水完事。王阳明向二卒感谢保全自己全尸的恩情，然后径直走向江岸，回过头对沈、殷二人说道："请一定转告我的家人！请一定转告我的家人！"

话说完，王阳明踏着岸畔的沙泥向江中走去。二卒一来醉酒甚重，二来江滩潮湿不便紧跟着。于是两人站立在岸上，远远地看着这边发生的一切。突然听到有物坠水之声后，便说王阳明已投江了。一响之后四周寂然无声，旷夜一片凄凉。

二卒在江岸站立多时，仍放心不下，害怕王阳明不死，于是行至下滩搜寻踪迹，只见江滩上脱有鞋子一双，又有纱巾浮在水面上，其中的一个便说道："王大人果然死了！"

持此二物打算走的时候，沈玉说道："请留下一物，来这个地方的人发现后，就会知道王大人跳水溺亡的事情。等此事传至京城，也可以成为你们的证人！"

二卒回答道："言之有理。"于是二卒扔下已经拿在手里的两只鞋子，只携带水中漂浮的纱巾回去复命。

却说之前外出的童仆，等他们归回到胜果寺之后，一看不见王阳明踪影，问遍了寺庙的所有僧侣都没人知道王阳明的下落。于是他们立刻彻夜提灯各处去搜寻，然而依旧不见王阳明的人影。其时适逢乡试之年，王阳明的弟弟王守文正在省（杭州省府）应试。

第四章 精神历练 龙场悟道

仆人连忙将此情况报告给王守文。王守文马上报官，并报请公差以及该寺庙的僧侣们四下寻访王阳明下落。

正在此时，恰遇沈、殷二人也来寻找王守文报信。王守文接过绝命词及二诗一看，马上就判断出其果真是自己兄长王阳明的亲笔书信，一时间悲伤哀恸。没过多长时间，又有人在江边发现了王阳明的两只鞋子前来报官。官员将这两只鞋子交付给王守文，到这个时候大家都确信王阳明已经跳江死亡。

一时间众人哄传王阳明的确已被溺死。王守文送书信到家中，王阳明举家惊骇悲痛，惨怛之情自不必说。

龙山公王华派人到江边发现鞋子的地方，命令渔舟赶紧打捞王阳明的尸身，但是一连数日竟无所获。王阳明的门人听到这件事情后无不感到悼惜，这时候唯有徒弟徐爱①却这样说道："王阳明必然死不了！"

别人问起缘故，徐爱答道："天生阳明，为其再兴千古绝学。怎么会因此等小事就死了呢？"

果真未死

回过头来再说王阳明果然不曾投水一事。当时很多人都以为王阳明已经溺江身亡，二卒也因完成刘瑾之命而安心。事实上王阳明当初脱下

---

① 徐爱（1487—1518），明代哲学家、官员，字曰仁，号横山，浙江省余姚马堰人，为王守仁最早的入室弟子之一，据说也是王守仁的妹夫（一说娶其妹王守让）。明朝正德三年（1508），进士及第。曾任祁州知州，南京兵部员外郎，南京工部郎中等职务。

一双鞋子，留做假象让人以为自己溺了江，又将纱巾抛弃在水面，然后取石块向江心投掷而去。

黄昏之后，远观不甚分明。二卒只听到扑通一声响，根本不知事情的真伪，便以为差事已毕。王阳明此时还没有死的事情非但二卒不知道，连沈玉、殷计也不知道。

却说王阳明循江滩而去，先是藏身于岸坎之下，看着眼前四个人渐行渐远。第二天他搭上一只商船。船夫可怜眼前这个人没有鞋穿，还将自己的草鞋赠送给王阳明。七天后，船行至浙江的舟山岛。当天夜里他又搭上另一只船，不料却遭遇大风。

经过一昼夜的颠簸终于到了一个地方，登岸问路过的人，王阳明才得知自己来到了福建东北地界。巡海兵船上的士兵见王阳明看上去不像是商贾之人，觉得可疑，就上前拘捕了他。

王阳明说道："我是兵部主事王阳明，因得罪朝廷受廷杖，被贬为贵州龙场驿驿丞。自念罪重，便打算自己了断，投身于钱塘江中，谁承想却没有死得了，辗转来到此处。"

士兵听了面前这个人的话，被王阳明的奇遇所感动，便以酒食款待，然后当即派遣一人往报有司（官府差官）。

王阳明担心事涉官府，不能脱身，便伺机溜之大吉。

投宿虎穴

王阳明沿着山径无人之处，狂奔三十余里，等看见一古寺时，天已昏黑，于是叩寺门请求投宿。但是寺僧设有禁约不留夜客歇宿，拒绝了

第四章　精神历练　龙场悟道

王阳明的请求。

寺旁有一野庙，残破已久，有虎穴居其床下。曾经就有一行客不了解情况，误夜宿此庙，结果遭猛虎猎食。王阳明去寺中投宿不得，没有办法只能就地宿于野庙之中。此时的王阳明早已筋疲力尽，不久便熟睡于香案之下。夜半群虎绕庙环行，却没有一只敢进去的。

天将明时分，四周寂静。寺僧听闻有虎啸声，以为昨夜前来借宿的客人早已葬身虎腹，于是一干人结伴进入此庙，打算取其财物。王阳明尚未清醒，寺僧认为昨夜的客人必死无疑，于是拿着手杖轻轻击打客人的脚底板。王阳明惊醒，蹶然而起身。

寺僧被吓了一大跳，说道："你真的非比平常人，不然怎么可能有入虎穴而不受伤的呢？"

王阳明茫然不知，忙问："你说的虎穴在哪里呢？"

寺僧回答道："就在你此刻露宿的地方啊。"

破庙成为虎穴是可以相信的，不知这里是虎穴而投宿其中也是可以相信的。然而，在群虎咆哮的旷野中竟有僧寺一事，始终不能令人信服。我认为这个故事是后人牵强附会猛虎一事，以增王阳明逸事的神怪之感。

寺僧心中十分惊异，立刻邀请王阳明顺道去自己的寺庙共进早膳。

再遇仙道，接受警策

餐毕，王阳明独自一人步行至殿后，发现在那里有一老道正在打坐。老道看见是王阳明突然前来，十分惊讶，赶紧起身说道："贵人您还记得无为道人吗?"

王阳明仔细观之,这位老道原本是二十年前铁柱宫所见的无为道人,时光荏苒,但他的容貌俨然如昨,不差毫发。

无为道人说道:"我之前告诉你我们二十年后相见于海上。我当年没有欺骗你吧。"

王阳明十分喜悦,这真可谓是他乡遇故知,因此与无为道人对坐,问道:"我今与逆臣刘瑾结下了怨仇,所幸的是劫后余生。我现在打算隐姓埋名,隐遁世间。但是不知道何处可以容身,还请道人您给指点一二!"

无为道人说道:"你不是还有亲人在俗世吗?万一有人说起你不死,你的敌对迁怒到你的父亲。如果他们诬告你的父亲在北边私通胡,南走越,到那个时候你们百口莫辩啊!你势必将进退两无据呀。"

无为道人于是为王阳明作诗一首。诗曰:

> 二十年前已识君,
> 今来消息我先闻。
> 君将性命轻毫发,
> 谁把纲常重一分。
> 寰海已知夸令德,
> 皇天终不丧斯文。
> 英雄自古多磨折,
> 好拂青萍建大勋。

第四章 精神历练 龙场悟道

王阳明佩服无为道人的孝亲之言，又感动于他鞭策鼓励自己的心意，于是决意奔赴谪地，之前索笔题一绝于殿壁。诗曰：

险夷原不滞胸中，
何异浮云过太空。
夜静海涛三万里，
月明飞锡下天风。

（原题为《泛海》）

在困难悲痛之巅却反而激发出了王阳明豪健有力的精神，诵读此诗令我也顿生天空海阔之感。

后来，王阳明打算向老道辞行。

无为道人说道："我知道你现在没有旅资了。"说话间从衣囊中取出银锞一锭（通货银片——原作者注）为赠。王阳明得此盘缠，于是从山间小道游览武夷山，路过铅山。从广信府经过上饶县时，他还去拜见了故交娄一斋。

娄一斋见到王阳明大惊，说道："之前听闻你溺毙于江水。后又传因你为仁得以救之。正未知虚实，今日得相遇，实在是斯文有幸。"

王阳明说道："我幸而不死，现在打算前往谪地。只是未见老父之面，十分担心他因为我的事情忧悒成病。这是我唯一的牵挂。"

娄一斋说道："你的敌对刘瑾迁怒于你的父亲，已降其官为南京宗伯（神祇官）了。此去归途你可与父亲一见。"

王阳明大喜。娄一斋公留王阳明一宿，并资助以路费数金。

王阳明径往南京，归省途中拜见了父亲龙山公王华先生。父子二人相见出自意外，恰如枯木逢春，喜不自胜。然后王阳明再绕道折回老家余姚，探访疼爱自己的祖母。王阳明居住数日后不敢再做长时间停留，即于正德二年（1507）十二月底辞别亲人立刻向贵州龙场驿进发，去那里担任驿丞之职。一行仆从总共有三人。

收徐爱为门人

此时徐爱、蔡宗兖、朱节、冀元亨、蒋信、刘观时等人都来执贽拜师，王阳明便将这些人悉数收纳为门人，并且以此为乐事。这是王阳明先生招收的第一批弟子。

其中，徐爱是王阳明的妹夫，师徒之情十分亲密，如同颜回之于孔子。因为王阳明将要赶赴龙场，徐爱更加刻苦向学。徐爱、蔡宗兖、朱节三人都在乡试中考取贡生，王阳明作《别三子序》赠送给他们，以做纪念。全文如下：

自程、朱诸大儒没而师友之道遂亡。《六经》分裂于训诂，支离芜蔓于辞章业举之习，圣学几于息矣。有志之士思起而兴之，然卒徘徊咨嗟，逡巡而不振；因弛然自废者，亦志之弗立，弗讲于师友之道也。夫一人为之，二人从而翼之，已而翼之者益众焉，虽有难为之事，其弗成者鲜矣。一人为之，二人从而危之，已而危之者益众焉，虽有易成之功，其克济者亦鲜矣。故凡有志之士，必求助于师友。无师友之助者，志之弗立弗求者也。自予始知学，即求师于天下，而莫予诲也；求友于

第四章 精神历练 龙场悟道

天下，而与予者寡矣；又求同志之士，二三子之外，邈乎其寥寥也。殆予之志有未立邪？盖自近年而又得蔡希颜、朱守忠于山阴之白洋，得徐曰仁于余姚之马堰。曰仁，予妹婿也。希颜之深潜，守忠之明敏，曰仁之温恭，皆予所不逮。三子者，徒以一日之长视予以先辈，予亦居之而弗辞。非能有加也，姑欲假三子者而为之证，遂忘其非有也。而三子者，亦姑欲假予而存师友之仿佯，不谓其不可也。当是之时，其相与也，亦渺乎难哉！予有归隐之图，方将与三子就云霞，依泉石，追濂、洛之遗风，求孔、颜之真趣；洒然而乐，超然而游，忽焉而忘吾之老也。

今年三子者为有司所选，一举而尽之。何予得之之难，而有司者袭取之之易也！予未暇以得举为三子喜，而先以失助为予憾；三子亦无喜于其得举，而方且憾于其去予也。漆雕开有言："吾斯之未能信"，斯三子之心欤？曾点志于咏歌浴沂，而夫子喟然与之，斯予与三子之冥然而契，不言而得之者欤？三子行矣，遂使举进士，任职就列，吾知其能也，然而非所欲也。使遂不进而归，咏歌优游有日，吾知其乐也，然而未可必也。天将降大任于斯人，必先违其所乐而投之于其所不欲，所以衡心拂虑而增其所不能。是玉之成也，其在兹行欤！三子则焉往而非学矣，而予终寡于同志之助也！三子行矣。"沉潜刚克，高明柔克"，非箕子之言乎？温恭亦沉潜也，三子识之，焉往而非学矣。苟三子之学成，虽不吾迩，其为同志之助也，不多乎哉！

增城湛原明宦于京师，吾之同道友也，三子往见焉，犹吾见也已。

这篇文章，清晰地说明了他招收这几位弟子的经过与初衷，同时这也是他留给弟子们的临别期望。如前述，在随后的考试中，徐爱、蔡宗兖、朱节三人都在乡试中考取贡生。

话说此时的王阳明锐意讲授学问，虽说门人随之兴起，但是却没有挺身而出以承担圣学为己任者，今得徐爱挺身而出，承担此任，且与而后徐爱辅佐王阳明，关系颇为重大。

正德三年（1508）春，王阳明主仆一行抵达龙场驿。

谪居的困苦

龙场驿地处偏僻的贵州西北部，隶属于朝廷派遣的宣慰司管辖范围。万山丛棘中，蛇虺成堆，魍魉昼见，瘴疠蛊毒，真可谓是苦不可言。尤其是当地夷人使用的语言又如鸠舌①（如不明鸟的语言）难辨。据说言语相通者大都是来自中土的亡命之徒。他们居无宫室，只有累土为窟，然后在其中住宿下来。这是当时的文献记载情况。

王阳明初至此地，便开始教当地人伐取范木为墼，架木作房梁，刈草当屋顶，然后建成屋宇。周围的人都纷纷仿效他们。于是这个地方开始出现了真正的栖息之所。后来由于王阳明所居地方湫隘卑湿，当地人就另外为王阳明伐木构室，建造出了更为宽敞的住宿场所。于是就先后有了寅宾堂、何陋轩、君子亭、玩易窝等建筑。这些建筑后来统称龙冈书院。王阳明先生还在龙冈书院的周围种植上桧竹，莳种上芬芳鲜艳的卉药。为了苦中作乐，他还写了一首诗记录当时的窘况和心路历程，如下：

---

① 即伯劳鸟。

第四章　精神历练　龙场悟道

草庵不及肩，
旅倦体方适。
开棘自成篱，
土阶漫无级；
迎风亦萧疏，
漏雨易补缉。
灵濑响朝湍，
深林凝暮色。
群僚环聚讯，
语庞意颇质。
鹿豕且同游，
兹类犹人属。
污樽映瓦豆，
尽醉不知夕。
缅怀黄唐化，
略称茅茨迹。

（原题为《初至龙场无所止结草庵居之》）

王阳明整日在山林间吟诗颂咏，并渐渐地学会了当地的方言，还教当地人礼义孝悌，很多其他地方的夷人特地跑过来听讲。王阳明悉心开导，毫无倦怠之色。在龙场的这段时间，王阳明还作了一首咏诵竹子的诗作《猗猗》，表达了自己的精神信仰：

猗猗涧边竹，
青青岩畔松。
直干历冰雪，
密密留清风。
自期永相托，
云壑无违踪。
如何两分植，
憔悴叹西东。
人事多翻覆，
有如道上蓬。
惟应岁寒意，
随处还当同。

过了一段时间，王阳明收到家信，信中提到敌党刘瑾已经知道王阳明没死，而且也知道了王阳明父子在南都（今南京）的事情，正在想办法继续报复王阳明。不久刘瑾一党矫旨命令龙山公王华致仕还乡。

自此，王阳明孝亲之念更加强烈了。

大悟的状态

王阳明说道："刘瑾的恼怒尚未得到消除。得失荣辱，我都可置之度外，唯独生死一念，我时常独自省悟，觉得自己尚未能获得超脱。"

第四章 精神历练 龙场悟道

王阳明便在居住地后面山上凿石为椁，昼夜端坐其中。胸中洒然，若将终身夷狄患难——淡忘。随行的仆人却不习惯贵州地方的气候生活，经常患病。王阳明亲自采薪汲水，做粥相照顾，还担心仆人抑郁积怀，经常为其做心理疏导，或作诗吟歌，或作越州俗曲，相互间说着诙谐有趣的事情，使自己的心情获得放松。

王阳明本来是艳羡古圣人，却无端遇此艰难，想必有比这更为先进的手段成为圣贤吧。每每想到这里，王阳明就认为：自己格致的功夫尚没有到火候吧！

一晚，梦寐恍惚之间，王阳明忽然梦到"格物致知"的奥秘。这一切好似梦中有人告诉他，他不觉欢呼跳跃起来，跟随他来到这里的正在熟睡的仆伴皆被惊醒，自始王阳明胸中洒洒，终至豁然大悟之境。

也有这样的趣闻，说王阳明在这一时期，梦到孟子向其讲述良知的真意，后来以讹传讹，居然成了王阳明听到了上天的声音。

王阳明在此间的文章中如此写道："圣贤为什么会左右逢源，那是因为他们以良知二字为自己的行为准则。所谓格物，就是格头脑中的良知。所谓致知，就是要达到这个目标。不思而得，那还能有什么收获呢。不勉而中，同样会一无所获。只有你笃信良知，对于周围的一事一物，都认真面对，根据其不断的变化，摒除自己的障碍，就像圣人孔子从心不逾矩，方是良知满用。因此我们常言道，无入而不自得焉。如果能达到这个境界，世间还有什么穷通荣辱死生之见。这都是良知和格物所带给我们的启示。"

至此，王阳明始知圣人之道在于自己的心性之中，以前向心外之事求"理"，是多么大的错误。王阳明于是默记五经，以自证其旨。因不吻合，于是写出了《五经臆说》。

王阳明所倡导的"心即是理"的学说，一言以蔽之，即圣人之道，吾性自足，向外物寻求理实大误。详细说来便是自己的心性是为人的根本标准，不应向外界的事物寻求其他的"理"。因此王阳明认为"格物"是在视、听、言、动、思五事之中。"致知"是致向人生来固有的良知。

王阳明"格物致知"的解释和朱子学有很大的不同，这是王阳明迥异于其他儒者的地方。王阳明此次悟道其实可以看作是阳明学产生前的曙光。自此以后，王阳明日日进步，终于到达阳明学说之大成。

夷人来服

王阳明主仆三人久居龙场驿地，当地的夷人也常常来访，当然其中不乏学者来游学，动辄一群人在一起聚集。就在此时，思州太守派遣使者去龙场驿侮辱王阳明，在场的夷人个个都愤怒不已，群情激奋之下一起殴打了使者。

思州太守勃然大怒，便将王阳明的言行报告给更高级别的官吏毛宪副长官，毛宪副让王阳明向思州太守赔罪道歉，并以福祸相逼，王阳明以书信（《答人问神仙》）的形式回答思州太守：

询及神仙有无，兼请其事，三至而不答，非不欲答也，无可答耳。昨令弟来，必欲得之。

仆诚生八岁而即好其说，今已余三十年矣，齿渐摇动，发已有一二

第四章 精神历练 龙场悟道

茎变化成白，目光仅盈尺，声不闻函丈之外，又常经月卧病不出，药量骤进，此殆其效也。而相知者犹妄谓之能得其道，足下又妄听之而以见询。不得已，姑为足下妄言之。

古有至人，淳德凝道，和于阴阳，调于四时，去世离俗，积精全神；游行天地之间，视听八远之外，若广成子之千五百岁而不衰，李伯阳历商、周之代，西度函谷，亦尝有之。若是而谓之曰无，疑于欺子矣。

然则呼吸动静，与道为体，精骨完久，禀于受气之始，此殆天之所成，非人力可强也。若后世拔宅飞升，点化投夺之类，谲怪奇骇，是乃秘术曲技，尹文子所谓"幻"，释氏谓之"外道"者也。

若是谓之曰有，亦疑于欺子矣，夫有无之间，非言语可况。存久而明，养深而自得之；未至而强喻，信亦未必能及也。盖吾儒亦自有神仙之道，颜子三十二而卒，至今未亡也。足下能信之乎？后世上阳子之流，盖方外技术之士，未可以为道。若达磨、慧能之徒，则庶几近之矣，然而未易言也。足下欲闻其说，须退处山林三十年，全耳目，一心志，胸中洒洒不挂一尘，而后可以言此；今去仙道尚远也。妄言不罪。

（参见《王守仁全集》卷十二）

从上述王阳明先生对于佛老神仙学说的体悟，也能看出此时他已经将生死置之度外，思州太守一读之下，大感惭愧和佩服。

同样一个例子，水西（地名）安宣慰，很早就仰慕王阳明的名气，一直苦于无缘得见，于是派遣使者送来米肉、鞍马和金帛。

王阳明将这些馈赠一一推辞，不肯接受，他写给安宣慰的书信

（《与安宣慰》），流传至今，传为佳话。

宋氏有一个酋长叫阿卖阿札，他背叛安宣慰后成为地方上的一处大患，王阳明对此十分忧心，就写了一封书信诋讽安宣慰，安宣慰看完信后，谨慎地带领人马平定了叛乱，人民赖此得以安宁。夷人纷纷高传王阳明的大义，对待王阳明更是礼敬有加了。

这一阶段的文章可以参阅《阳明全集》里面的相关内容。

谪居中对门人倡导知行合一

正德三年（1508），王阳明37岁。

贵州提学副使席书，号元山，他一生潜心于理学，向来敬仰王阳明。第二年，他特地派人迎接王阳明到贵阳府城中做客，求教朱陆异同之辨。王阳明没有详细阐述朱陆之学，而是告诉席书他所悟得的"知行合一"的学说。这就是王阳明倡导"知行合一"的开始。

席元山怀着疑问回去了，第二天又回来，问道："致知和力行，是一层功夫，还是两层功夫？"

王阳明说道："知行本自合一，不可分为两事。就如称其人知孝知悌，必是已行过孝悌之事，大概才能领悟得到。又如知道痛楚，必然是自己已经痛过了，知道寒冷也必然是自己已经感觉到寒冷了。知是行的主意，行是知的功夫。古人只为世人贸贸然胡乱行去，所以先说个知，不是化知行为二。如果缺少行的环节，仍然是不知道，知和行二者仍然不能达到合一的状态。"

王阳明且举出五经之语来进行证明，席元山渐渐省悟，据说往返数次之后也恍然顿悟,谓"圣人之学复睹于今日;朱陆异同,各有得失,无事辩诘,求之吾性本自明也"。于是席元山与当地长官毛宪副修葺书院,身率贵阳诸生,以师礼尊崇王阳明,一有空暇即来听讲。

邪党全灭正党复兴,贬谪获免

正德五年(1510),安化王朱寘鐇谋反,以诛灭刘瑾为名。朝廷派遣都御史杨一清、太监张永率领朝廷军队进行讨伐。

没过多久,朱寘鐇中了指挥使仇钺的计谋被擒获。就在向朝廷进献俘虏的时候,仇钺背地里劝说张永伺机向皇帝密奏宦官刘瑾的恶行。张永依计从事。武宗皇帝听张永之言,诛灭了刘瑾,并剪除了刘瑾的党羽张文冕等一伙人。凡因刘瑾升官的悉数被罢斥,而召见曾经直谏的大臣,给他们复官。

此时的王阳明被贬谪贵州,已经在龙场驿谪居两年时间。辛苦艰难自然尝尽,始至豁然顿悟,已经超脱得失荣辱之境,又贯彻生死之"理",到达"尽人事、听天命"的境界。唯恃自己心性,勿以依赖外物。王阳明精神修养至此已经日臻成熟,泰然自若。

不管遭遇多么困难的事情都岿然不动;廓然大公,物来则顺应之,因地制宜,随机应变。如明镜止水,寂然不动则镜子能保持衡平,彻动静语默,存良知灵明。王阳明就是成语典故"艰难玉汝"的最好体现。

王阳明的学德修养的精进,片刻也不曾停止。如果没有这谪居的两年,恐怕王阳明是不会有如此巨大的进步的。思及此,以前三十年的修养,遇此机缘,才一度开花结果吧。

西辞龙场

正德四年（1509）年底，王阳明升任庐陵县知县。

两年多的贬谪时光随之结束，临行之际，缙绅士民送者数千人俱依依不舍。想当日初到龙场驿的时候，随地讲学，现在即将归去，过常德辰州，一路讲学从游者甚众。见到门人冀元亨、蒋信、刘观时辈俱能卓立，王阳明非常喜悦，说道："谪居两年时间里，没有能够倾诉心语的人，归途有幸能认识你们这些朋友！记得当初在贵阳提倡知行合一的教义，不同的观点很多，也不知从何而起。这次归来与各位朋友静坐僧寺，使自己在静寂中体悟心之本体，恍恍惚惚就像是接触到了本体。"

途中王阳明又寄书于冀元亨，说道："之前在寺中云静坐悟道，并非打算坐禅入定。这大概是因我自己平日为事物纷扰，未知为己，打算以此补小学'收放心'的一段功夫。明道云，'才学便须知有用力处，既学便须知有得力处'。各位朋友宜于在静坐悟道上下功夫，这样才会有所进步。"

当然，为了避免后进者又陷空禅的窠臼，王阳明多次一觉起来就写诗抒怀，留有诗为证，如下：

> 红日熙熙春睡醒，
> 江震飞尽楚山青。
> 闲观物态皆生意，
> 静悟天机入窅冥。
> 道在险夷随地乐，

心忘鱼鸟自流形。

未须更觅羲皇事，

一曲沧浪击壤听。

（题为《睡起写怀诗》）

小　结

不入虎穴，焉得虎子。不陷死地，怎能体会生死之味。王阳明历经此番历练，其艰难困苦非一般常人所能承受，因此，王阳明所得经验也颇叫人赞叹。

另外，王阳明在此番经历中显示出的热诚、节义、忍耐、智谋、决断、修养、安心立命、宽恕等品格，对于时至今日社会中的我们而言也是非常有裨益的。

当我，王阳明的经历无法复制，吾辈今人各自的道路也不适去盲目模仿，且无须拘泥于王阳明的行迹，而应当专心取其精髓内涵！

第五章 第一次讲学时期

王阳明先生的讲学一日也不曾荒废,大体看来,王阳明先生的人生阶段也可分为自我修养时期、专事门人教育时期、一心征讨时期和专心讲学时期,总共四个阶段。当然,各个时期的划分并没有严格界限。

根据手头资料,我把龙场驿谪居,即王阳明先生38岁为止的时期划为自我修养时期;把任职庐陵知县时期,即王阳明先生39岁那年的三月到45岁那年的九月划为第一讲学时期。但是,要说王阳明先生真正向世人发表自己的学说,那都是龙场驿谪居以后的事情了。

政 绩

王阳明先生39岁即至庐陵县[①]为政。王阳明先生不依仗严酷的刑罚

---

① 庐陵县地处江西中西部、赣江中游,秦始皇二十六年(前221),始置庐陵县,属九江郡。明洪武元年(1368),废吉安路,置吉安府,领庐陵、泰和、吉水、永丰、安福、龙泉、万安、永新、永宁九县;洪武二年(1369),太和改为泰和,吉安府领庐陵、泰和、吉水、永丰、安福、龙泉、万安、永新、永宁九县。

树立自己的威信,唯独以开导人心为本。在刚刚临任之际,王阳明便私底下咨询老吏以省察各方贫富奸良之实。诸种诉状积于案头却不轻易断案。

王阳明考察明朝初期旧制,多番考量后,选拔里正三老在叫作申明亭的地方办公,凡来诉讼的人都委派里正三老先委曲劝谕。百姓有盛气而来,终悔诉而走,亦有涕泣而归者。由此囹圄日清,风俗大变。

王阳明在庐陵县七个多月,发告示十六回,大抵是谆慰父老,教化子弟勿放荡淫僻。当时城中多火灾,因此在城中各所设防火器械,修浚水路,据说以此火患久绝。王阳明任期虽短,其设施却不少,传及后世,后世都纷纷效法王阳明先生的施政法则。

这年冬天十一月,王阳明获准回到京城觐见皇帝,路上下榻于大兴隆寺,与湛甘泉、储柴墟(讳巏)等一起探讨"致良知"之精义。进士黄宗贤(黄绾,字宗贤)①当时为后军都督府都事。因储柴墟请见,王阳明与他们交谈,惊喜地问道:"此学失传已久,你们是怎么知道这些的?"

对方回答道:"我们只是空怀一腔抱负,至今一无所成。"

王阳明说道:"人唯一害怕的是无志,而不是没有成就。"

黄宗贤深深叹服。(按语:黄宗贤是嘉靖六年春执贽的门人。)

正德五年十二月,王阳明先生升南京刑部主事。湛甘泉担心他们的

---

① 黄绾(1477—1551),字宗贤、叔贤,号久庵、石龙。浙江省黄岩县洞黄(今温岭)人。黄孔昭之孙。少时求教于谢铎,刻苦治学,卓有所得。后承祖荫官后军都督府都事。

讲座会荒废，于是将情由报告给了当时的宰相杨一清①，杨一清出面邀请王阳明继续留任北京。

正德六年（1511），王阳明先生40岁。正月，杨一清奏请王阳明先生改任北京吏部验封司主事。此时王阳明先生便不用再去南京赴职，从这个时期开始论述朱晦庵、陆象山②之学。

收方叔贤为门人

同年二月，王阳明先生担任会试考试官，他片刻未曾废弃读书讲学，门人听讲者颇多。当时有吏部郎中方叔贤（讳献夫），位虽在王阳明先生之上，听闻王阳明先生论学多有成绩后，也以师礼前来拜会。

王阳明先生赠以诗云（《别方叔贤四首》）：

一

西樵山色远依依，

---

① 杨一清（1454—1530），字应宁，号邃庵，别号石淙，祖籍云南安宁。成化八年进士，弘治十五年以南京太常寺卿都察院左副都御史的头衔出任督理陕西马政。后又三任三边总制。历经成化、弘治、正德、嘉靖四朝，为官五十余年，官至内阁首辅，号称"出将入相，文德武功"，才华堪与唐代名相姚崇媲美。

② 陆九渊（1139—1193），号象山，字子静，书斋名"存"，世人称存斋先生，曾在贵溪龙虎山建茅舍聚徒讲学，因其山形如象，自号象山翁，世称象山先生、陆象山。江西抚州人。在"金溪三陆"中最负盛名，是著名的理学家和教育家，与当时著名的理学家朱熹齐名，史称"朱陆"，是宋明两代"心学"的开山祖。明代王阳明发展其学说，成为中国哲学史上著名的"陆王学派"，对近代中国理学产生深远影响，被后人称为"陆子"。

第五章 第一次讲学时期

东指江门石路微。
料得楚云台上客，
久悬秋月待君归。

二

自是孤云天际浮，
笈中枯蠹岂相谋。
请君静后看羲画，
曾有陈篇一字不？

三

休论寂寂与惺惺，
不妄由来即性情。
笑却殷勤诸老子，
翻从知见觅虚灵。

四

道本无为只在人，
自行自住岂须邻？
坐中便是天台路，
不用渔郎更问津。

同一年十月，王阳明升为文选清吏司员外郎。也就在当年，王阳明写文章鼓励湛甘泉讲学。第二年，王阳明先生41岁，三月升考功清吏司郎中。

这一时期他座下弟子的数目不断地增多，门人穆孔晖、顾应祥、郑一初、王道、梁谷、万潮、陈鼎、魏廷霖、萧鸣凤、唐鹏、路迎、林达、陈洸、黄绾、应良、朱节、蔡宗兖、孙瑚都是当时弟子中的佼佼者，其他人不可尽述，从略不谈。

徐爱等弟子也来到了京师，一同听王阳明的学术讲座。

徐爱大悟

十二月，王阳明先生升为南京太仆寺少卿，从贬谪期满到此时两年时间，王阳明先生的官职有了飞跃性的提高。官职晋升后，王阳明先生到南京赴任之际便决定取道家乡探望亲人。

徐爱同一年以祁州知州期满进京，升南京工部员外郎。徐爱与老师王阳明同舟返回越地，一路上听王阳明先生讨论《大学》的宗旨。

亲耳听闻王阳明的高论后，徐爱高兴得手舞足蹈，心中甚感酣畅淋漓，如狂如醒数日，胸中混沌复开。他反复研究尧、舜、三王、孔、孟千圣等贤达的立言逸事，人各不同，但他们的人生目标却都是一致的。

这就是现今流传的《传习录》所载首卷部分的内容。徐爱在自叙中如此写道：

徐爱因旧说被世俗所湮灭，才开始学习王阳明先生的教义，当时实在是骇愕不定、无处入心。过了一些时间，学习的时间久了，慢慢地开始尝试着自己去实践体悟，然后开始笃信王阳明先生的学问本是孔门学说的嫡传，点点滴滴都是精华。譬如说格物是诚意功夫，明善是诚身功夫，穷理是尽性功夫，道问学是尊德性功夫，博文是约礼功夫，惟精是惟一功夫，诸如此类，最初皆是落落难以融合。其后思之既久，不觉手舞足蹈，其美妙之处只有自己才能体会得到。

徐爱是最为尊敬王阳明先生的一个人，也是最笃信先生学问的弟子。

正德八年（1513）春天，王阳明先生42岁，在越中居住。

王阳明起初打算到家之后就与徐爱同游天台雁荡山水，但由于家人和乡亲的牵绊缠身而被耽搁下来。

到了五月末，王阳明与徐爱等数友相约，等候黄绾未至，于是几个人从上虞入四明山，观白水，寻龙溪之源；登杖锡，至雪窦，上千丈岩，以望天姥之华顶，他们打算于此地取道奉化至赤城，然恰逢长久干旱，山野天地都龟裂不堪，众人惨然，都闷闷不乐，于是又从宁波一同回到余姚。

黄绾以书迎王阳明先生，王阳明先生在回信中写道："和诸位朋友一起的这次旅行，我有一些心得，但是没有大的体悟。其中最让我觉得遗憾的是黄宗贤没能同行。年轻的后辈们习气已深，虽有美好品质，但是却逐渐消失殆尽。此事正如浪里淘沙，会有见金时，但眼下暂时却还不能得到。"

王阳明此番游玩虽为山水，实则注意教化徐爱、黄绾二弟子。王阳明先生所点化的门生最有收获的时候就是在登游山水间聆听王阳明先生的感悟的时候。

讲学盛况

这年冬天十月,王阳明先生到达任地滁州①。

滁州地方山清水秀,是名副其实的名胜佳地。王阳明在此地监督马政。滁州地方地理偏僻,王阳明的官务也因而闲散。王阳明白天与门人遨游于琅琊境内的滚泉之间,夜晚环绕龙潭而坐者数人,其歌声震彻山谷。诸生随地请教,王阳明先生就当今时事教化之,每个人都有大的收获,于是踊跃歌舞乐之。旧学之士,亦来此地增进学养。

可以说王阳明先生从游者众是从滁州开始的。

省察克治

孟源问:"静坐中思虑纷杂,不能强禁绝!"

王阳明回答道:"纷杂思虑,也是不能够强禁绝的;只就思虑萌动处省察克治,到天理精明后,有个物各付物的意思,自然精专无纷杂之念。这正是《大学》所谓的'知止而后有定'。"

孟源打算依靠静坐而除去繁杂之念,而王阳明先生的谕示则表明,通过动静一贯的修炼才能达到最好的境界。思虑萌动是我们的常态,为何要强加禁止呢?唯有顺合天理才是正道。静坐的功夫有时并非无益,但专依此计则容易陷入枯禅之偏颇。

---

① 位于今安徽省东部。

第五章　第一次讲学时期

惜别诸友

正德九年（1514），王阳明先生43岁，继续留任安徽滁州。

四月，王阳明先生被朝廷升为南京鸿胪寺卿。滁阳诸友依依惜别，送至乌衣江，不能忍别，留居江浦，目送王阳明先生渡江。

为敦促他们早日归去，王阳明先生填词道：

滁之水，入江流，江潮日复来滁州。
相思若潮水，来往何时休？
空相思，亦何益？
欲慰相思情，不如崇令德。
掘地见泉水，随处无弗得。
何必驱驰为？千里远相即。
君不见尧羹与舜墙？
又不见孔与跖对面不相识？
逆旅主人多殷勤，出门转盼成路人。

上词中其真挚情感令人佩服。

教导法大变

五月，王阳明抵达新任所南京。

不几天徐爱也来到南京，师徒同门之间的交流日益亲密。黄宗明、薛侃、马明衡、陆澄、季本、许相卿、王激、诸偁、林达、张寰、唐俞贤、饶文璧、刘观时、郑骝、周积、郭庆、栾惠、刘晓、何鳌、陈杰、杨杓、白说、彭一之、朱箎等，同聚师门，朝夕相处琢磨讲学之道，砥砺不懈。

与此同时，有人对之评论道："在滁州游学的弟子中有不少人喜欢空谈阔论，也有人事实上已经背离王阳明的学说了！"

王阳明先生对此的回答是："我多年来一直打算惩世俗之卑猥污浊，导引学者多就高尚幽远之法，以救时弊。今见学者渐有流入空远玄虚，为求超脱新奇之论，对此我的确有些遗憾。因此现在我在南京论学的时候，只教学者存天理、去人欲，这些都是为了省察克治实功。"

可见，王阳明先生的反思是时刻进行，且不断发生改变的。

辨明仙佛儒

当时王嘉秀、萧惠好谈仙佛，王阳明先生曾经警告这二人道："我幼时求圣学不得章法，也曾尝试着寄托于仙、佛二氏。其后居南方龙场驿夷地三载，才始见圣学的端绪，到现在我十分后悔在仙佛之道上错用功二十年。仙佛的学说，其精妙之处与圣人的距离只有毫厘之间，故不易被辩解，惟笃志圣学者始能究析其隐微，而并非测亿其所及。"

这都是王阳明先生根据自身经验得出的论断，十分精妙。

正德十年（1515），王阳明先生44岁，在京师。正月，上疏自陈辞职，依旧没有得到允许。这一年朝廷对两京官吏进行考察，王阳明照例上疏请辞。

第五章 第一次讲学时期

此时他立侄子王正宪为后嗣。正宪字仲肃,是王阳明先生的季叔王易直(字衮)①之孙,也就是西林王守信的第五子。王阳明此年已经44岁,与诸弟王守俭、王守文、王守章兄弟四人都没有子嗣,故在龙山公王华的建议下,为王阳明选择王守信之子王正宪,将其过继给了王阳明。王正宪时年仅8岁。

是年御史杨典推荐王阳明改任祭酒司一职,王阳明先生对此没有答复。

拟作《谏迎佛疏》

八月,王阳明拟著《谏迎佛疏》。

当时皇帝命太监刘允于乌思藏树幡供诸佛,奉迎佛徒。刘允奏请盐七万俵引以为路费,皇帝许之。辅臣杨廷和等与户部及谏官各疏执奏,帝不听。王阳明先生希望皇帝采纳忠言,于是欲作《谏迎佛疏》上奏,后中止。

《谏迎佛疏》也是王阳明先生的杰作之一,收录在《阳明全书》里面。由于篇幅过长不做引申,请读者自行阅读。

同一年,王阳明先生的祖母岑太夫人96岁,王阳明给皇帝上疏,乞求恩准归乡探望,以为诀别。疏文多次辗转上递,言辞也甚为恳切。然而可惜的是,他的奏请却自始至终都没有得到皇帝的允许。

我们可以屡次从祖母岑氏身上发现王阳明先生的孝亲之念。现今归

---

① 应为王衮,字德章,号易直。

省之志未能如愿，王阳明先生心中的担忧可想而知。王阳明先生此时的教学已经渐渐发扬光大。关于王阳明先生的学说，学界对其公认正是始于此时。

小 结

第一次讲学时期时间跨度约有七年。这个阶段王阳明先生多向世人宣传自己的学说。各种说法亦称这个时期王阳明是讲授恳切笃信、从游乐多的时期。然而现在我却不知因为何故而备感寂寥。

王阳明至此已为大悟之人，讲授也不是不恳切。然而与奏下赫赫战功的第二次、第三次讲学的两个时期相比，此时王阳明先生的声望还不是很高，世人尊崇王阳明先生之念也不是很深。这就是我读这一时期未免有寂寞感的缘由吧！

呜呼，这如何不叫人为之动容！自学成才难，授之于人更难，建功扬名则是难上加难。王阳明先生的教学与功名无关。世人却多以为王阳明先生依此为轻重。古人道："道不虚行，待人与之。"这是我在王阳明先生讲学时期所得到的经验。

其实应当讲述的内容很多，然而囿于学养不足，只能写出一些皮毛的内容。这又是寂寥感的一个原因吧。

第六章　第一次靖乱时期

　　本篇讲述的是王阳明45岁那年的十月至47岁那年的三月，大概一年半时间里王阳明先生的人生事迹。其功绩最著名的要算安定中国南部的乱民，即平镇横水、桶冈、三浰等地的蟊贼流寇。

　　王阳明尚武既久矣，然而可惜的是，大丈夫志向远大，却很少有用武之地，时局的向前发展，终于给了他大显身手的好时机。恐怕世界上再没有能比王阳明先生更喜爱军事且用兵如神的人了吧！

　　受命后，他慨然赶赴前线去征讨敌寇。在此后的戎马生涯中，他也想方设法，穷尽思考，避免了与敌寇的兵戎相见。就卢珂战役而言，他不费一兵一卒，就将池仲容招降至麾下，这是最著名的事例。

　　就在后来第一次靖乱时期，犹有这样的坊间传闻。王阳明极为注重文韬武略，以文教训诫其门人。这真可谓是左手不释卷，右手不离剑，如同20世纪的"胡萝卜加大棒"政策①，二者相较真是有过之而无不及也。

受命平定漳南巨贼

正德十一年（1516），王阳明45岁，当时他还身处南京。

就在此时，在中国南方的汀漳地方和下面各郡，贼寇的骚乱频频发生。于是在当时兵部尚书王琼的举荐下，王阳明被任命为都察院左检都御史，作为朝廷的钦差大臣，巡抚中国南方的赣南、汀漳等地。当时王琼的举荐理由是，王阳明满腹安邦剿贼的韬略，才干又卓越超群，钦差之职非王阳明莫属。

同年十月，王阳明便踏上了南归的路途，顺便回故乡越中省亲。此时他还得空拜见了祖母岑老夫人和父亲龙山公王华。就在此时，王思舆②

---

① "胡萝卜加大棒"（Carrot and Stick）一词最早在1948年12月11日《经济学人》发表，后收录于《牛津英语词典》增订版，附图有一只驴和一个胡萝卜。胡萝卜加大棒是以"奖励"（胡萝卜）与"惩罚"（"大棒政策"即"Big Stick Policy"）同时进行的一种策略，又被称为独裁者的怀柔政策。一个流行的说法是，此语的原型出自美国总统老罗斯福在1901年参观明尼苏达州博览会时的演说："Speak softly and carry a big stick, and you will go far."（"温言在口，大棒在手，故而致远"），这是一句非洲谚语。此处涉指19世纪美国干涉拉丁美洲内政的历史。
② 原文为"王思与"，当为错讹。另有可能为明朝清官王思，王思（1549—1608），字子睿，号慎庵，曲阳坛南社人。他治学严谨，革除陋习，培养了一大批在朝中颇具影响的官员名士。此处存疑。——译者注

对当时在场的季本①说道："王阳明此行必然会树立功名。"

季本不相信，问道："这你是怎么知道的？"

王思舆笑着回答道："我曾暗暗观察，王阳明此行的目标十分明确，而且意志坚决。你也知道，王阳明文韬武略，满腹才学，而且心思镇定，非常人可比。之所以到现在还默默无名那是因为长时间以来，王阳明没有用武之地而已。"

就在此时，大明的国威日渐式微、每况愈下，流寇在各地虎视眈眈，蠢蠢欲动。最严重的就是正德六年发生在江西省下面的各郡里的大骚乱。南昌、赣州等地不断出现敌寇割据，这些土匪占山为王，经常跑出来烧杀抢掠，无恶不作。附近的普通群众闻之皆胆战心惊。

铲除这伙贼寇刻不容缓，于是朝廷委派一个名叫陈金的左都御史统管军务前去征讨。左都御史陈金领命后，立刻就调兵遣将赶往江西，通过一番征讨后江西民众获得了暂时的安宁。

但陈金有个毛病就是居功自傲，取得成功后，他依仗着自己的军功，就在当地横征暴敛，戕害无辜平民。比起那些被消灭的贼寇真是有过之而无不及。陈金不仅没有管理军队在当地的胡作非为，而且好逸恶劳，民间私底下怨声载道。

在这种情况下，朝廷就委派王阳明先生巡抚赣南、汀漳等地方（包括中国的南安、赣州、汀州、漳州等多地），希望挽回已有局面。

---

① 季本（1485—1563），字明德，号彭山，会稽（今浙江绍兴）人。从王守仁学。官至长沙知府。解职还乡后寓禹迹寺讲学。诗存《康熙会稽县志》。

训诫流寇

正德十二年（1517）初，王阳明46岁。

就在去赣南赴任之际，王阳明路过吉安府万安县，恰好遇到了数百人的劫匪团伙。这帮匪徒在光天化日之下就跑出来烧杀抢掠，以至于附近经商的商人们都心惊胆战，生怕一不小心遇到了有身家性命之忧。简言之，就是躲避都唯恐不及，还有谁敢贸然出来与这些匪徒抵抗呢？

王阳明获悉了这个情况，决计要铲除他们，为民除害。于是王阳明想出了一个好主意，他命令这些遭遇敌寇侵扰的商船联结起来，摆出要和匪徒们血拼到底的样子。一时间，旌旗翻滚，鼓声齐鸣，如同发动了对劫匪们的冲锋号角。

那伙匪徒哪见过这等阵势，见状立刻明白自己的逍遥日子过到头了，他们还以为是朝廷下令剿灭自己的官兵现身了，个个吓得魂飞魄散，跪在岸边求饶："我们原本也是本地的饥荒灾民，之所以选择落草为寇，那是为了得到朝廷的救济而迫不得已啊！"

王阳明了解到其中情由后，便命令将船泊岸，对那些匪徒说："你等传话给其他匪徒，朝廷已经知道你们遇到饥荒的事情，我原本是朝廷委派的钦差大臣，等我到达赣州官衙后，会立刻处理赈灾的事宜，我会给朝廷禀明实情，帮你们申请救灾粮饷。你们这帮土匪，今日速速散去，等待朝廷的救济，不得再聚众滋事。倘若你们仍不知悔改，胆敢再祸害百姓，必然会招致灭顶之灾！"

听到王阳明如此严厉的申斥，土匪们无不噤若寒蝉，赶紧作鸟兽散。

第六章 第一次靖乱时期

就在这一年的正月十六,王阳明抵达赣州的就职所在地。到任后,他终日开府办公,命令下辖地方公平分派救灾物资,招抚流民,还在大堂之前竖立了两个匾额,上面分别刻上:

求通民情
愿闻己过

侦识奸贼

汀漳地方有两个名叫詹师富、温火烧的土匪头目,他们占山为王多年,气焰极其嚣张跋扈。于是王阳明与湖广、福建和广东三地的地方士绅协商,约好了时间一起发动征讨。

有一点王阳明起初有所忽略,那就是在赣州这个地方,官兵中很多人与这些匪徒暗中有所来往。这些人接受土匪们的贿赂,给土匪们通风报信,于是就经常出现这样的状况:官府还没有开始采取行动,敌人就已经知道官府的动向,早早地便做好了防范。

在王阳明的府衙就有这么一位老衙役,十分狡黠奸猾,经常从事这样的勾当。王阳明通过调查得知这一情况后,把老衙役叫到自己的卧室里面,对他说:"你暗中通贼,给他们通风报信,这已经是犯下了死罪。如果你能洗心革面、戴罪立功的话,我可以放你一条生路!"

老衙役立刻求饶。王阳明便命令他供述出奸贼们的名单和最新动向。老衙役也深知自己所犯的罪行,立刻口头求饶,表示愿意合作,于是很快把奸贼的名单如数供出,还把土匪们的最新情报报告上来。

老衙役的反水，使得王阳明剿灭贼匪的计划势如破竹，他也按照之前的允诺，赦免了老衙役的罪行，从而争取到了获得胜利的主动权。

诚然，当时的政治局势复杂多变，不仅贼匪横行，很多受灾的良民也夹杂其中，于是土匪和良民互为杂糅，很难区别出来究竟谁本来是土匪，而谁又本是良民，即便会用兵打仗的谋略之人对之也是束手无策。

在这种情况下，就需要官员的随机应变之才略了。前已周知，王阳明先生是文臣出身，虽有志于武举治国，但是他仍能将二者结合起来，出台温和的法治政策。这也正是王阳明的过人之处。

十家牌法

对于土匪的不断侵扰，王阳明日思夜想，终于想出一个好办法，那就是推行"十家牌法"政策。

王阳明"十家牌法"的主要内容为：每十家划分为一牌，每户门前又设置一小牌，查实造册报官备用。规定每日每人执牌挨户察纠情况，如有异变随时报官。如有隐匿的情况发生，处于同一牌的十户人家都会连坐。具体内容如下文：

本院奉命巡抚是方，惟欲剪除盗贼，安养小民。所限才力短浅，智虑不及；虽挟爱民之心，未有爱民之政；父老子弟，凡可以匡我之不逮，苟有益于民者，皆有以告我，我当商度其可，以次举行。今为此牌，似亦烦劳。尔众中间固多诗书礼义之家，吾亦岂忍以狡诈待尔良民。便欲防奸革弊，以保安尔良善，则又不得不然，父老子弟，其体此意。自今各家务要父慈子孝，兄爱弟敬，夫和妇随，长惠幼顺，小心以奉官法，勤谨以办国课，恭俭以守家业，谦和以处乡里，心要平恕，毋得轻意忿争，事要含忍，毋得辄兴词讼，见善互相劝勉，有恶互相惩戒，务兴礼让之风，以成敦厚之俗。吾愧德政未敷，而徒以言教，父老子弟，其勉体吾意，毋忽！

（参见《十字牌法告谕各府父老子弟》）

王阳明的"十家牌法"政策很快达到了立竿见影的效果。这与日本的"五人一组制"如出一辙。"五人一组制"兴起于日本的江户幕府时期，它是基于当时，为了更严格地管理全国内的村落，在日本最低级别的行政组织——村落中建立的自治组织形式。大概就是将近邻的五户人家编为一组，互相负有连带责任。他们不仅要一起预防火灾、盗贼，抵抗天主教，还要互相担保纳贡，互相扶助，如同常说的"有福同享，有难同当"。

"十家牌法"规定极其严密，实施也非常严厉，而且王阳明还辅助性地制定了《谕俗四条》，具体内容如下。

谕俗四条

第一条：为善之人，非独其宗族亲戚爱之，朋友乡党敬之，虽鬼神亦阴相之。为恶之人，非独其宗族亲戚恶之，朋友乡党怨之，虽鬼神亦阴殛之。故常言之"积善之家，必有余庆，积不善之家，必有余殃"。

第二条：见人之为善，我必爱之；我能为善，人岂有不爱我者乎？见人之为不善，我必恶之；我苟为不善，人岂有不恶我者乎？故凶人之为不善,至于陨身亡家而仍不悟者,由其不能自反也。

第三条:今人不忍一言之忿,或争铢两之利,遂相构讼。夫我欲求胜于彼,则彼亦欲求胜于我;仇仇相报,遂至破家荡产,祸贻子孙。岂若含忍退让,使乡里称为善人长者,子孙亦蒙其庇乎?

第四条:今人为子孙计,或至谋人之业,夺人之产;日夜营营,无所不至。昔人谓为子孙作马牛,然身没未寒,而业已属之他人;仇家群起而报复,子孙反受其殃害。是殆为子孙作蛇蝎也。吁,可戒哉!

(参见《王阳明全集》)

变更兵制

因为赣州地方自古以来山高林密,盗贼割据,如果要调兵遣将,那更是费事至极。根据史料记载,如果地方要上书请朝廷派兵支持的话,从出兵到援军抵达,前前后后没有一年时间是根本不行的。费时间且不说,还要花费令人瞠目结舌的天价军事开支。朝廷的军队到达地方,骄横倨傲,不服管教的情况也时有发生。这样算下来,他们带来的损失几乎要超过带来的收益。

王阳明针对这个情况,也做了仔细的考察。他就在民兵预备役上想办法。后来他命令所辖四省从所属区域内,从民兵预备官中选拔出骁勇之士,集中在府州县衙训练。这些勇士称为乡勇,意即由民间挑选出来的壮丁组建成的部队。

每个县府多的推选十来个人,少的也有七八个人,最后集结起来。福建和江西两省分别挑选出来五六百名,湖广和广东两省也有四五百名，气势十分可观。这些选来的乡勇中才略出众者后来也有人被擢升为军官将领统率军队。剩下的兵士们则驻扎训练，没有战事的时候他们戍守城池；如果有突发情况出现，他们立刻展开救急，展开机动式迎战。这为王阳明最终剿灭贼寇打下了坚实的基础。

讨　贼

王阳明到任赣州十几日，其文韬武略之才就展露得淋漓尽致。例如倡议建立护城士兵。平时部队驻扎在村庄里面，遇到贼寇骚扰的时候马上进入临战状态，这一制度实行后，部队很快就取得了很多次胜利。贼寇闻风落荒而逃，逃遁到象湖山地域，王阳明命令士兵们乘胜追击，最后在一个叫作莲花石的地方双方展开了鏖战。

由于山贼们一开始做了相应的准备，刚一交战，剿贼队伍的两员大将就接连殒命沙场，其他将士见状内心多有不安。这时候就有人沮丧了，跑来见王阳明，对他说："到现在我们都没有荡平贼寇，我觉得还是等待朝廷援兵到来，等到秋天再来一起进攻才是最好的办法！"

王阳明听取了这位将士的谏言，于是下令接下来在江州府上杭县扎营休整，对外扬言要大力犒赏三军将士。之所以这么做，一者让军队休养生息，将士们也可以养精蓄锐；二者给敌人造成假象，他们是正在等援军到来，等集结在一起再发起总攻。

王阳明暗中还派密探溜入敌人的地域一探虚实，密探回来报告说，山贼们又跑回去占据了象湖山①。只怕是官兵们一出兵他们又跑得不见踪影,待官兵撤走他们复出,继续烧杀掠夺,为非作歹。

王阳明见时机成熟,于是下令各军自查军纪军法,凡是违反纪律者一律严厉追查责任,绝不宽恕。那些和敌人私下苟且的士兵也允许他们戴罪立功。然后他将所有士兵分为两支队伍,同时在二月二十九日突然对敌人发起了攻击。他们一鼓作气势如虎,长驱直入象湖山敌人的巢穴。

不料这些贼寇负隅顽抗,准备与将士们对抗到底。王阳明就亲自带兵出战,他领导麾下的兵士们奋勇抗敌,对象湖山展开了猛烈的进攻。战争的场面雄浑壮烈,令守城的敌人闻风丧胆。

王阳明率领着自己亲手训导出来的来自三个省地的军士们从一条林间密道攀缘上了悬崖,然后分散隐蔽在山上的密林丛中。军士们如同不计其数的蚂蚁,一时间密密麻麻地出现在敌军的面前,贼寇们顿时如落花流水般弃甲逃跑。军士们则乘胜追击,最终获得象湖山剿匪的大捷。

王阳明紧接着下令众将士继续追剿余贼寇,先后剿灭了四十多个贼寇团伙,然后对詹师富、温火烧等七十余名山贼头目处以斩首的极刑,那些被俘虏的小毛贼也均得到了相应的处罚。缴获的军需物资则充公,用于军队建设。

至此,漳南地方为期十余年的贼寇之患终于悉数被镇压。二月出兵,四月"班师回朝",凯旋。自古以来能如此迅速地获得战争的成功的人,估计也不多吧。

---

① 象湖山位于闽粤赣边区,历年为兵家征战之地。

第六章 第一次靖乱时期

王阳明的军队在上杭县驻扎的时候，正赶上长时间的干旱，一直没有下雨。官军所到之处，接连三日都喜降大雨。驻地的百姓们欢呼雀跃，都认为是王阳明的到来给他们带来了宝贵的雨水，后来人们把王阳明待过的行台①命名为"时雨堂"。这也正是"王师若时雨"典故的出处。

《时雨堂记》

王阳明先生以短文的形式记叙了此篇写作的前后原委：

正德丁丑三月，奉命平漳寇，驻军上杭。旱甚，祷于行台；雨日夜，民以为未足。乃四月戊午班师，雨；明日又雨；又明日大雨。民乃出田。登城南之楼以观，民大悦。有司请名行台之堂为"时雨"，且曰："民苦于盗久，又重以旱，将谓靡遗。今始去兵革之役，而大雨适降，所谓'王师若时雨'，今皆有焉。请以志其实。"呜呼！民惟稼穑，德惟雨，惟天阴陟，惟皇克宪，惟将士用命，去其螣蟊，惟乃有司实穑获之，庶克有秋。乃予何德之有，而敢叨其功！然而乐民之乐，亦不容于无纪也，巡抚都御史王守仁书。是日，参政陈策、佥事胡琏至，自班师。

此一时期，王阳明先生又曾作诗歌《喜雨三首》，来抒发自己的感慨，全诗兹摘录如下：

---

① 旧时地方大吏的官署与居住之所。

知行合一：王阳明详传

其一：

即看一雨洗兵戈，
便觉风光转石萝。
顺水飞樯来贾舶，
绝江喧浪舞渔蓑。
片云东望怀梁国，
五月南征想伏波。
长拟归耕犹未得，
云门初伴渐无多。

其二：

辕门春尽犹多事，
竹院空闲未得过。
特放小舟乘急浪，
始闻幽碧出层萝。
山田旱久兼逢雨，
野老欢腾且纵歌。
莫谓可塘终据险，
地形原不胜人和。

其三：

吹角峰头晓散军，

横空万马下氤氲。

前旌已带洗兵雨，

飞鸟犹惊卷阵云。

南亩渐忻农事动，

东山休共凯歌闻。

正思锋镝堪挥泪，

一战功成未足云。

颁布队伍法

王阳明在平定漳南地方的山贼后，深深地感觉到自己麾下的士兵们存在着缺乏纪律意识、机动性差的问题。因此，战事一结束他就马上对队伍进行了改革。这就是他所号召的队伍的"习战之法"的最初提出。起始时间是在当年的五月。

王阳明这次军事改革的主要内容如下：

每二十五人[①]编为一个小分队（原称"伍"），每个小分队设一个小分队长（"小甲"），即伍长。每两个小分队组成一个队伍，设置一个负责人，称作队长（"总甲"）。四个队伍总共二百人，然后组成一个"哨"，配备"哨长"一名、军师（"协哨"）两名。四百人为一个营，配备"营官"一名，参谋两人。三个营总共一千二百人，为一"阵"，每阵设置一

---

① 原文为十五人，但根据前后文，一小分队十五人的话，两小队才三十人。译者在参阅了王阳明的相关资料后，纠正为二十五人。译者估计是原作者记录错误所致。

名偏将。每两个阵总共两千四百人,合为一军,每军设置副将。偏将没有固定人数,每遇到战事临时设置。小分队长从队伍里择优选拔,队长从小分队长中选拔而出,哨长则从官员中选拔,同理,营官则从哨长中提拔,并给予丰裕的待遇。偏将和副将则根据实际需要临时设置。同时也规定,如有事故发生,副将可以问责偏将,偏将往下责罚营官,营官责罚哨长,哨长责罚队长,队长责罚小分队长,小分队长可以责罚普通的士兵。以此就可以做到"务使上下相维,大小相承,如身之使臂,臂之使指,自然举动其一,治众如寡,庶几有制之兵矣"。到了最顶端,自然就是王阳明统率全军了。

为了加强队伍间的紧密性,每个队伍中还分发了两块木牌或者竹牌,每五个人一块,上面标记了同一个队伍的所有人的姓名,一块交由队长管理,一块保存在巡抚衙门,将之称作"伍符"。往上的级别也有对应的"哨符""营符"。一块交由负责人保管,另外一块仍然保存在巡抚衙门。

如果突发紧急战事,这些"符"就发挥相应的效力。既便于调遣部队,又有利于识辨奸佞叛徒。由于王阳明的军队平日训练有素,因此真正到了战场上,在其运筹帷幄的指挥下,两者互为配合,发挥了很大的效用。

赏罚分明

接下来,王阳明开始上疏给朝廷,要求严厉施行赏罚制度,从而激励军队的士气。其中一段这样写道:

第六章 第一次靖乱时期

"凡是兵士临阵退缩的,领兵官即军前立刻斩首。领兵官不按照军令执行的,总兵官即军前斩首。其有擒斩功次,不论尊卑,全部都进行升赏。"

从上文可以看到部队的体制也沿用了前面十家牌法中"连坐"的严厉军纪,明确地体现出有功必赏、有过必罚的核心思想,这在当时是十分有效的。

接下来王阳明向朝廷许诺,奏章若得到朝廷允准,而由于兵不精而没能剿灭贼寇的话,他甘愿领受来自朝廷的严重惩治。在同一奏章里,王阳明还议论了割南靖、漳浦之地设县,建议于大洋陂建立县治,增设巡简司一职务,协同自己的军队一起镇压反叛。

王阳明一生中的知己,即朝廷中兵部尚书王琼认为王阳明的谏言十分正确。他对这件事发表意见说,如果要从根本上解决赣南的贼患,就必须按照王阳明的建议,满足王阳明的要求。他又上奏给皇帝,请求赐王阳明所奏请的地方县名为清平,改巡抚为提督军务,请皇帝下诏赐给旗牌,有便宜行事的权力。

王阳明平定漳南地方的匪患有功不言而喻,接下来就是朝廷的论功行赏了。王阳明的俸禄因此涨了一级,王阳明自此益得发舒其志,可谓是春风得意马蹄疾啊!自此他也更加坚定了凭借自己的经略之才全力镇抚贼寇的信念。

明正德十三年(1518),朝廷下令设置平和县,任命王阳明为都察院右都御史兼巡抚。到任后,王阳明在一个叫作河头的地方建造了官衙,然后让河头的巡检司迁移至枋头。这是因为河头是诸贼寇的咽喉重地,而枋头则是其唇齿。随后他出台了水上运输法规,以此对南赣地区的商税进行统一整理。

除此之外，王阳明还非常重视当地人民的教育问题，教导人们与人为善。王阳明先生一生中文德先行，也不失威武，这些自始至终都没有发生改变。

平定横水贼寇

在横水这个地方有个叫作谢志珊的贼寇头目，每次探听到消息得知朝廷派督查追剿的时候，他都能获得先机，在与官兵的周旋中其势力始终没有受到太大的削弱。随后，谢志珊大破南康府，打算乘虚一举打入湖广省境内。

此时，湖广省任职的巡抚都御史陈金给朝廷上疏，要求增派福建、广东二省兵力配合湖广，合力在桶冈地方夹击谢志珊贼孽。王阳明针对此形势，沉着冷静地分析道："桶冈、横水、左溪的诸贼危害三省多地。其危害是一样的，但是每个地方的形势却不尽相同。"

就湖广省而言，桶冈历来是其腹心之患。就江西省而言，横水、左溪是贼寇的腹地，桶冈为贼寇的两翼。不管怎么讲，燃眉之急就是进兵横水、左溪，先去除心腹大患，然后再一起合攻桶冈。而湖广省巡抚都御史却上疏合攻桶冈，显然是不懂兵法，分不清轻重缓急。

按照计划，湖广的兵力将在十一月初一如期集结完毕。如今尚在十月，横水的贼寇自然早已知道三省夹攻的政策。他们认为到时候朝廷肯定会施行夹攻桶冈的策略，再者，朝廷的兵马尚未集结完毕，距离出兵之日为时尚早，自然还不急着做抵御的准备。

王阳明获悉这一情况，于是决定将计就计，明着宣称攻打桶冈，实际上暗中要攻取横水。就在这一年十月初七，王阳明秘密调动军队，以迅雷不及掩耳之势直捣敌寇巢穴。敌军在毫无防备的情况下溃不成军那是自然，那可称得上势如破竹。

就在攻打横水的时候，王阳明担心浰头的贼寇伺机作乱，于是在精密布置后对防守部下晓之以利害，最后派遣黄表去招抚黄仲容等，劝诫他们认清形势，戴罪立功，而且赐给他们金银布匹，叫他们放下思想负担。

一时间贼寇党首们被王阳明真诚的劝诫之词所打动，例如山贼头子黄金巢就率领部下，跟随着黄表投了降，表明自己愿意杀贼立功。

王阳明对其好言相待，进行了安抚，然后从投降来的队伍中选出精壮之士五百，成立新的队伍，编入自己的军队征讨贼寇。

王阳明既然定下了出师的具体日期，就按照原先的计划将队伍分为"哨"队，秘密地告诉他们作战方略，没过多久，十路军马在十月十七日按照"哨"的规制统一发兵。

神　机

都察院的兵士也几乎是同时配合着朝着一个方向进发。号令已经发出，但是战场表面上却一片安静，听不到任何的风吹草动。

其实，王阳明之前在赣州担任都察院御史的时候，曾经给门下诸弟子和学生也讲过这样的策略。平日里经常练习武功，等到要发兵的前一日，他却和诸弟子彻夜谈论学养修行之术。等到第二天学生们依然按照往常去书院集合，等待王阳明老师给他们讲课。可是到了大门口，却被守门人告知，王阳明大人一大早未来得及睡个囫囵觉，就已经率领着手下的兵士出外打仗去了，此刻大概已经出了城门有二里远了吧！当然，具体去了哪里、所为何事，守门人自然不能知道。

王阳明的神机妙算竟达到了如此地步，令人瞠目。

用人诀窍

十月九日，王阳明在南赣如期发兵，队伍浩浩荡荡地逼近南康府。在这支队伍中有两个部下，分别叫作李正岩和刘福泰，这两个人私下与贼寇偷偷摸摸有所来往，也经常将官府的情报出卖给敌人。

王阳明得知这个重要信息后，便将此二人秘密地召到自己的官邸，叫他们赶紧交代自己的罪行。不料，李正岩和刘福泰二人异常冥顽狡猾，他们死活不肯认账。

王阳明见状，对他们说："即便是你们真的有过给贼寇们通风报信的事情，也不是没有戴罪立功的机会的。我仍可以将你们留在府衙任职。你们再好好想想吧！"

到了晚上，士兵给王阳明报告说，李正岩和刘福泰这两人在衙门外求见，说有紧要的事情禀告，请求大人能够抽时间见他们一面。

王阳明就命人带他们进来。李正岩和刘福泰一进门，就马上跪在地上叩头求饶，然后齐声对王阳明说："听说我军打算攻打桶冈，此事万万不可，否则定会遭到敌寇的埋伏。在必经之处有一个叫作十八面的地方，此地十分险要，山岭高耸，通路狭隘。官兵们根本不可能顺利经过。我们现在可以给大人推荐一个人，就是木匠张保。他在敌营中待过很长时间,参与过山寨的工程建设工作,其中的很多设计都出自他手,他还十分清楚敌营的地理位置。"

王阳明立刻问:"必须立刻找到此人,你们可知道此人现在何处?"

两人齐声答道:"真是天助我也,张保已经被我等擒获,现在正在衙门外候着。没有大人的命令,我等不敢擅自将张保带进来面见大人。"

王阳明立刻吩咐将张保带入衙门里面来,然后将他请到一个没有人的屋子。王阳明对张保说:"听说敌寇的山寨皆出自你的设计,你这是死罪啊!"

张保听闻,连忙俯首认罪,回答道:"小人本是依靠手艺讨一口饭吃的,误入敌寇巢穴,一时间贪生怕死,才无奈上了贼船,在贼寇们的逼迫下不得不给他们卖命,这真的是没有办法的事情!"

王阳明见目的达到了,就说道:"这个事情我暂时就不追究你的罪责了。你在贼营多年,他们建设营寨必然选择在地势险要的地理位置。你就把他们重点活动区域在地图上如实标记下来,还有要把营寨附近前后左右所有能与外通达的道路全部供述出来!"

张保赶紧欣然答应。王阳明取出纸和笔墨,任张保将具体情况一一道来。事后,王阳明如约赦免了这三人的罪行,后来还给他们一官半职为国家效力。

如此就是王阳明先生知人善用的妙处所在。

乘胜追击

王阳明的部队经历了十天的行军,终于抵达了一个叫南坪的地方。

在此地官兵上下奋勇杀敌，于此大破贼巢。

此时王阳明队伍的探子回报，敌寇深知自己不能与官兵相对峙，于是打算退守到营寨地方，依仗各处天险来和官兵的剿杀相对抗。他们打算将各个巢穴存活的贼寇兵力集结起来，与官兵们一决雌雄。

王阳明这边的大将们一看这个阵势，就互相传言道："攻击桶冈的时间是十一月初一，现在距离这个时日到来也不远了。我们就不用那么着急了吧！"

王阳明听见后，答复道："我们现在驻扎的地方，到桶冈还有十余里路程。一路上山路崎岖难行，估计得三日时间才能全部抵达。凭借我们的实力，如今自然不能将余孽全部铲除，但是如果我们提前移兵至桶冈地方，因势利导休养生息，也可以囤积兵力，我认为是没有什么不妥的！"

就在这时候，在外面搜山的官兵们俘获了一个小毛贼，将其五花大绑了带到王阳明的帐前。经过审问才得知，这是桶冈的贼寇派来的奸细，他之所以潜伏到横水是为了打探官兵们的最新进展。

眼前的贼匪叫作钟景。王阳明对他说："如今我军士所到之处战无不胜攻无不克，你也应该很清楚，所以攻破桶冈也只是时间上的问题。如果你愿意留在我们的队伍中戴罪立功，我可以赦免你的罪过！"

钟景听言连忙叩首，表示愿意归降。王阳明借机询问了桶冈周围的地理位置，钟景就其所知的信息全盘供出，而且还详细地标示出了通行至桶冈的所有交通要道。从这件事情做判断，王阳明觉得钟景这个毛贼还是可以留用的。于是他亲自解开钟景身上的绳子，赏赐给他美酒珍馐，并留钟景在自己帐下供职。

接下来就是王阳明发挥自己军事才能的时候了，他命各军传令下去，兵分多路，一路在贼寇正面做佯攻状，一路在其背后偷袭。他们在南方浓密的雾气的遮蔽下，马不停蹄地连夜行军，经过全军上下的齐力奋战，最终用十三天时间，攻陷贼寇的老巢，一举将所有的敌寇剿灭。在整场战斗中，战士们杀敌和俘虏敌人无数。其中一个山贼头子谢志珊见状也自知回天乏力，便伺机逃往桶冈，途中被大将邢珣活捉。王阳明获悉此事后，立刻下令将谢志珊押至城门外枭首示众。

一心平定巨贼

临刑前，王阳明问谢志珊道："身为一介小民，你却要聚众为贼，做出这么多伤天害理的事情来。你是用什么办法聚众之多呢？"

谢志珊答道："此事也实在不是件容易的事情。"

"如何不容易？"王阳明问。

谢志珊答道："平生我见到世间的英雄好汉，绝对不会轻易放过，而是要千方百计地与他结识，然后收买到我的阵营里面。好酒者就给他美酒，有难者就为其解决困难。我和自己的兄弟们坦诚相待、肝胆相照，有福同享、有难同当。如此这般，他们没有一个不愿意追随我的！我们向来是齐心协力做事的。在我的部下里面，能举起千金之物的人就五十多位，却全部为你一一诛杀。如今我才束手就擒，到了现在这地步。这可真算得上大明天子的洪福了，我觉得这不算是我的过错！"

到了行刑的时间，谢志珊闭上眼睛等待被斩首。此后略去不谈。

王阳明后来对自己的门人说起过这件事情，说道："我们受儒学教养的人一生中都在寻找朋友，能够做到这样就可以了。"后人论此语，不但学者求朋友当如此；虽吏部尚书为天下求才，亦当如此。有诗四句云：

> 同志相求志自同，
> 岂容当面失英雄。
> 秉铨谁是怜才者，
> 不及当年盗贼公。

平定桶冈之贼

谢志珊的事情告一段落，全军上下战情激奋，诸将士纷纷请缨要乘胜追击一举攻破桶冈。王阳明对诸将士说："桶冈地方有天险四寨的天然屏障，平时与外界联络都要在沟壑间悬挂悬梯。如要通过，那可真是一夫当关万夫莫摧。里面最平坦的地方是上章，那也要花费十天半个月的时间才能抵达。我们这样贸然前往，敌人肯定做好了准备，请君入瓮。我们接下来就在这附近驻扎军队，养精蓄锐休养兵力，则会安稳无虞，没有后顾之忧。贼寇看到我们的不断胜利，必然胆战心慌，这个时候我们可晓之以利弊劝谕他们降服。如果他们不思悔改，我们就果断地进攻，与他们一决死战！"

接下来，王阳明派遣部下李正岩和之前投降的钟景去劝降。当月二十八日，二人连夜赶往桶冈，去招安蓝天凤等一干贼寇。意即他们如果愿意归降，则可饶恕他们不死，最后期限是十一月初一上午，送降书来见。

第六章 第一次靖乱时期

对此，王阳明还特地写了一纸书信，全文不加修饰，不卖弄辞藻，晓之以利弊，动之以情，内容如下：

本院巡抚是方，专以弭盗安民为职。莅任之始，即闻尔等积年流劫乡村，杀害良善，民之被害来告者，月无虚日。本欲即调大兵剿除尔等，随往福建督征漳寇，意待回军之日剿荡巢穴。后因漳寇即平，纪验斩获功次七千六百有余，审知当时倡恶之贼不过四五十人，党恶之徒不过四千余众，其余多系一时被胁，不觉惨然兴哀。因念尔等巢穴之内，亦岂无胁从之人。况闻尔等亦多大家子弟，其间固有识达事势，颇知义理者。自吾至此，未尝遣一人抚谕尔等，岂可遽尔兴师剪灭；是亦近于不教而杀，异日吾终有憾于心。故今特遣人告谕尔等，勿自谓兵力之强，更有兵力强者，勿自谓巢穴之险，更有巢穴险者，今皆悉已诛灭无存。尔等岂不闻见？

夫人情之所共耻者，莫过于身被盗贼之名；人心之所共愤者，莫甚于身遭劫掠之苦。今使有人骂尔等为盗，尔必怫然而怒。尔等岂可心恶其名而身蹈其实？又使有人焚尔室庐，劫尔财货，掠尔妻女，尔必怀恨切骨，宁死必报。尔等以是加人，人其有不怨者乎？人同此心，尔宁独不知；乃必欲为此，其间想亦有不得已者，或是为官府所迫，或是为大户所侵，一时错起念头，误入其中，后遂不敢出。此等苦情，亦甚可悯。然亦皆由尔等悔悟不切。尔等当初去后贼时，乃是生人寻死路，尚且要去便去；今欲改行从善，乃是死人求生路，乃反不敢，何也？若尔等肯如当初去从贼时，拼死出来，求要改行从善，我官府岂有必要杀汝之理？尔等久习恶毒，忍于杀人，心多猜疑。岂知我上人之心，无故杀一鸡犬，尚且不忍；况于人命关天，若轻易杀之，冥冥之中，断有还报，殃祸及于子孙，何苦而必欲为此。我每为尔等思念及此，辄至于终夜不能安寝，亦无非欲为尔等寻一生路。惟是尔等冥顽不化，然后不得已而兴兵，此则非我杀之，乃天杀之也。今谓我全无杀尔之心，亦是诳尔；若谓我必欲杀尔，又非吾之本心。尔等今虽从恶，其始同是朝廷赤子；譬如一父母同生十子，八人为善，二人背逆，要害八人；父母之心须除去二人，然后八人得以安生；均之为子，父母之心何故必欲偏杀二子，不得已也；吾于尔等，亦正如此。若此二子者一旦悔恶迁善，号泣投诚，为父母者亦必哀悯而收之。何者？不忍杀其子者，乃父母之本心也；今得遂其本心，何喜何幸如之；吾于尔等，亦正如此。

闻尔等辛苦为贼，所得苦亦不多，其间尚有衣食不充者。何不以尔为贼之勤苦精力，而用之于耕农，运之于商贾，可以坐致饶富而安享逸乐，放心纵意，游观城市之中，优游田野之内。岂如今日，担惊受怕，出则畏官避仇，入则防诛惧剿，潜形遁迹，忧苦终身；卒之身灭家破，妻子戮辱，亦有何好？尔等好自思量，若能听吾言改行从善，吾即视尔为良民，抚尔如赤子，更不追咎尔等既往之罪。如叶芳、梅南春、王受、谢钺辈，吾今只与良民一概看待，尔等岂不闻知？尔等若习性已成，难更改动，亦由尔等任意为之；吾南调两广之狼达，西调湖、湘之土兵，亲率大军围尔巢穴，一年不尽至于两年，两年不尽至于三年。尔之财力有限，吾之兵粮无穷，纵尔等皆为有翼之虎，谅亦不能逃于天地之外。

呜呼！吾岂好杀尔等哉？尔等苦必欲害吾良民，使吾民寒无衣，饥无食，居无庐，耕无牛，父母死亡，妻子离散；吾欲使吾民避尔，则田业被尔等所侵夺，已无可避之地；欲使吾民贿尔，则家资为尔等所掳掠，已无可贿之财；就使尔等今为我谋，亦必须尽杀尔等而后可。吾今特遣人抚谕尔等，赐尔等牛酒银两布匹，与尔妻子，其余人多不能通及，各与晓谕一道。尔等好自为谋，吾言已无不尽，吾心已无不尽。如此而尔等不听，非我负尔，乃尔负我，我则可以无憾矣。

呜呼！民吾同胞，尔等皆吾赤子，吾终不能抚恤尔等而至于杀尔，痛哉痛哉！兴言至此，不觉泪下。

（参看《告谕浰头巢贼》）

再说驻扎在浰头的贼寇首领池仲容，其绰号池大鬓，原是龙川县的大户出身。因被仇家陷害，官府昏聩无为，一时气愤，于是与其弟仲宁、仲安偷偷潜入那户人家，一连杀了仇家十一口人，然后哥儿仨亡命天涯，后来到了三浰落草起义。其间他们的队伍屡败官军，在周围的影响很大。哥哥池仲容自号金龙霸王，伪造符印，还以兵力胁远近居民，将壮丁收为部下，富者则借贷银米，稍有违抗，焚杀无遗。

另外，龙川有其他流民头领，如卢珂、郑志高、陈英三个人十分有本事，各自聚众千余人，保守乡村。仲容曾经打算招这帮人入伙聚义，不料卢珂等不愿意合伙，于是他们之间展开了仇杀。

王阳明委派岭东地方的兵备官，先对卢珂等三家进行招抚。这三家立刻表示愿意接受招抚，也愿意出力剿贼。

王阳明对此表示同意，于是让他们留守在本村，与龙川县驻守军士一起协同备御。

对于卢珂等人的所作所为，池仲容憎恨得咬牙切齿。后来再到黄金巢等人出降，其他的贼寇也萌生了投降的想法。此种情景之下，只有池仲容不肯接受安抚。他对众贼说道："我等做贼，也不是一年的时间了。官府这次来招安，也不是第一次才有的事情。王阳明的话未必就一定可信。我们且再等等，看看黄金巢等投降的后果再做打算。到时候我们再去投诚，也是为时不晚的事情。"

等到十月十二日官兵已破横水，池仲容开始有点害怕了。就在这个时候，王阳明又派遣使者送书信招抚黄金巢等人。

池仲容于是对其党羽高飞甲说道："现在官军已经攻陷横水，他们势必会乘胜直捣桶冈，接下来就该轮到我们涮头大祸临头了，这可怎么办才好？"

高飞甲对答道："先前督抚也曾遣人来招安，而且闻黄金巢等也被朝廷招安录用，不若我们也派遣一个人出去投降吧，一来可以延缓王阳明的来攻，二来也可以窥探王阳明军队的虚实。如果说官军势力强盛，招安也的确是真心实意的，我们再做计较。再不济，我们留你的兄弟池仲安安插在朝廷那边，就可以作为我们的内应。另外一方面，我们要加派人手，镇守天险，多多预备作战用的木石，以防官府方面的偷袭。"

池仲容采纳了高飞甲的建议，于是立刻派遣他的兄弟池仲安，让其率领着老弱病残二百余人，浩浩荡荡地赶到横水投降，向王阳明示好说自己愿意率领部众立功折罪。

这个时候横水的贼寇已经基本上全被镇压。王阳明见到了池仲安来降的情形，叹了一口气，说道："你既然是真心要投降，我马上就派兵守护桶冈。你也可以带领自己的兵士前往上新地驻扎。这期间如果桶冈的贼匪有意要逃跑，你一定要在那里用心截杀，砍下贼人的首级来报告，那时我就算你立了功。"

再说那上新、中新、下新三个贼寇的巢穴,在桶冈的西路,去浰头的路程是比较远的。王阳明故意这般调开使其难以与池仲容互为呼应。表面上则好像是对其委以重任,为的是叫他安心效力。这是王阳明的妙计。

再说那李正岩等到了桶冈,先是向池仲容讲述了督抚王阳明此次的浩荡兵威,然后告诉他们招抚的期限。蓝天凤对此大喜,表示情愿接受招抚,于是召集他的党羽在一起商议招安的事情。在这个时候,一个叫作萧贵模的横水贼寇逃入桶冈,来见蓝天凤,对他说:"征南王谢志珊不知倚靠天堑抵御官兵,结果让官军潜入内腹,最终导致全军覆没。之前如果刻意提防,别说是朝廷官兵有百万人之众,即使是一只蚊子也飞不进来。如今你处为戍守要塞,处处都是绝佳天险,而且我部下还有横水之战留活的兵士,总共有千余人,完全可以帮助您保卫桶冈。您为什么偏偏自寻死路呢?"

听闻萧贵模这席话,蓝天凤着实犯了困难,这可如何是好呢!于是他又下令各寨头目一起到锁匙龙重新商讨招安的事情。在这个节骨眼上,王阳明也没有静待贼寇的投降。这月三十日晚上,他遣县丞舒富率数百人,直捣敌人巢穴。

不巧这天晚上突然下起了大雨,实在没有办法,只能停守一日。第二天早上,大雨仍然没有停下来的迹象。但是各队军士并没有因为下雨就继续等待,他们冒雨进发。蓝天凤见王阳明多次派使者催促递交投降的文书,双方陷入无休止的文本修改中。另外,一看外面滂沱大雨,蓝天凤认为朝廷官兵是绝对不会冒雨进攻的,山上的守备自然就松懈了。

就在这个时候,晴天霹雳般地获悉官府的军队已经发动进攻了,蓝天凤不禁惊叹道:"王阳明先生真是用兵如神啊!"他急急忙忙整理部下兵众千人,企图仰仗着内隘绝壁,隔水为阵,以拒官军。

在大将邢珣的配合下,军士们群情激奋,一鼓作气,将负隅顽抗的贼寇们悉数歼灭。就在这场战斗中,曾企图动摇蓝天凤军心的萧贵模被斩杀。贼寇首领蓝天凤想率败兵逃于桶冈后山,然后攀缘飞梯直入范阳大山,却发现去路已被官军把守,在内外交困、无计可施之际,纵身跃入背后的万丈深渊而丢了区区性命。后来,追捕的官兵将其首级斩下,枭首示众。

至此,桶冈地方的贼寇悉数被王阳明歼灭。王阳明所带军士总共捣毁贼寇巢穴数十处,擒斩贼寇首领数十名,其追随者被诛杀者达数千人之多,且不说那些被生擒的俘虏和钱财,更是不计其数。

天纵之武

就在此时,湖广军门派遣会战的参将史春统兵前来,队伍行至郴州的时候,他收到来自王阳明的亲笔书信。在信中王阳明告诉他桶冈贼巢已经全部被荡平,援军就不必再远远地白跑一趟了。

史春看完信,十分吃惊,说道:"本来商议好的由湖广、福建、广东三省联手合剿,将历时一年,大家都暗自以为时间不够用呢。没想到王阳明自己率领督院之兵,一朝一夕间就将贼寇扫荡完毕。真是天纵之武啊!"

等到十二月,王阳明率队伍凯旋,队伍抵达南康府的时候,当地的百姓扶老携幼，全家出动，对着王阳明烧香叩拜，互相奔走相告："今日终于可以睡个安稳觉了！"

王阳明的队伍所过之州县关隘，当地民众无不自愿为王阳明建立祠堂，地方较远的人则在家里供奉上王阳明的画像，前面贡献物品，每逢节日喜庆都要谢拜一番。

设置崇义县

王阳明认为，横水、桶冈各个贼寨，星点散落在上犹廖岭之间。有些地方实在是过于偏僻，号令总不能及时地传到。于是他建议在划分出来三县之地的基础上，建立县治，在此增添三处巡司，设关保障。

王阳明的奏疏很快就被批准，朝廷赐县名为崇义。崇义县归由江西南安府来管辖，赐敕奖谕。

征三浰池仲容，一兵未动诛灭巨贼

屯扎浰头的贼寇听闻桶冈之贼寇谢志珊和蓝天凤接连被剿杀，心里越发恐怖起来，于是抓紧招兵买马，戍守山寨要隘，以图以此抵抗王阳明军队的进攻。

王阳明先是授意黄金巢等，私下里派遣部下潜伏到贼巢附近，等待官兵的到来，打算扼守险要位置，遏制来自敌人的反攻。除此之外，王阳明还传令给卢珂、郑志高等手下将领，重新做好戒备。紧接着他派遣部下黄表到浰头招降，赏劳戍守此地的各位酋长，并向其咨询部兵守隘的原因。

对于黄表的询问，池仲容无词以对，于是就谎称龙川的乱民卢珂、郑志高与自己素有仇怨，说道："现在，卢珂、郑志高时不时就会带着部下攻打我的戍地，如果撤出防卫，势必会被卢珂、郑志高这些人偷袭。我们一直不放弃武力是因为自我防卫，绝非是要与官府军队相抗衡！"

然后池仲容派遣其党羽鬼头王，跟随黄表去王阳明处回报，希望能够宽限其投降的时间，说道："到时候我们一定全部投靠王大人，除去自封的旗号，全心全意地接受大人的招抚，成为您的臣民。"

王阳明相信了来人的话，于是写信给龙川的守卫将领，让他们调查卢珂等人擅兵仇杀的事实。王阳明对鬼头王说："卢珂等的事情本院已派人去调查，倘若情罪是真的，本院一定会派遣部队前往征讨。但是，在浰头必须给通过此地的官兵开关让道。既然你们愿意接受王阳明的招抚，那么就必须砍伐挡道的树木，为我军士兵开路。"

这鬼头王回去如实禀报。闻讯后，池仲容那是既喜又惧。高兴的是，王阳明责怪卢珂等一干人，完全是中了自己的圈套。害怕的是，十分担心那王阳明假意说要攻打别处，实则对付自己，如果真是如此的话，那可就不好办了。

不久，那鬼头王又从王阳明处带来了新的情报，池仲容说道："面对卢珂、郑志高等人的攻打，我池某自当悉力捍御。万万不敢劳动王大人的官军。"

此时恰巧遇到卢珂、郑志高、陈英亲到王阳明处述职，王阳明就问卢珂三人到底是怎么一回事。

卢珂得知池仲容恶人先告状，居然在王阳明处参奏了自己，于是立

第六章 第一次靖乱时期

刻上书争辩，并反告池仲容平日里心怀不轨，私底下僭号设官。如今又点集兵众号召远姓各巢贼酋，授以总兵都督等伪官印，准备抗拒官军。

听了卢珂的辩驳，王阳明大怒，并骂道："池仲容已经答应招安，自此以后我们便是一家。你因为与池仲容有私仇，就胆敢擅自仇杀，罪已当死。又编造如此没来由的话，意图乘机诬陷，打算掩饰之前的罪状。你的狼心狗肺本院看得可谓是一清二楚。而那池仲容刚刚派遣其弟池仲安领兵报效，诚心归附，岂会有再次进行抗拒之事情发生！"

王阳明当众撕碎了卢珂的书信，立刻下令将卢珂赶出门去，说："你如果不思悔改，再犯的话，一定斩首示众！"

这一幕一结束，王阳明立刻叫身旁的心腹参谋，秘密对卢珂说："督府王阳明大人知道你的忠义，刚才是佯装发怒，那是以此诱骗浰头自投罗网。大人吩咐你一定再次告状。到时候大人会命人打你三十大板，为了早日去除心腹大患，因此想出了这个计策！"

卢珂等按照王阳明的私下吩咐，第二日又来告状。

王阳明当庭暴怒，于是下令将卢珂五花大绑推出去斩首。众属下见状，忙跪下为卢珂求情，希望从轻发落。王阳明表现出仍不解气的样子，于是下令将卢珂责打三十大板，然后投入监狱，以观后效。

当时，池仲安等人目睹了这一幕，起初听卢珂等辩解，着实是吓出了一身冷汗。但后来他们看见王阳明两次发怒，心中不禁暗暗大喜，一干人你一言我一语纷纷跳将出来，控诉卢珂等人所犯的罪恶。

王阳明说："对于此事我已经调查明白。你回头罗列出卢珂等人所犯的全部恶款来，待我逐一核实后，一定会如实判决，将其处斩以安地方。"

池仲安越发大喜，于是写家书交给鬼头王，让他拿回去交给大哥池仲容。

再说那卢珂等被下了牢狱。王阳明私底下又派遣心腹参随，借口说"要紧人犯在监，实在是不放心才委派他前来检查"，暗地里却将王阳明的本意完完全全地告诉给卢珂，安慰卢珂等人的情绪。

卢珂等感动得泣不成声："王阳明大人为地方除害，如果有用得着我的时候，即便是要我等肝脑涂地，我们也毫无悔恨！"

接下来王阳明又派遣部下黄表去安慰池仲容，告诉他王大人已经知道卢珂等仇杀之实际情况，让他们千万不要再对此耿耿于怀了。

池仲容立刻吩咐下去大摆筵席，命人好酒好肉招待黄表。黄表在席间还不时地夸赞王阳明大人用兵如有神助，待人接物更是宽宏大量，向来是来者不拒。举例说了当年黄金巢等悉数被授有官职，至今留用。然后话锋一转，道："如果你们愿意到大人麾下做事，我一定为你美言，你们肯定会得到重用。"

池仲容拱手感谢："到时一切还全仗各位大人提挈！"

此后，黄表多次敦促池仲容归顺王阳明，但是这狡猾多端的池仲容始终支支吾吾，一直没有个准话。

时间很快就到了十二月二十日，王阳明的大队人马返回到南赣地区，其间协助围剿的各路军马也都散遣返回原地。回归到自己原本任职的地方，王阳明很快就下令全城张灯结彩，摆酒设宴，好好地款待随军征剿的广大将士，与此同时还在城里贴了一张告示，所写内容如下：

督抚军门示：

来贼寇抢攘，时有出寇掠，官府兴兵转饷，骚扰地方，民不聊生。今南安贼巢，尽皆扫荡之，而浰头新民皆又诚心归化，地方自此可以无虞。民久劳苦，亦宜暂休息为乐。乘此时和年丰，听民间张灯鼓乐，以彰一时大平之盛。

王阳明在全城庆祝的宴会上，将池仲安招呼到自己跟前，说道："你的哥哥诚心归降，本院也为他能够深明大义感到由衷的欣慰。我听说卢珂的党羽平时老是与你们作对，虽然卢珂本人被关在大牢里面，但是其党羽有可能会心生怨恨，与你们为难。今后会发生什么事情谁都无法预测，今天我就放你暂时回到浰头，帮助你的哥哥防守。把我的话转告给你的哥哥，小心严备决不可因懈弛失事。"

池仲安十分感动，跪下磕头。王阳明又派遣指挥俞恩护送池仲安回去，并摆酒设宴给他们送行。回到浰头后，池仲安一干人等也是大喜过望，盛筵设款。池仲安又对大哥池仲容大力赞扬了王阳明散兵安民的举措，以及遣归协守的期许。每每到激动处，无不以手加额，恭谨感激之情溢于言表。

一次，池仲容和黄表在寨内会饮。酒喝到一半，他忽然叹道："我们如果早点遇到王阳明大人，就不至于落到今天的地步。"

黄表道："你们都是新宠之人，说起来真是不识好歹。如今官府对你们一干人等待遇甚厚，况且还给你们荣华富贵，你们怎么还能心安理得、处之泰然呢？不管怎么说，论礼都应当亲往王阳明大人处致谢来表示我们的诚意。"

随行的一位使者也插话道："黄大人说得十分正确。更何况那卢珂一伙人日夜在牢中受尽折磨,说你们谋反有据。官府若去拘传你们,说你们断然拒命不来,还说何不试着拘传印证一下。根据你的来与不来便能证明你是否造反。"

池仲容答道:"如果王阳明大人真的来唤与那卢珂当面对质,我岂有不去之理?"

黄表又进言,说道:"今天如果王阳明大人拘唤,你突然亲自前往叩谢,那么不消片刻就可以拆穿卢珂等人的罪恶。官府必然相信你而不采信于他。再说那卢珂等人诈害你是言之凿凿的事情,诛杀他们只不过是时间上早晚的事情。"

这时,在座的其他池仲容的亲信贼首,也纷纷从中力劝斡旋。池仲容相信了黄表的话,于是对众人说:"若要伸,先用屈。输得起自己,才能赢得他人。卢珂在赣州玩的伎俩,也须由我亲往将其戳穿。"

接下来池仲容便制定计谋,选出麾下好汉以及随身亲信者总共有九十三人,一伙人一起来到赣州。然后池仲容让所带人马大部分留守在驿站待命,自己则只带了几个亲信随从来拜见王阳明。

王阳明对池仲容好言安慰,然后询问了此行所带人数。

池仲容答道:"跟着我一起来的仅有九十多人。"

王阳明:"既然有九十多人,那就要选个宽敞的地方去留宿。"

王阳明问身边的军官:"哪里最为宽敞?"

中军官回禀道:"目前就只有祥符寺这个地方最适合居住了。"

王阳明于是对池仲容说:"那就引你们去祥符寺居住怎么样啊?"

接着,王阳明又问:"跟你一起来的人如今都在何处呀?"

中军官不等池仲容开口,便代他回禀道:"众人现在都在一个叫作屯

第六章 第一次靖乱时期

的校场中呢！"

王阳明佯装生气地说："你们都是新投靠我的民众，不一起来见我，却扎营于校场，莫非在疑心本院我吗？"

池仲容惶恐叩首道："我们只是找了那块空地暂息，一切还要听王大人您的发落，我们哪敢有其他的轻举妄动呢！"

王阳明对池仲容说："本院今日里为你昭雪沉冤，要洗心革面成为良民也是不容易的事情。希望你们悔过自新，本院以后自然还会有重用你的地方呢！"

池仲容叩谢而出。等到了祥符寺，他眼见宫室整洁，又有参随数人为馆伴，赐以米薪酒肉，标下各官俱来相拜。见王阳明对自己如此优待，池仲容自然是喜出望外。

时间很快就到了闰十二月二十三日，池仲容眼见政府陪同人员每天引导手下，游行街市，又见各营官军果真是三三两两，街市上张灯设戏，宴饮嬉游。池仲容误信以为王阳明自此不再有用兵的打算。池仲容私底下又给狱卒密送贿赂，私自跑到监牢里窥探卢珂等人的动静。去了一看，发现果然监狱深固，池仲容心中暗自大喜。

狱卒悄悄对池仲容说："官府早已经下了命令，拘拿卢珂等犯人家属，一同下入大牢，不日将问斩于市。"

听闻此讯，池仲容大喜道："我的心事到今日终于全部都得到了了结！"过了五天时间，池仲容等去王阳明处请求允准返回。

王阳明说："自此至浰头有八九日程途。今年即将过去，很可惜你们不能在这边过新年了。等到了新春时节，又少不得派人来贺节，无形中就多了一趟奔波。据我所知，赣州今岁花灯十分壮观。你们即便是在此留下过年也不会感到寂寞。你们为何不选择正月过了再打算回去呢？"

这伙贼寇中的不少年轻人喜欢观看花灯，这样就可以日日嫖宿在妓院，政府陪同人员还不时地借贷银钱给他们玩耍。这些贼子兴致越发高涨，玩得更是乐不思蜀了。

转眼就是新年，池仲容到王阳明处入贺行礼。下午仲容又开口说想要辞别，王阳明连忙阻止道："你刚刚行了贺礼，我还没有犒赏你呢！就这么着急着要走，初二这天本院时间有些紧张，等到初三我再给你一些封赏吧！"

第二日，王阳明命令有司送美酒于祥符寺，政府陪同官员携妓女前往陪侍。众贼寇歌舞升平，欢饮竟日。参随官提前于辕门外悬一牌额，牌上写道：

浰头新民池仲容等，次日齐赴军门领赏，照依花名次序不许搀前哗乱。领赏过，三叩头即出，齐赴兵备道叩谢，事毕径回，不必又辞。

王阳明部下的陪同官员将抄写的牌面与众贼看了，他们无不欢喜。这天晚上，王阳明私底下密谕守备郑文，命令他拨精战甲士六百人，分作二十队，埋伏于射击场。等王阳明犒赏了贼首，奏乐将他们送出院门到射击场的时候，抽调甲士一队，每五人一小组，擒而杀之。大约六个人对付一个人定是胜券在握。事了之后，只用一人在龙县丞处回话。

王阳明又吩咐龙光道："你带领上上等军士一队，化装成衙门的公役。你们都将暗器随身藏好，在大门昭墙下待命。如贼党中有强力难以控制的局面发生，你命令手下军士上前来协助。等事情结束的时候，你便遥立屏墙，使我望见以慰我心。当然，如果期间出现突发情况，一定要第一时间报告给我。"

接下来，他又吩咐有司："提前预备好赏品等什物，督察院内军将按照往常的情形排列。"

随后，王阳明又私下密谕中部下的军官："你们只看我的号令，到时候一齐动手。"

至初三，各官聚集一堂。池仲容率领着带来的九十三人，来到院前，看见王阳明预备好的赏物，众贼各个无不满心欢喜。待池仲容等亦随入叩头，礼毕后，王阳明首先唤池仲容到跟前说，对他行赏一番。就在其不备之间，王阳明将池仲容一伙人全部诛戮。

王阳明不动声色地铲除了积年已久的反贼。满城的军士和民众闻讯后无不拍手称快。原本说要犒赏给山贼的赏品，一毫都没有受到损失，当场随即将之赏赐给有功的将士。卢珂、郑志高、陈英等人也悉数从狱中放出，厚加赏赐那是自然不能免去的了。

待一切告一段落，时间到了午后时分，王阳明下令退堂，忽然一头栽倒在地。左右的侍卫连忙上前将其扶将起来，只见王阳明一时间呕吐不止。众下属都聚集到私衙探寻病情。王阳明答道："连日积劳所致，非他病也。"过了一会儿，王阳明服食了一碗白粥，然后静坐稍事静养，很快就恢复到原来的状态。

破山中贼易，破心中贼难

就在这一时期，王阳明曾给门人薛侃写过一封信，即《与杨仕德薛尚谦书》，信中如是写道：

即日已抵龙南，明日入巢，四路兵皆已如期并进，贼有必破之势。某向在横水，尝寄书杨仕德①云："破山中贼易，破心中贼难。"区区剪除鼠窃，何足为异。若诸贤扫荡心腹之寇，以收廓清之功，此诚大丈夫不世之伟绩。数日来，谅已得必胜之策，奏捷有期矣，何喜如之！梁日孚、杨仕德诚可与共学。廨中事累尚谦。小儿正宪，犹望时赐督责。时延尚谦为正宪师，兼倚以衙中政事，故此云耳。

就上述"破山中贼易，破心中贼难"一句，大多数情况下解读为："山中贼"指的是造反的山民，"心中贼"指造反的思想。王阳明在这封信中认为平叛寇乱容易，但是要彻底消除敌寇叛乱的社会根源却很难。

在此将"心中贼"向更高一层次引申，就是指过度的人欲。人要向内求，安顿好自己的欲望之心，也就是人们都可能具有的不足与缺陷。破除"心中贼"的过程，实际就是指对自己人格的修炼，以提高自己人格的魅力。

征讨流寇

正德十三年（1518），王阳明47岁，在赣州。

正月初三，为一举剪除三浰的流寇余孽，王阳明连夜发表檄文督促

---

① 即杨骥。

第六章 第一次靖乱时期

各路发兵。时间初定于正月初七,在三浰这个地方会合,然后一起向敌人的巢穴发起进攻。王阳明则亲自率领帐下诸官兵,从龙南出发,直接取敌寇位于下浰地方的后方巢穴。

再说那巢穴中的山贼们之前就得到了池仲容的书信,信上说:"赣州兵俱已散归,督府待之甚厚。不日诛卢珂等。"如此散播开去,各巢的贼寇们各个信以为真,疏忽了对官兵的戒备。

猛地这一日听说王阳明率领官兵分四路齐头并进,只得怪那自己相信无比的池仲容无信送到,起初他们还不当一回事,再等到打听得详细情况,王阳明的官兵已距离贼巢十分逼近了。他们各个一时惶恐万分,不知如何应对。等到知道来的是王阳明的精锐部队,他们才赶紧依据天险铺设埋伏,并拉开阵势以迎敌。

王阳明率领的官军们分三处安营扎寨,三路军马同时展开剿杀,呼声震天。贼首见大势不能挽回,撒腿就跑,众官军乘胜追击。三浰的贼寇大巢一一被攻克。各路官兵闻知敌巢已被攻破,各自越发奋勇立功,战无不胜、攻无不克的局面为前所未有。

池仲宁、池仲安和高飞甲等贼寇的大头领悉数在战场上被剿灭殆尽。唯有张仲全等率领二百余人,聚于九连谷口,连连告饶,请求王阳明宽宥。

王阳明于是遣部下黄表前往查验,果然都是一些老弱,且当上山贼没多久的人。望其情也确实可怜,王阳明便派遣下属前往安抚来降之众,使这伙人早日改过,复为良民。

王阳明的这次征讨自正月初七起,至三月初八止,总共两个多月。在这段时间里,王阳明的部队一路告捷,其间捣毁巢穴38处,斩大贼首级29颗，次贼首级38颗，从贼首级2000多颗，俘虏贼人达890人次之多，之外缴获的金银器物和其他战利品那就更是难计其数了。

王阳明根据这一地方地理的实际考察情况，然后上报朝廷，设立县制，留兵戍守，然后返回赣南。

战后经营

比上述事件发生的时间稍早一点的二月，王阳明就又一次给朝廷上疏，表明自己要移居小溪驿舍。但是小溪驿舍这个地方正好位于原来南康府和南安府中间所在地。就在这前一年，王阳明老家即大庾山下的父老乡亲们因担心山贼的骚扰，于是乎就申请要建造一座城池来进行自我防御。

到这一年二月，王阳明上书要求搬到小溪驿舍居住的奏折获得朝廷允准。就在随后的三月，王阳明又继续上疏希望朝廷允准自己致仕休息。尽管上言称是抱病希望退休养老，但是这回却没有得到朝廷的同意。王阳明至此平定了那么多地方的叛乱，其武功韬略已为大家所公认。

与此同时，王阳明的一生再次达到了辉煌的顶峰。

小　结

王阳明的学说日渐为世人所熟知，其武功也修炼到了很高的境界。虽然武功并不能直接影响到王阳明先生的学说，但是其赫赫有名的战绩却分明提高了王阳明先生的威望,其一言一行都因而得到人们的尊敬。

之所以其武功韬略会间接地影响到王阳明对文化教养的宣传,那是因为王阳明今日的成功都是得益于其往日马不停蹄的自我修炼。例如打仗期间发明的《十家牌法》《队伍法》《保甲法》等,虽然只是根据当时的具体情况而制定的,但是却对后世的法规制度产生了重要的影响。再比如《谕俗四条》、招贼诸书、战后的经营等方面,都体现了王阳明先生的人生主张,这点我们也应该予以重视。

第七章　第二次讲学时期

本章所述是王阳明先生47岁那年的四月至48岁那年的五月，一年间王阳明先生的讲学和事迹。这一时期仅仅一年多的时间，但其论说却是阳明学说里面颇为重要的内容。因为《古本大学》和《传习录》是阳明学的代表性典籍，《朱子晚年定论》是论难的焦点。虽然以上三本书籍并非都是发端于这一年，但是它们都在此时相继发表，因此应当看作此时时机已经成熟。

正德十三年（1518）四月，王阳明返回京师，并着意建立学校。

王阳明认为所谓的民风不善，主要是由于教化未明而引起的。这个时候四方盗贼之患刚刚被平息不久，民困也渐次平息，与之相应的移风易俗之事，虽未能一一尽举，姑且就选择其中浅近易行的，开导训诲。王阳明先后颁发数道告谕，分发到南、赣所属各县父老子弟手中，互相告诫勉励，命令兴立社学，延师教子，歌诗习礼。在出入街道的时候，如果有长官或者学者出现，其他的人都要拱立为敬。王阳明先生或赞赏训诱之。时而久之，市民都知道了冠服礼法，辖内朝夕歌声，达于委巷，雍雍然出现以礼让为美德的大好局面。

五月，王阳明上奏设和平县。

六月，王阳明升都察院右副都御史，荫子锦衣卫，世袭百户。

其间王阳明再次辞免，皇帝不允。

《古本大学》

王阳明先生为了天下苍生多次出入贼寇营垒，根本没有空暇过安稳无虞的日子，其门人薛侃①、欧阳德、梁焯、何廷仁②、黄弘纲③、薛俊、杨骥、郭治、周仲皆讲聚不散。至此时王阳明凯旋，休养兵士，才始得专意于朋友间的交往，日日与友人切磋讨论《大学》的本旨，领悟入道的途径。

曾记得王阳明在龙场驿时，怀疑朱子的《大学章句》并非最本旨的含义，于是手录古本，伏读精思，方始信圣人之学原本是那般简易明白。其书只有一篇，原无经传之分。格致本于诚意，原无缺传可补。以

---

① 薛侃（1486—1545），字尚谦，号中离，世人称之为中离先生，明代揭阳县龙溪都（今广东潮安县）人。薛侃富有文才，明武宗正德丁丑十二年（1517）考中进士。
② 何廷仁（1483—1551），初名泰，字性之，别号善山，雩都县（今于都县）人。少年时期崇敬陈献章，后师从王守仁。有"知过即良知，改过即本体"等论说，在当时社会产生了很大反响。
③ 黄弘纲（1492—1561），明经师，字正之，号洛村，江西雩都（今于都）人。曾师事王守仁，为王门高第。学术思想师承王守仁，但并不赞成其师的"四句教法"，认为"天然良知，无体用、先后、内外、深浅、精粗、上下"之分。反对以"未发"、"已发"分性情为二，认为"牲之于情，犹理之于气，非情亦何从见性？"强调求道必"反求诸己"，"深造自得"；修身则主张"不致纤毫之力，一顺自然为主"（《明儒学案·江右王门学案四》）。著有《村集》。

诚意为主，而为致知格物之功，故不必增一敬字。以良知指示至善之本体，故不必假于见闻。至是录刻成书，在旁边添加注释进行解释，还给刻本亲自写了绪论。

另外值得一提的是，传于日本的《古本大学》如今藏于京都府厅，其他亦有数种版本流传当世。

《朱子晚年定论》

王阳明先生又刻《朱子晚年定论》，他亲自为刻本作序，原文略道：

昔谪官于龙场，居夷处困，动心忍性之余，恍若有悟。证诸《六经》《四子》，洞然无复可疑。独于朱子之说，有相抵牾，恒久于心。切疑朱子之贤，而岂其于此尚有未察乎？及官留京都，复取朱子之书而检求之。然后知其晚岁固已大悟旧说之非，痛悔极艾，至以为自诳诳人之罪，不可胜赎。世之所传《集注》《或问》之类，乃其中年未定之说，自咎以为旧本之误，思改正而未及。而其诸《语类》之属，又其门人挟好胜之心以附和己见，固于朱子平日之说犹有大相缪戾者。而当世之学者，囿限于见闻，不过持循讲习于此，其于悟后之论，概乎其未有闻。则亦何怪乎予言之不信，而朱子之心无以自暴于后世也乎？予既幸自说之不缪于朱子，又喜朱子之先得我心之同然，且慨夫世之学者，徒守朱子中年未定之说，而不复知求其晚岁既悟之论，竞相议论，以乱正学，不自知其已入于异端。吾辄采录而衷集之，私以示于同志。庶几无疑于吾说，而圣学之明可冀矣。

在这里我们可以窥探王阳明先生编撰此书的初衷。

在《与安之书》中，他这样写道：

留都时，偶因饶舌，遂至多口，攻之者环绕四面。取朱子晚年悔悟之说，集为定论，聊藉以解纷耳。门人辈近刻之雩都，初闻甚不喜，然士夫见之，乃往往遂有开发者，无意中得此一助，亦颇省颊舌之劳。近年篁墩诸公尝有《道一》等编，见者先怀党同伐异之念，故卒不能有入，反激而怒。今但取朱子之所自言者表章之，不加一辞，虽有褊心，将无所施其怒矣。有志向者一出指示之。

这就是王阳明先生付梓《朱子晚年定论》时的初衷所在。

按语：明代儒者罗整庵质疑《朱子晚年定论》，清朝的陆陇其、陆世仪等人极尽反驳朱熹的学说。然而王阳明先生编撰《朱子晚年定论》则是想要简化朱子的学说，并取其"主心"的部分，并不是限定何时开始是其中年，何时开始是其晚年。所以按照年、月时段的考证来责难王阳明先生的人只是不了解他的用意罢了。在此没有必要一一辩明。

《朱子晚年定论》收录在《传习录》的下卷末。

《传习录》上卷成书

正德十三年（1518）八月，门人薛侃于江西赣州出资付梓出版《传习录》。现在人们都认为《传习录》的上卷是由王阳明的弟子徐爱记录和编辑完成的。

但是此时徐爱已经于之前一年的五月病殁（《阳明先生年谱》）。徐爱为王阳明的爱徒，曾与阳明说起他的梦境：在山间遇一和尚，和尚预言他"与颜回同德，亦与颜回同寿"。后果三十而亡。

王阳明的妹夫徐爱与先生关系极为密切，受王阳明先生熏陶最久，因而徐爱闻道亦最早。徐爱任南京兵部郎中时因病归乡，与陆澄谋耕田之业以待王阳明先生。徐爱之于王阳明先生，恰如颜回之于孔子，不幸的是他也跟颜回一样早逝。王阳明先生知悉其讣告，大声恸哭道："天亡我也！天亡我也！"其后妹妹仔细言及徐爱的生平之事，王阳明先生依旧悲痛万分。

薛侃、徐爱与王阳明先生的问答笔记《传习录》一卷和序言两篇，与陆澄各自录一卷，并于虔州①出版。

王阳明先生的教义渐渐远播到华夏神州，请教者与此同时也日益增多，辐辏更是广远深邃。此时，王阳明先生开始居住在建设于射圃的馆舍，但还是显得狭窄，不能容纳广大文友。于是他决定修缮濂溪书院来改善这一情况。

此时江西省的名士邹守益也执贽，成为王阳明先生的门人，后来邹守益成为王阳明门下弟子中最杰出的一位，是传承王阳明学说的重要人物。

这一期间，师徒二人在赣州附近的通天岩同游问道，邹守益还对王阳明的诗文进行应和，这一事迹传为美谈。

---

① 即今江西赣州。

第七章 第二次讲学时期

王阳明先生写诗赞叹通天岩的秀美风景,题为《通天岩》:

> 青山随地佳,
> 岂必故园好。
> 但得此身闲,
> 尘寰亦蓬岛。
> 西林日初暮,
> 明月来何早?
> 醉卧石床凉,
> 洞云秋未扫。

同样因文采而闻名的邹守益也赋诗应和:

> 高筑琳宫引石梯,
> 酒余客散自攀跻。
> 坐来渐恐星河冷,
> 话久不知烟雾迷。
> 白涧滩横帆隐见,
> 翠微岩涌案高低。
> 浩歌初饱清秋兴,
> 何处东洲野店鸡。

(参见明嘉靖《赣州府志》)

王阳明先生见状，再作一首，题为《游通天岩次邹谦之韵》：

> 天风吹我上丹梯，
> 始信青霄亦可跻。
> 俯视氛寰成独慨，
> 却怜人世尚多迷。
> 东南真境埋名久，
> 闽楚诸峰入望低。
> 莫道仙家全脱俗，
> 三更日出亦闻鸡。

当然，此时王阳明先生和其他弟子也有诗和。游学不仅有对景物的观赏，更有发自内心的体悟。这也成为王阳明先生教学布道的一种方式。

慰劳宴

王阳明先生听闻征讨巨贼获得大捷，身心稍得安静。一日他张罗一场丰盛的酒筵来慰劳诸门生的支持，且说道："以此相报。"

门生们都不解，连忙问王阳明先生此举的缘故。

王阳明答道："我开始在教察院务堂为官的时候，不敢粗心，经常担心自己会愧对在座各位。近日与你们相处时间久了，还是会觉得此前的赏罚仍然有不妥当的地方，真是悔之不已。于是不断反思，力求寻找到自己的过失并进修改正。直至登堂行事，与你们各位相对时，无须些许增损，我才能获得一些心安。我这一阶段的进步都是得益于你们各位的切磋辅助，我在这里再次感谢了！"

门生们听后，都愈加反省自己，同时也更加敬畏王阳明先生的高洁品格了。

王阳明先生所说皆为自己亲身经历，以此激励诸生。

三教异同论

王阳明先生曾论三教异同，说道："仙家说到'虚'，圣人又岂能在'虚'上加一毫之'实'；佛家说到'无'，圣人又岂能在'无'上加一毫之'有'。但仙家说的'虚'，则是由恬淡养生的主旨而来的。佛家说'无'是由脱离生死苦海的主旨而渐渐演化，由'空寂'的本体而来的。仙佛二氏未免有故意加上之嫌。我所说的'良知'之'虚'便是天的'太虚'，'良知'之'无'便是'太虚'的无形。日月风霜、山川民物等凡是具有相貌行色者皆在太虚无形之中发挥作用，未尝不是'无'的障碍。圣人的行动只是顺应其良知的作用，天地万物之理皆在我的心中。仙、佛二氏不知此理，故有不合适的地方。"

我们从上述引论应当知晓王阳明先生对于三教之异同的见解。

乡约保甲法

正德十三年（1518）十月，施行乡约法。

自大征后，王阳明先生认为这么长时间以来，民虽格面，但未知格心，于是施行乡约告谕众父老子弟，让大家互相警戒，辞中有说道："之前的骚乱对大家生活的负面影响非常大，父老乡亲没有不受到其伤害的。盗贼们冥顽无知，逆天叛伦，自求诛戮，虽然是自作孽不可活，但是仍然不得不叫人感叹。这帮盗贼们虽然生性冥顽，犯下滔天之罪，其实究其根源还是有司抚养之有缺，训迪之无方，社会也是有责任的。虽然我已经据此做出了一些应对之策，但是难免有不周到的地方。如今倡乱渠魁，盗贼们相继被擒灭，他们的追随者大多无辜，如今也悉已宽贷，赣州地方虽然暂时获得了宁复，但是为了以后的安宁，还要请辖内父老严加教约自己的子弟，对于这件事情决不可疏忽大意。故今特施行保甲之法，以相警戒。辖内的各位父老，应该带领自己的子弟严加履行。和睦邻里，齐尔姻族，德义礼让，把赣州建立成为有着淳厚风俗的好地方。"从中我们可以略知王阳明先生的政治主张。

据说，王阳明的保甲法传于后世有一本小册子，但是迄今为止我还没有见到过，不能一睹，甚为遗憾。

十一月，王阳明再次上疏请通盐法。这是因为南赣地方需要其他地方补给食用盐。因此在给皇帝的上疏中，王阳明先生如此写道："臣私下以为应该复开广盐，按照定例分发，满足广大民众的实际生活需要。"

这回朝廷很快采纳了王阳明的建议，时至今日，当地的人民依然从中获得便利。

正德十四年（1519），王阳明先生48岁，在江西。

正月，王阳明上疏谢升荫之恩遇。

因为在三浰平乱中王阳明军功卓著，皇帝便十分高兴地擢升了王阳明先生官职,并下旨荫升其子王正宪为锦衣卫,世袭副千户。但是王阳明先生却上疏,奏请辞免归田,上疏中如此说道:"荫子实在是不合乎我朝的典律规范,微臣私心为此始终难以平静。另外疾病缠身,已经是没有能力继续报效朝廷了。"

奏疏递交到朝廷,皇帝不允。

没过多久,因祖母岑氏突然病危,王阳明于是向朝廷上书祈请此时致仕退休,然而又没有获得准许。

小 结

《古本大学》和《传习录》是容易得到的书,必须熟读。《朱子晚年定论》并非是研究讲授阳明学的必备书籍,但若方便的话,不妨一读。通过三教异同论,可观察王阳明先生对于三教的观点,通过相约法可观察其道德政治主张的端绪。王阳明先生的施政方针常常重德行避武力。

这也是王阳明先生思想中极为容易辨认的特征。

第八章　第二次靖乱时期

本章所述为王阳明先生48岁那年的六月至49岁那年的十二月大约两年间的言行和功业。王阳明先生在这一阶段处于宸濠叛乱和奸党离间等种种艰难之中，然而王阳明先生在此时却建立了一生中最大的功勋。王阳明先生的言行虽然我们无法一一借鉴，然而这一时期是王阳明先生最为辉煌的时期，也是他的学说最为有益于我们的时期。

正德十四年（1519）六月，福州三卫的军人进贵等胁迫众手下密谋叛乱。王阳明先生奉皇帝敕命前往平定，六月九日启程，十五日队伍抵达丰城县（今丰城市）。知县顾佖出城迎接，并将宁王朱宸濠谋反之事通报给王阳明先生。王阳明先生于是连忙返回舟中到吉安府安排应对之策。十九日上疏奏报了宁王朱宸濠谋反的事情，御史克嗣飞报至朝廷时，王阳明先生的知己兵部尚书王琼自言自语地说道："有王阳明在，宁王必被擒获。"

接下来请让我详细叙述王阳明征讨宸濠之始末与经纬。

第八章　第二次靖乱时期

宸濠的权势

江西省南昌府宁藩王是明朝的皇族，其雄踞南方，一直有异志之心。等到了朱宸濠的时候，其奸恶更是愈演愈烈，以至于最终出现了叛乱的苗头。再说这个朱宸濠，他心性聪慧，精通诗史，善为歌词，但是他性格轻佻无威仪，常喜兵嗜利。尽管朱宸濠承袭了祖制的王位和待遇，却相反地愈益骄横残暴。

道士李自然阿谀言朱宸濠有天子之骨相，催生了宁王谋反的念头。他给于都的官员私授贿赂，并结交到内侍李广。正德初年，他又结交刘瑾等阉党，朝廷内外里应外合，紧接着又通过贿赂收买诸生，让其推举自己之孝行，朝廷于是赐玺书来褒奖宁王。

朱宸濠又图谋扩大城府地基，于是故意在近处放火烧毁民房，然后装作救火，实际上则是要尽毁其房，最后压价以收买这些土地。宁王在一个叫作赵家园的地方建造庄基，侵占民众的产业，民众不堪其苦。每到了收租时，这帮人立即聚众相守造声势来威慑民众的反抗，与此同时又畜养大盗胡十三、凌十一、闵廿四等数人，于鄱阳湖中屡次劫掠来往客商的货物资财，私底下还预蓄军资，真可谓是恶贯满盈到了极限。

朱宸濠也十分注意结交远近的权势豪族，又各处访求名士风流，聘为门客。安福县有一学问之人刘养正，字子吉，自幼被称为神童，未赴进士考试，制隐士服，以诗文来孤芳自赏。三司抚按（官吏）游其门以得见为荣。朱宸濠以厚币招致，岁时馈问往来不绝，不久刘养正便与朱宸濠亲近起来。

李士实为翰林官，至侍郎退休回家。朱宸濠与之结为亲家。李士实颇有权术，朱宸濠便启用李士实为自己的谋臣。

朱宸濠又以各种手段结交到朝廷的官员如刘吉道士、李自然、徐卿等人，与其沆瀣一气者甚众，因武宗皇帝膝下无子，朱宸濠便谋划以次子为皇嗣。朱宁、臧贤与诸宦官，齐力撮合这件事。朝中六部九卿、科道官员亦多有为其相助者。但因其事关重大，其时还未有人敢就此事发言。

李士实为朱宸濠谋通于兵部尚书陆完，题复置宁府护卫。一面使南京镇守太监毕真倡率南边官员人等，唱颂宁王的孝行。到陆完转为吏部尚书，王琼代为兵部尚书的时候，王琼知朱宸濠一定会反叛，便对陆完说道："祖宗革去护卫，是为杜绝藩王不轨的图谋，正是为了保全他处。宁王如今再三要求增加护卫，不知他要兵马作何用，异日一旦叛变必然连累到你呀！"

陆完获悉此讯后悔不迭，急忙写书送给朱宸濠，打算按己意撤去护卫兵。朱宸濠自然是不从，于是便假借护卫为名，依旧公然招募勇健之士，朝夕在府中使枪弄棒进行操练，朱宸濠的凶相已经暴露得一览无余了。

打探宸濠的举动

王阳明闻知朱宸濠谋反，于是以其贺节送礼为借口，使门人冀元亨前往感谢。冀元亨字惟干，为人处世极为忠信。王阳明先生聘冀元亨为公子王正宪的学业师傅，这次特意派遣他代自己办事，其实目的是要探听宁王朱宸濠的举动。

却说朱宸濠素来有意结交王阳明，得知冀元亨是王阳明先生门人，厚待礼遇极为客气。渐渐提及秘密事件，冀元亨佯装毫不知情，只与宁王谈论致知格物之学，打算以开导宁王朱宸濠来阻止其图谋不正之心。

朱宸濠见状大笑，对冀元亨说道："此人竟然愚痴到这个地步了！"

至此两人的谈话戛然而止。冀元亨归赣州，将所见所闻如数报告给王阳明先生。王阳明叹息道："你真的要大祸临头了。宁王向来心狠手辣，一旦迁怒，如果你还继续留守在我这里，必然会牵连到我。"于是王阳明立刻遣人护卫冀元亨返回其故乡。

宁府官吏阎顺、陈宣、刘良见朱宸濠所作所为有违朝廷法理，于是私自将此事诉诣于京都。朱宸濠的心腹朱宁与陆完却暗自将这件事隐瞒下来，然后私下派人报告给朱宸濠。

朱宸濠怀疑这是承奉郎周仪指使，便命人假装强盗，将其全家老小一并杀害，又杀害典仗官查武等数百人，然后又斥巨资遍赂京师诸权臣，要求追杀阎顺等人。但是阎顺等人一看形势不妙，立刻亡命天涯，终于侥幸得免一死。

接下来朱宸濠逆谋的步伐愈加急迫。

贤妃娄氏

宁王朱宸濠的妃子娄氏，向来以贤德为人所知。她为宁王先后产下三子，分别是大哥、三哥和四哥[①]。因而宁王朱宸濠十分敬重娄氏。

娄妃察觉到朱宸濠有图谋不轨之志，便于饮宴中间暗使歌姬进歌劝酒，打算伺机谏言，请求朱宸濠放弃谋逆之心。

---

① 据资料显示，二哥此时夭亡。——译者注

朱宸濠听闻此词面露不悦之色。娄妃便问道："殿下对酒不乐，为什么呢？"

朱宸濠答："我的心事非你一介女流之辈所能知道的！"

娄妃忙陪脸笑着道："殿下您贵为亲王，锦衣玉食，享用已经是一般人所不能企及的。若循理奉法，永世有国家保障俸禄，而且世世不会失去如今的富贵生活。此外还有什么烦扰您的呢？"

朱宸濠说道："你只知道小快乐之味，岂能知大快乐的味道呢？"

娄妃对说道："愿闻如何是大快乐与小快乐？"

朱宸濠说道："大快乐就是身登九五之尊，治临天下，玉食万方。我今日位不过藩王，治不过区区数郡。此不过小快乐而已。这怎么能算是我的远大抱负呢！"

娄妃说道："殿下您此言差矣。天子要总揽万机，晚眠早起，劳心焦思，内忧百姓的流离失所，外愁四夷的没有朝服，真可谓是日理万机。至于藩王，衣冠宫室，车马仪仗，仅仅是亚于天子，有丰享的俸禄，还没有政事的牵绊。殿下的快乐远远超过天子的快乐呢。殿下您接受藩镇的封赏，却希望超越本分的快乐。臣妾私下认为您志望大谋略疏，求福得祸，还不如趁早收手，否则到了那个时候就悔之晚矣！"

朱宸濠听完勃然变色，愤怒地将酒杯掷于地上拂袖而去。

娄妃又劝诫其弟娄伯将，千万不要追随宁王做出叛逆之事。但是娄伯将同样如此，哪能听得进去娄妃的苦口婆心啊！

朱宸濠建造阳春书院，僭号为离宫，然后设计用鸩酒毒死巡抚王哲。此地的其他守臣无不悚惧于朱宸濠的权势。朱宸濠在司参谒见的时候皆穿戴朝服，各官畏惧其势焰跋扈，没有人敢忤逆他的意志行事。

当时鄱阳湖中经常发生抢劫事件。众人都知道这是宁府的人所为，只好忍气吞声，不置言语。其间，娄妃屡进谏言，但是一心要做皇帝的朱宸濠根本不听。

兵部尚书王琼预忧宁王之变，督责各抚臣，训兵修备。又以承奉郎周仪等之死，责令江西抚臣严捕盗贼。南昌府获盗贼一群，内有凌十一。巡抚孙于是认出凌十一是宁府亲信之人，私底下报告给王琼。但是朱宸濠派遣其党羽于狱中强行劫走凌十一，其叛谋日益加剧，此时可谓是司马昭之心路人皆知了。

朱宸濠与其党羽私下约定八月乡试时，待百官走进科场，出其不意然后一起举兵。

王琼听闻凌十一被劫，大怒，说道："此贼正是宁府叛乱的证据，再也不能纵容下去了。"于是他责令有司，立即对凌十一展开缉捕。

朱宸濠恐怕事情败露，又暗示南昌当地官员，让他们向朝廷称颂自己的贤德孝行，迫使抚按官具奏请文，要求赦免凌十一的罪行。

按察副使许逵力劝孙燧发兵包围宁王府，然后搜捕劫盗。如若搜出一二人，究出谋叛之情的话，就奏请朝廷下旨迫夺宁王朱宸濠的权势，免得养虎为患。

孙燧见状犹豫不决，其间朱宸濠屡次派人催促，孙燧不得已，最后也只好随众署名，但是却另外悄悄上奏朱宸濠不法之事。朱宸濠也料到孙燧会把此事密奏朝廷，预先指使心腹潜伏上京之路，但有江西章奏尽数劫去，使其根本没有机会抵达京城。

孙燧的七次奏本被悉数拦截，南昌这边的消息不得为朝廷所知闻。之外，唯有保举朱宸濠孝行的表章被一一呈送至京城。

此时江彬新得宠幸，冒功封平虏伯。太监张忠与宁王有隙，于是交结江彬，每每想揭发宁王之事，总是找不到机会。等到保奏表送到皇帝手里，武宗皇帝便问张忠："如果是官吏，则可以擢升他的官职。但他是亲王，这叫我怎么办才好？"

张忠回答道："亲王这已经是至高的荣誉了，宁王此举实在是让人不知道意欲何为！"这回答隐含了朱宸濠有谋叛之意是十分明显的。

御史萧淮于是直接攻击宁王，除此之外，参李士实[①]、毕真[②]等。给事中徐之鸾[③]、御史沈灼等，连奏宁王反状。皇帝念亲姻情厚，不忍加兵。驸马都尉崔元、都御史颜颐寿及太监赖义，奏请皇帝希望能够撤走宁王朱宸濠的护卫。

宁王府心腹林华先得知京师有诏使被派遣到了宁王朱宸濠的藩地，

---

① 李士实（？—1520），字若虚，南昌人，一作丰城（今江西丰城）人。成化二年（1466）进士，正德中为右都御史，附宸濠伏诛。工诗，善画。

② 毕真（1461—1521），尚膳监太监。曾娶亲生子，后私自净身，收入内府应役。正德二年（1507），与刘瑾勾结，得镇守山东，在任擅理词讼，剥削军民；又承刘瑾意，托取海物，侵夺商利。任市舶太监时，提出由市舶专理泛海诸船。十二年（1517），镇守江西，与宁王朱宸濠勾结，胁令官员、生员、耆老等联合上本奏宸濠"孝行"。为助宸濠起兵，又共同设法调出，镇守浙江。在浙江以操练官军为名，给以重赏，以收买人心。又打造盔甲，收买米粮以备宸濠军饷。十三年（1518），江西清军御史范辂劾真贪虐十五事，真与宸濠捏奏，下辂诏狱。十四年（1519），宸濠叛，派校尉至浙约毕真起兵，真遂散布谣言，拘收城门钥匙，拟举兵应，致全城居民惊恐。真被捕后，经多官审讯，十六年（1521）以通谋反逆罪被凌迟，抄家。

③ 徐之鸾（生卒年不详），又名齐之鸾，字瑞卿，号蓉川，桐城人。明朝官员。正德六年（1511）中进士，授庶吉士，历官刑科给事中，敢于直言。嘉靖八年（1529），改任陕西、宁夏佥事。嘉靖九年（1530）修北长城。终官河南按察使。卒于任上。著有《南征纪行》《入夏录》等。

于是赶紧乘一匹快马,昼夜奔驰在路,仅十八日就抵达南昌。

这一日为六月十三日,正好是宁王朱宸濠诞辰,诸司都来庆贺。朱宸濠设宴款待贺客,林华等到贺客散去,才将敕使的信件呈报给朱宸濠。

朱宸濠对李士实、刘养正一干人等说道:"今诏使远来,实在是可疑。如果诏使先到则我们的大事就难成了,我们眼下该如何对策?"

刘养正说道:"如今事态紧急。明日各部官员过来参加宴会,我们最好以兵相威胁。"

李士实则说道:"最好是假传太后密旨。如此这般方能使得众人心服口服!"

此时闵廿四、凌十一、吴十三等一干乌合之众,也以贺寿的名义全部纠结在一起。夜传密信,命令各自饬兵伺候举事。

等到第二日,诸司入谢,礼毕。朱宸濠坐立于露台之上,诈言于众,说道:"昔日孝宗皇帝为太监李广所蒙蔽,抱养民间子①。我祖宗血脉的纯净遭到玷污,至今已经十四年时间了。太后近日发来密旨命令我发兵讨罪,共同匡扶大义。你们对此事可有听说?"

悼孙燧、许逵诗二首

就在这个时候,南昌巡抚孙燧挺身而出,来揭发朱宸濠的阴谋,说道:"既然你有太后的圣旨,请拿出来给我们都观看一下!"

---

① 借说当时在朝的皇帝非正统天子。

朱宸濠大声打断了孙燧的话:"不必多言,我今往南京去。你愿意不愿意随我前去?"

孙燧辩驳道:"天无二日、民无二王,这是天下的大义。此外一概非孙某我所知。"

朱宸濠戟手大恼:"你既已经举保我的孝行,为什么又私自派人诬奏我图谋不轨。如是反复的小人,你还知道什么是大义?"说话间便叱令左右将孙燧立刻拿下。

按察副使许逵①,从下大呼说道:"孙都御史可是朝廷派来的钦差大臣。你这个反贼,胆敢擅自杀害吗?"

朱宸濠怒喝令一并缚之。

许逵回顾看着孙燧,对他说道:"我本来打算早早地检举,你又不听我劝告。时至今日我们果然受制于人,你还有什么话可说?"

随后,许逵破口大骂朱宸濠的叛乱逆举:"朱宸濠逆贼,今日你杀我等,待朝廷人马一到你全家将被诛灭九族!"

朱宸濠命令手下人将许逵、孙燧二人一同押解到惠民门,枭首示众。

娄妃听闻这个信息,急忙派身边的内侍传令施救,但是早已经来不及了。

对于此事,王阳明先生曾经作下了《哭孙、许二公》诗二首,表达自己对朱宸濠杀害许逵、孙燧二人暴戾之举的愤慨,兹录全文如下:

---

① 许逵(1484—1519),字汝登,河南固始人,为明正统进士,以平反叛乱而为世知,宸濠之变因反抗叛乱被朱党杀害。

第八章 第二次靖乱时期

其一云：

> 丢下乌纱做一场，
> 男儿谁敢堕纲常。
> 肯将言语阶前屈，
> 硬着肩头剑下亡。
> 万古朝端名姓重，
> 千年地裹骨头香。
> 史官谩把春秋笔，
> 好好生生断几行。

其二云：

> 天翻地覆片时间，
> 取义成仁死不难。
> 苏武坚持西汉节，
> 天祥不受大元官。
> 忠心贯日三台见，
> 心血凝冰六月寒。
> 卖国欺君李士实，
> 九泉相见有何颜。

自此，宁王朱宸濠愈加肆无忌惮地举旗行反叛之事。

再说佥事潘鹏自为御史时，曾经接受宁王贿赂，与之私底下结交甚亲密。至此他便率先向朱宸濠叩头高呼"万岁"。参政王伦、季敩也都惧怕招惹祸事上身，相继拜伏。布政使梁宸、按察使杨璋、副使唐锦、都指挥马骥，各个四目相视不敢出声。

朱宸濠大喝说道："顺我者生，逆我者死！"

那四人于是不觉屈膝。

朱宸濠即日拟定朝廷，置诸官属。

瑞州知府素来以为朱宸濠迟早有一天会谋反，于是平日里操练兵卒，广修城寨，早早地做好了守卫城池的打算。朱宸濠慕其才能，多次遣人带着厚礼打算将其招到帐下为自己效命，瑞州知府对朱宸濠的收买之举心知肚明，对宁王送来的物品向来是拒之不收。这个时候正好赶上瑞州知府因处理公事来到南昌城，逆党便将其擒获献到宁王府。朱宸濠逼迫他投靠自己，但是瑞州知府忠贞不从，于是被抓进牢狱。

朱宸濠又传檄文到辖内远近，声明革去正德年号，拟改顺德二字，只待南京正位，即便改元；又造伪檄文，指斥乘舆（即天子——原书作者注），极尽骂言之能事。

这时朱宸濠豢养死士达二万人众，又招诱四方盗贼渠魁约四万多人，并且暗地里分别派遣心腹娄伯将、王春等四处招兵买马。合并护卫党以及其胁从属下的人马，总数共有六七万人之多，一时间其军势威严极为兴盛。

朱宸濠又用江西布政司印信公文，差人遍行天下布政司，告谕亲王三司等官举兵之意。一面整装军队准备战斗。

朱宸濠叛乱一举，顿时震惊了江西省城百姓。

第八章　第二次靖乱时期

幸　运

这个时候福州三卫军人进贵等，聚众鼓噪。朝廷于是委任王阳明前往平定。

王阳明先生于六月初九起行，也准备赶在六月十三向宁王朱宸濠拜寿，这也是当时俗成常规。临出发时，参随官龙光等取敕印，遗忘在了后堂。轿出仓卒封门，一下子便忘记了这回事。待贺寿的队伍行至吉安的时候，王阳明先生登岸叫身边人取出敕印，这才发现走了一路敕印却不曾带来。于是他连忙派遣中军官，辗转返回赣州重新取回敕印。由于这个缘故沿途迟留，耽误了一些时间。

六月十四日午后，王阳明一行刚刚抵达丰城地方。这一天正是孙燧、许逵二人遇害之日。若非前来途中忘记敕印，王阳明先生也将会在朱宸濠诞辰之日到达，遭遇朱宸濠称王的逆举，或许会同孙燧、许逵一样被朱宸濠残忍杀害。

这岂非天之大幸也！

踏上征途

却再说那丰城县（今丰城市），距离省城仅十数里路程。宁王朱宸濠杀守臣不过半日，便有报传至丰城。知县顾佖谒见王阳明先生，将省中之事禀知，兼述所传闻之语："宁王已经率领兵士千余人叛乱，还派人邀取王大人加入，不知道王大人是否知道有这回事？"

王阳明先生命令顾佖道："你只要守护你的辖内地方即可。那宁王朱宸濠谋反的情报，朝廷不用过太久时间便会知道，不日大兵将会到这里征讨。你可先行安慰本地百姓，也不必忧虑，本院也马上调拨人马赶来支援！"

顾佖辞去。

王阳明急召龙光问道："你听见了顾知县刚才说的话了吗？"

龙光对道："没有听到。"

王阳明说道："宁王谋反了。"

龙光惊得目瞪口呆。

王阳明说道："事已至此，只有赶紧离开此地才为上策。自此向西可入瑞州，到瑞州后传檄起兵讨贼，除此别无他策可用了。"紧接着他命快船连夜行进。

船夫听闻到宁王朱宸濠已经谋反，心胆俱裂，磨磨蹭蹭就是不愿意行船，于是推诿言道："大风南起，船只难以前行。要不稍休息片刻，明天早上再看看风色如何？"

王阳明亲至船头，焚香望北再拜说道："皇天若哀悯生灵，请允许王阳明匡扶社稷，愿即反风。若天心助逆，生民合遭涂炭。王阳明愿先溺水中，我愿意以身殉国。"

话说见泪水落下，一起同行的都受到感动。祈祷完毕后，南风逐渐平息。须臾之间樯竿上小旗开始飘扬，已转北风。

这真是天助王阳明先生！

此时艄公又推脱天色已晚不愿行船。王阳明大怒，拔剑要将其斩首。众参随跪请宽宥，最后决定割掉艄公一只耳朵了事。

一行人马于是扬帆而上，船行数里，日已西沉。王阳明见船大行迟，派遣参随暗中寻找河上的渔舟。王阳明先生微服乘舟而行，身旁唯有龙光、雷济二门生相从，随身只携带敕印，其衣冠仪仗全部留在之前的大船上，吩咐参随萧禹在内的几人随后出发。

他们所乘坐的渔舟因为习惯在波浪中出入，所以前进极其迅速。

却说那朱宸濠打听到王阳明先生已经从南赣军门出发，但是迟迟不见其到来，他纳闷地说："六月六日发，应该九日抵达。为何到了今日还看不到人影。或许道路难以通行，或许半途预知大风转向而耽误行程也未可知。王阳明有经国治世的才能，如果能获得他的相助，大事必然能够成功！"

朱宸濠于是吩咐内官喻才，以小船数十只追寻王阳明的踪迹。喻才行至黄五脑（属今江西省丰城市①）的时候，终于追上了大船，并捉拿住了萧禹。

但是萧禹抱怨道："王都爷②早已经走远了，你抓捕我有什么用处啊？"

喻才没有办法，便取了王阳明先生的衣冠返回，以此向宁王朱宸濠复命。

宸濠三策

王阳明先生乘渔舟径直抵达临江。当地的官员都不知情。王阳明派遣龙光登岸寻找轿子。临江知府戴德孺急来迎接，款留王阳明先生入城

---

① 位于今江西中部地区。
② 指的是王阳明。

调度。

王阳明说道:"临江位于大江之滨,与南昌城相近,且居敌军道路的要塞,实在是一个危险的地方。"

戴德孺问道:"我听闻宁王兵势十分旺盛,我们该如何抵挡他的进攻啊?"

王阳明先生说道:"朱宸濠如果选择了上策的话,趁着自己方锐之气,出其不意直趋京师,则我国家将岌岌可危。若他选择了中策,则会径直攻打南京,大江南北也将会遭受伤害。如果朱宸濠割据江西南昌城,这个时候他将处于拥护皇帝的部队的包围下,鱼游釜中,他只有死路一条。这是下策!"

戴德孺说道:"大人明见,那根据对方的情形我们应该如何应对?"

王阳明先生说道:"宁王朱宸濠未经历过战争,心中必然会感到胆怯。如果我们伪造奉兵部尚书之命,攻击南昌府,朱宸濠必然会选择居守,不敢远出。只需旬日光景,朝廷部队完成集结的话,攻破之时那就指日可待了。"

准备征讨

王阳明先生辞别戴德孺,行进至新淦县①。知县李美有将才,平日里训练士卒有方,迄今备有精兵千余人。李美前来迎接王阳明先生,请王阳明进城商议如何应对宁王的叛乱。

---

① 即今江西新干县。日文中为"新涂",当为错讹。——译者注

王阳明先生说道:"你的主意十分好!但是弹丸之地,哪里能经受得住用武啊!"

李美备船,与王阳明先生一起坐船返回了吉安。

知府伍文定听说王阳明先生到了自己辖内,大为喜悦,急忙赶来谒见。王阳明先生打算暂回南赣征兵。伍文定说道:"我已经将兵粮都准备好了,只等待王阳明大人发号施令。没有必要又折返回去,以免贻误战机。"

于是王阳明先生留住吉安府,上疏奏报告宁府之变,请命将出师以解江西人民倒悬之苦。并请两广派遣满御史谢源、任希儒领军前来助阵,一面又上奏折请求允准致仕。

卿官王懋中等,与知府伍文定及门人卿官邹守益等一同商议,决定还是因地制宜,立刻传檄四方,历数朱宸濠叛逆的各项罪状,征各郡兵以勤王事;又派遣龙光到安福县,取刘养正家小至吉安城中,给其丰厚的待遇,然后写书信寄给刘养正,以此加深宁王朱宸濠的疑虑;又访问李士实的家属,谬托心腹对来人说道:"我只是按照敕旨命令,徒有长官的名头。宁王朱宸濠的事眼下成败未卜,我怎么能够冒失地成为宁王的敌人呢?"

朝廷得变报,准备发大军。王阳明先生自作令书投往各处,说:"各路军马俱会于南昌府,江西省各府县迅速调集兵马,以待命应援。"然后,他又在丰城县(今丰城市)布置兵力,作应援官兵的样子。

宸濠之军陷南康、九江

原来李士实、刘养正等人力劝宁王朱宸濠由蕲州、黄州直逼北京,不这样的话也应该先占据南京。只有根本安定，方可号召天下。朱宸濠初意打算采用他的谋略，但是听闻官军大集，旦暮之间便可抵达，一时间多有顾虑而不敢出城，于是只谋划了守城之计。

　　李士实又对朱宸濠说道："朝廷刚刚派遣敕使，怎么会遽然发动大军？这一定是王阳明的缓兵之计。宁王您既然已经背负反叛之名，如果不风驰霆击，而困守于偏安一隅，一旦等到四方兵集，那大事必败。如今适宜分兵一支攻打九江府，如果能顺利取得九江，足以调发二卫军。与此同时，再分兵一支攻打南康府，宁王您亲率大军直逼南京城下，然后率先继承帝位，天下那些贪恋富贵之徒必然都会翕然来归顺。如能此般顺利的话，起义大业那就指日可成了。"

　　朱宸濠意尚犹豫。他一面打探官军消息，一面先遣闵廿四、吴十三等各率领万人，抢夺官民的船只，顺流攻打南康、九江二府。九江百姓纷纷打开城门以纳贼兵。宁王属下闵廿四、吴十三分兵屯守，飞报捷音。朱宸濠见状大喜："我们出兵仅数日不过，竟然连取两府，又添许多钱粮军马。看来我的大事一定会取得成功的！"

　　于是朱宸濠派遣徐九宁守九江府，陈贤守南康府，用的都是朱宸濠自封的官职。闵廿四、吴十三调回军马，随朱宸濠率领的队伍前进。朱宸濠遣使四出，招谕府属各县，扬言只要投降，官职可保持不变。就在这个时候，派出打探情报的官军回报道："朝廷各路军马并无消息，王都堂安坐吉安府中。只闻已命发属郡，但是军马还没有见到。"

宸濠遣人招降先生

朱宸濠对投降参政季敩说道:"你曾经跟王阳明同在军中,可否为我前往吉安一趟去招降王阳明?如果能办成这件大事,你日后可就功德无量了!"

季敩立即与赵承芳带领着旗卒十二人,携带朱宸濠的檄文,来到吉安府,打算极力说服王阳明先生归顺宁王。

王阳明先生早就命令各路领哨官把守任地,如有宁府的人经过,不管是谁,都要即刻绑缚交送军门审讯。

季敩等人行至墨潭的地方,被领哨官阻住。季敩呵斥道:"我是本省①参政,你们是什么人,竟敢随意阻拦?"

领哨官不理季敩,说道:"你们来这做什么?"

季敩说道:"有宁府檄文在此。"

旗卒将檄文示与领哨官观看,领哨官当即将季敩与所带的士兵逮捕。季敩见状十分害怕,跑回船上匆忙逃走了。

领哨官说:"参政是大官,我们怎么敢轻易逮捕呢?"便只逮捕了旗卒五名,押至军门。

王阳明先生问:"季敩呢?"

领哨官回答:"逃走了。"

王阳明叹息道:"忠臣孝子与叛臣贼子,只在一念之间。对于季敩而

---

① 指江西省。

言,立功讨贼,便是忠臣。今日奉贼驱使,便是叛臣。为舜为跖①,差之毫厘谬以千里。岂不可惜?"

知府伍文定请王阳明先生出兵征讨。

王阳明先生说道:"对方现在士气方锐,我们万万不可急攻。我们必须表现出自守不出的样子,诱宁王部队离开巢穴,然后尾随其后再作打算,先光复南昌城以捣其巢穴。宁王朱宸濠得知此讯后必定会率兵回来援救。我等必须趁势攻击,将其一举拿下。兵法上所谓的致人而不致于人就是这个道理。"于是自此敛兵自守,王阳明同时也派人打听南昌方面的消息。

再说季敩自鹰潭逃回,见宁王,原原本本地述说了他的部下被擒之事。朱宸濠大怒,并问王阳明是否有出兵消息。

季敩害怕被怪罪,便回答道:"王阳明只可自守,怎么敢与殿下为敌呢?"

朱宸濠相信了季敩的话。

宸濠发大军

朱宸濠趁官军还未抵达之前,先埋伏了手下万余人,命令宜春王棋橺,同其子三哥、四哥一同出发;命太监万锐等坚守南昌城,多设炮弩

---

① 舜跖:虞舜和盗跖的合称,借指圣人和恶人。《孟子·尽心上》:"鸡鸣而起,孳孳为善者,舜之徒也;鸡鸣而起,孳孳为利者,跖之徒也。欲知舜与跖之分,无他,利与善之间也。"

之类；又埋伏一个队伍于城外，以防朝廷官兵突然攻城；自己与娄妃及世子大哥（日语中叫作太哥）、宗室棋枰、刘养正、李士实、杨璋、潘鹏等一帮人，选在当年七月初二，发兵东下，伪封宗弟宸溠为九江王，派遣宸溠率百舟在前打头炮。

这一日的早晨，朱宸濠入宫来邀请娄妃登舟。

娄妃还没有明白朱宸濠的用意，疑惑地问道："殿下要邀妾去哪里？"

朱宸濠说道："近日太后宣旨，要各位亲王前往南京祭祖。你我一同前往，不久便可返回！"

娄妃半信半疑，只得随行。

朱宸濠登舟的时候，设坛祭江。他下令将端州知府王以方斩首，用杀人代替祭祀用的牲口。正在祭奠牲口的时候，几案忽然被折断，被斩首的王以方的头颅和双足自己跳跃着掉在地上。朱宸濠赶紧命人将其丢进江里。

就在船只刚出动的时候，疾风、暴雨和雷电一时间大作。朱宸溠被雷电击中而死，朱宸濠非常不高兴。

李士实说道："事已至此，宁王您怎么能拱手而止乎？天道难卜，您实在不必太过于看重此事。"

朱宸濠呼酒痛饮，直到醉卧在椅子上，他梦见自己照镜子，头发雪白如霜。朱宸濠猛然惊醒，叫来术士徐卿询问。

徐卿叩首称贺道："殿下贵为亲王。而梦头白，这是个'皇'字也。此行必然能取得帝位！"

这时朱宸濠的士兵有六万人，号称十万大军。叛军大肆抢夺官民船只装载物品。旌旗蔽江而下，前后相连，浩浩荡荡达六十余里。

贼兵一路攻掠沿江各县，很快要到达安庆城了。招降的佥事潘鹏为安庆人。朱宸濠先是派潘鹏持伪檄前往安庆谕降。太守张文锦①召见指挥官杨锐询问计谋。

杨锐说道："王大人此前有令，命令我们坚守任地。大兵不日将到，如今潘鹏前来劝降，我们应当以力抗拒。"

杨锐登城楼，对潘鹏说道："潘佥事您原本是国家的守臣，为什么却心甘情愿地为反贼奴隶传话。宁王有本事来打安庆城便是了。"

潘鹏说道："你先打开城门，听我一言，有话一同商量！"所言所语无非都是一些以利益来引诱的伎俩。

杨锐说道："要我开门，除非是朱宸濠那逆贼亲自前来。"说完便弯弓搭箭，准备射杀潘鹏。

潘鹏满面羞惭讪讪退下，回去后将自己的遭遇报告给了宁王朱宸濠。

朱宸濠听闻此事后，十分恼火，说道："区区一个安庆，有什么难打的？"

李士实却给宁王提建议道："殿下应速往南京，趁机登上帝位。何愁安庆打不下？"

朱宸濠默然。

朱宸濠的船队路过安庆城下，杨锐说道："如果宁王率军直奔南京，

---

① 张文锦（？—1524），安丘人。弘治十二年（1499）进士，授户部主事。正德时为权阉刘瑾所陷，逮系诏狱，斥为民。瑾诛，迁郎中，督税陕西，条上筹边裕边十事，迁安庆知府。计度宸濠将反，与都指挥杨锐预备设防。宸濠浮江而下，文锦虑其攻南京，督军士登城诟骂，宸濠乃留攻，卒不能克，以功擢为太仆少卿。

定会酿成大祸，必须用计谋阻止他的行程。"

于是杨锐在城门四隅竖立旗帜，大书"剿逆贼"三个字，朱宸濠看见这个场景十分恼火。杨锐又使军士及百姓环立城头，辱骂朱宸濠，说道："不日待到朝廷天兵来，反贼朱宸濠全家不会落得好下场！"

朱宸濠在舟中听得外面喧嚷，忙问其缘故。

潘鹏说道："这是杨锐叫城中的军民辱骂您！"

朱宸濠大怒道："我先攻下安庆，杀了杨锐，然后前往南京也不迟。"于是首先从西城门处开始攻打，围住了正观、集贤二门。朱宸濠乘黄舰船，停泊在黄石矶①，他亲自督战指挥。但是没料到安庆城池修建得极为坚固，一方面张文锦和杨锐谋议已久，多积炮石及守城的武器。军卫卒虽然不满百人，但是城墙上守卫的大多为民兵。杨锐调发全市百姓，老弱妇女，全部都发放战具。凡是登城者都随身携带着石块一二，一时间城墙上石块堆积如山。另外军卫卒将釜锅置于城墙上，消歇的时候口渴的人煮茶饮水，宁王一旦来攻城，立刻投石进行回击，有时候他们还用满锅的沸汤向来进攻的贼人尽数泼去，宁王的部队不敢近前。宁王凭借凌云楼以观全城，下令部下军队攻城，没料到城中造飞楼数十，从飞楼高处射贼，宁王的部队死伤惨重。杨锐又募集死士夜劫宁王的军营，贼众大扰，到了拂晓时分恐慌才逐渐被平息。

朱宸濠见状，恶狠狠地对部下说道："一个安庆，都不能攻下来，还能指望你们攻克下金陵城吗？"于是朱宸濠亲自监督兵士们运土填堑，对安庆城志在必得。

---

① 位于今安庆大渡口镇附近。

陷入先生之计

再说王阳明先生派出去打探南昌消息的人，此时已经赶赴回来，向王阳明报告了前方的战况："宁王于七月初二起大兵，沿着水路而下。现今已围攻安庆城。听闻其势极其危急。又听说宁王巢穴的南昌城守备也很坚固，城外还有伏兵，到现在还不知道究竟埋伏在何处！"

王阳明先生发船，重赏了探子，命令他再去探听伏兵的虚实。

众将请求救援安庆。

王阳明先生说道："今九江、南康二府，都为宁王所占据。除此之外，南昌城中精悍贼兵还有万余人，食物货币多如积山。我兵若抵安庆，宁王的部队势必回军死斗。那个时候就腹背受敌也。安庆的兵力，仅仅够自守，必不能援我于鄱阳湖中。南昌的兵力绝我粮道，四方之援又不可望，大事去矣。如今各郡官兵渐次齐集，宁王听闻这阵势必然已经被震慑到了，因而一定会全力以攻南昌城，其势必胜。等我们攻破南昌，宁王必然就被抓住要害，他一定会返回救老巢，这个时候安庆之围顺势自解，到这个时候就可擒住朱宸濠了。"

这时邹守益[①]见王阳明先生，说道："我听闻朱宸濠引诱叶芳带兵夹击吉安府。"

[①] 邹守益（1491—1562），字谦之，号东廓。江西安福人。著名理学家、教育家。邹守益一生尤其重视教育，崇尚简易明白、朴实无华、直指本心。他认为，教育是人后天赖以长进的最根本的途径。邹守益叫弟子把王守仁的"致良知"学说作为道德教育的根本，并对"致良知"作了充分的发挥。邹守益的著作有《东廓文集》《诗集》《学豚遗集》等。今有《东廓邹先生遗稿》传世。

王阳明说道:"叶芳必然不会叛变。"

邹守益说道:"叶芳接受了朱宸濠的封拜,怎可以按照常理推测呢!"

王阳明默然良久,才道:"即使天下全部叛变,我辈也应当如此做!"

邹守益愈发惕然,一时胸中利害之念荡然无存。

王阳明先生让其家人留守于吉安城的官舍内,在周围堆放了柴火,告诫守卫说道:"如果兵败,则点火焚烧我的官舍,此处决不能遭受宁贼的羞辱!"

于是以同一月十三日,王阳明自吉安起马,与诸将领按照计划于十五日,齐会于临江府漳滟地方。于是各属府县兵将如约并至。

起初王阳明先生打算登高台誓师,但是积劳病发,未能实现,勉强书写一手牌,呼知府伍文定、邢珣、徐琏、戴德孺四人通告全军。牌上写道:"伍长不遵从命令的斩队将。队将不遵从命令的斩副将。副将不遵从命令的斩主将。"

王阳明说道:"军中无戏言,此是实语,这绝对不是儿戏!"

伍文定等人无不暗暗吐舌。大军行至江西丰城,南昌府长官徐文英,因为公务在南昌城外戍守,与宁王向来不相勾结。奉新知县刘守绪,也引兵来会。他们的军士都留在王阳明帐下听候差遣。王阳明的病逐渐稍有痊愈。于是他分军为十三哨,各示以进攻屯守之命,至各自任地。

临出发之际,王阳明逮捕不遵守军纪的数人斩首以儆效尤。各军战士见状无不股栗颤颤。

再说朱宸濠攻打安庆已经耗费了八九天的时日。但是城中守军总是能随机应变，并没有受到重创。

朱宸濠正在猴急挠腮，忽然接到来自南昌城的告急文书，原文如此写道："王都堂大军已到丰城，逼近南昌。城中军民震骇，急乞分兵归顺应援。"意思很明显，那就是王阳明的大军此时即将临近南昌城，战事十分紧急，守城的匪领请求宁王朱宸濠回去支援，这真可谓是千钧一发。

朱宸濠大惊，便打算解安庆之围而归。李士实曰："如果殿下撤兵，军心一定会涣散的。"

朱宸濠说道："南昌才是我的根本，为什么不去救援？"

刘养正也说："如今安庆音信不通，被攻破也在旦夕之间。宁王如果取得了安庆，以安庆为粮草屯止之所，然后调集南康、九江之兵，齐心协力搭救南昌城。官军见我兵势如此浩大，肯定会不战而退！"

但是此时心高气傲的朱宸濠并未采纳这二人的谏言，自此完全陷入王阳明先生的用兵之计。

再打宸濠

王阳明先生先派遣探子打听到南昌伏兵千余，并得知其准确位置，然后派遣刘守绪，领精兵四百，从小路逆袭，出其不意攻击。伏兵一时全线溃散，一齐逃遁到南昌城来。城中骤闻王阳明的队伍来了，而且杀退伏兵，人人无不惊骇，争相传告，一时间人心惶惶。

六月二十日早上，各哨都按照计划一起进发。王阳明先生再次申明约定的军律，说道："一鼓伏城，再鼓登城，三鼓不攻克的话，诛其伍长，四鼓不进城的话，就诛其副将。"

各哨统兵官，都知道王阳明先生军令严肃，一闻鼓声，呼噪并进。伍文定的兵士，率先挂梯先登。守贼军士见军势浩大，纷纷倒戈逃跑。城中喊声此起彼伏，各路官兵也纷纷破城门而入。于是擒宜春王棋橼，及宁王之子三哥、四哥，还有太监万锐等，总共千余人。宫眷情急都匆忙纵火自焚。可怜宁王后宫眷属百数人，顷刻间灰飞烟灭，世事轮回此般无常着实令人慨叹。

火势猛烈，延烧居民房屋。王阳明先生统大队军兵入城，传令各官分道救火，抚慰居民。火熄后，伍文定等都来参见，将其间投降的将士押解到王阳明堂下。王阳明先生命部下封南昌府库，搜获原收大小衙门印信九十六枚。

府中人心开始平稳下来。这期间曾经私通朱宸濠的胡濂、刘斐等人及南昌知府郑瓛、知县何继周等，皆前来向王阳明投首。王阳明先生都一一对他们进行安抚。

有诗为证。

皖城方逞螳螂臂，
谁料洪都巢已倾。
赫赫大功成一鼓，
令人千载羡文成。

王阳明先生又打探得宁王已解安庆之围，移兵于沉子港，先分兵二万遣凌十一、闵廿四分别率领残部，疾速向南昌靠近。王阳明亲自帅大军随后进攻。此时已经是这个月的二十二日,王阳明先生闻此报于是召集众将咨询大家的看法。

众将皆说道:"贼势强盛。我们既可以在省城南昌镇守,此时而且也适宜敛兵入城。坚壁观衅,待四方援兵到来后,然后再作打算。"

王阳明先生笑说道:"不然。贼势虽强,未逢大敌。只有以爵赏为诱饵诱他们改弦更张,故无义勇之心。今进不得逞,退无所归。其气已开始出现沮丧的迹象。若出奇兵击其惰归,一挫其锐,将不战自溃。这就是所谓的先发制人。"

就在这个时候,抚州知府陈槐、进贤知县刘源清,分别引兵来助战。王阳明先生于是派遣伍文定、邢珣、徐琏、戴德孺各领五百人马,分作四路一起发起进攻,又派遣余恩以兵四百往来于鄱阳湖上,诱致贼兵。同时派遣陈槐、王轼、刘守绪、刘源清等,各引兵百余,四面张疑设伏。等待伍文定与贼兵交锋的时候,合力制敌。分布既已约定好,于是官兵们便打开粮仓,大赈城中军民人等,此举真是大快人心。

王阳明先生又考虑到宗室郡王将军有可能成为内应而导致生变,于是亲自前往慰谕,以安其心。且出告示云:

督府示谕南昌城七门内外军民杂役人等。除真正造逆者不赦外,其原役宁府被胁伪授指挥、校尉等官者,及为乱贼出苦力杂役、家属在省城者,尽可安居乐业,勿得逃窜。父兄子弟有能寄信本犯、迁善改过者,擒获恶徒、诣军门报捷者,一体论功给赏。从贼处逃回投首者,免其本罪。其有收藏军器,许尽数送于官府。各宜悔过,勿徒取灭亡。特示。

这封告示誊抄了二十余通，传布于城门内外各处，以解散军民之党。

二十三日，朱宸濠先锋凌十一、闵廿四，已至樵舍。风帆蔽江，前后绵延数里①。王阳明的部队奉照军令，乘夜驱进。伍文定以主力军当其正前方，余恩尾随其后。邢珣则引兵绕出贼背。徐琏、戴德孺，分左右翼，各自攻击，以分其势。

二十四日早，北风大起，贼兵鼓噪。乘风而前，直逼黄家渡，离南昌仅三十里②。伍文定的部队刚一交战，便佯败而撤走。余恩接下来迎战，未几也佯作退兵。贼得志各船争前趋利，前后不相连。邢珣兵从后而进，直捣贼人后背。贼船一时间大乱。

伍文定、余恩督兵乘之。徐琏、戴德孺合势夹攻。四面伏兵纷纷扰扰，呼噪而至。鄱阳湖上满湖都是官军，几乎没有一块空闲的地方。贼军先锋凌十一、闵廿四一干人等不过江湖行劫之流，何曾见过这等战阵，一时间心胆俱裂，连忙回船打算逃命。

贼兵很快就全线崩盘，朝廷官军在其后面紧跟着追赶数里，一共擒斩二千余人首级。贼匪凌十一中箭落水而死，贼徒死于水者万数。贼匪闵廿四引领着残卒败兵数千人，一路退守到八字脑的寨中。手下兵士渐渐逃散无几。

朱宸濠获悉失败的讯息后十分惊恐，于是将之前投放镇守九江、南

---

① 中文为数十里。
② 日语为三里。

康二府的守城之兵招募起来，以壮大军势。

王阳明先生探听到朱宸濠的实况，说道："贼兵已经撤退，九江、南康二府也已经彻底空虚。如果我们不收复九江府，则南康府的兵马始终不敢跨越九江来支援我们。倘若不收复南康府，则我的兵马也不能逾越南康来威慑贼寇。"

于是王阳明派遣抚州知府陈槐，领兵四百，配合饶州知府林珹的部队，往攻九江。此时正好建昌知府曾玙的部队也赶到。王阳明立即派遣曾玙率兵四百，配合广信知府周朝佐之兵，一起前往攻打南康。

二十五日，朱宸濠立赏格以激励将士：当先冲锋者，赏银千两；对阵受伤者，赏银百两，传令并力大战。其日北风甚大，贼船乘风奋击。

伍文定率兵打头阵，因风势不顺，被杀者数十人。王阳明望见官军将有退却之意，急取令牌，将剑交给中军官，令斩下领兵官伍文定的人头示众，且暗嘱云："如果你还能作战的话，请一定要坚持下去。"

伍文定见牌，大惊，亲握军器立于船头，督率军士，施放铳炮。因风势相反，迎面折返回来，火燎到他的须髯他也没时间顾及。麾下的军士们更舍身奋战。邢珣等兵此时也赶到前线，一齐放炮进攻。炮声连连，如雷震天，将朱宸濠所乘坐的指挥船击破。在这场战役中，贼匪闵廿四中炮而死。朱宸濠见状惊骇万分，便将船移至他处。

贼于是溃败，被擒斩复二千余人，溺死的人更是不计其数。

朱宸濠便聚兵屯于樵舍，连舟结为方阵，四面应敌，尽出金银赏犒将士，约来日决一死战。

王阳明先生见状于是私下做火攻的准备，命令邢珣攻打朱宸濠的左面，徐琏、戴德孺攻打朱宸濠的右面。余恩等各官则分兵四面暗伏，只望见火光出现，届时一齐作战。

二十六日早，朱宸濠刚朝见群臣，斥责因为诸将不能力战而导致战事连败，然后召见三司各官杨璋、潘鹏等十余人，打算将其斩首以明军法，杨璋等立辩求免。正在争论之际，忽然听闻四下里喊声大作。伍文定引着官军，用小船载着荻草乘风纵火。一时间火烈风猛，延烧至贼战船。其情景恰似赤壁古战的情景，蔚为大观。

各路伏兵望见火光，于是一起发动向战场中心杀来。朱宸濠的战船四面都着了火，其得力属下棋、枰二人被火焚烧，奔出船舱的过程中被官军所杀。其他贼匪例如王春、吴十三也被悉数擒获。王阳明先生使人持大牌，晓谕各军。牌上写道：

逆濠已擒。诸军勿得纵杀，愿降者听。

上述字面意思很简单，也充分体现了王阳明先生对于朱宸濠余孽的态度。讨伐逆贼的各军听闻此讯，一时间勇气百倍、士气陡增，而另一方的朱宸濠的军士们则莫不垂头丧气，哪有心思继续卖命，个个寻找小舟四散自顾逃命。

宁王的末路

朱宸濠知道自己回天无力、败局已定，于是便打算逃遁顾命。朱宸濠私底下与娄妃二人面对面泣别，朱宸濠道："昔人亡国，因为听从妇人之言。我却因为不听贤妃之言，最终到了如此地步。"

娄妃哽咽不能出声,只是说:"大王您一定要保重,不要再挂念我!"

娄妃言毕,与宫娥数人全部纵身跳下湖心而死。朱宸濠见状肝肠寸断。

万锐寻找到的小舟来到。朱宸濠换了衣服同万锐及两个宫女共四人乘坐小船,冒着兵戈炮火而逃跑。万安知县王冕,提前就接到王阳明先生的锦囊密计,假装成渔船数艘,散伏于芦苇丛中。

朱宸濠却误以为这是鄱阳湖上的渔船,这实在是不幸中的大不幸。朱宸濠兴奋地唤渔船道:"渔翁请摆渡我过河,我一定厚报你!"

朱宸濠便乘上渔船。

船上一声哨子,众船皆至。朱宸濠自知难免一死,也投入水中,但是却没想到自己船下水浅,人站立水中这怎么能淹死!军士便用长篙,拽着朱宸濠的衣服将其抓捕。

这个时候,伍文定、邢珣等乘胜杀入,先擒朱宸濠的世子大哥,及其宫眷数人。其党羽李士实、刘养正、喻才、李自然等百余人前后也被悉数擒获,无一漏网之鱼。王纶、季敩等人见大势已去选择蹈水而死。随后共擒斩三千余人,落水者二万有余。衣甲、器械、财物与浮尸横立。王阳明然后下命令在昌邑吴城重新分兵搜剿宁王余孽,这些为非作歹的贼子逆党基本上被消灭殆尽。

湖口知县章玄梅迎王阳明先生坐于城中,察院王冕解押朱宸濠进入城来邀功求赏。朱宸濠望见远近街区行伍一片肃杀,笑着说道:"这本是我的家事,何劳王大人这等费心?"

等见到王阳明先生,朱宸濠于是拱手说道:"朱宸濠我做错了事,死自是甘心。但娄妃每每苦劝我不要叛乱，她实在是一位贤妃。现在娄妃已投水而殉死，还望王大人能够将娄妃妥善安葬。"

王阳明先生当即派遣中军官一行人前往查看。其前往途中就看见河上的渔船上载有一具尸体，周身衣服皆用线密密缝紧。发现的渔夫起初怀疑尸体上有珠宝藏在身上，正准备搜索的时候，被派来寻找娄妃的宫监辨识出来。这个尸身的主人正是娄妃，宫监便取来入棺盛殓，娄妃后来被埋葬于湖口县城外，其墓至今被称为贤妃墓。可怜一代贤妃，自此香消玉殒。

慰劳诸将

这一日众官都来相见。王阳明先生走下厅堂，握着伍文定的手说道："今番破贼，伍大人立下了汗马功劳。即便是我功劳最大，你也应该居第二位。"

伍文定说道："全仰仗当今天子洪福，一切都是王大人神机妙算。我何功之有啊？"

王阳明先生说道："伍大人先头斩阵，人所共知，这你就别谦虚了！"

除了伍文定外，还有邢珣、余恩等将领，王阳明先生分别进行褒奖慰劳。各位将领个个都欢喜而退。

翌日王阳明先生正在军中整理军务，中军官报告道："知府陈槐、曾玙等，分兵攻打南康、九江二府。贼兵出战，都败在了官军的手下。陈槐在战场上斩了徐九宁。知县何士凤开门以迎大人您的军队，然后将城中余贼尽行诛剿。南康百姓听闻官军逼城,无不欢欣鼓舞,在大家的努力下共杀陈贤。二郡都被我官兵平定。"

至此,贼党被王阳明的军士们消灭殆尽,可谓大快人心。

按:从朱宸濠六月十四日举逆旗至七月二十六日被擒,前后四十二日。王阳明先生从七月十三日于吉安府起马,到二十六日成功,才不过十四日时间。自古勘定祸乱,没有更如此神速的了。后世人只看见成功之易,殊不知这都是因为王阳明先生擘画之妙。

这一日门生邹守益,进来恭喜王阳明先生打败朱宸濠,说道:"我为老师成就百世之功而万分欣喜,您此举必将名扬千载!"

王阳明先生说道:"何敢言功!我昨晚睡了第一个安稳觉。在未获得捷报之前,我经常是夜不安寝,如今这一切终于完满结束了。"

为了抒发自己的喜悦之情,王阳明先生赋一律诗(《波湖战捷》)道:

> 甲马秋惊鼓角风,
> 旌旗晓拂阵云红。
> 勤王敢在汾淮后,
> 恋阙真随江汉东。
> 群丑漫劳同吠犬,
> 九重端合是飞龙。
> 涓埃未尽酬沧海,
> 病懒先须伴赤松。

这一天王阳明先生传令班师返回,暂回南昌城。城中听闻官军凯旋，军民围观的人不下万数。朱宸濠坐在小轿之中，其余的贼党都锁在囚车内，前后军兵拥卫，一个个枪刀出鞘，盔甲鲜明。行至中街，两旁观看者欢声如沸，莫不表祝贺之意，说道："我等今日终于脱离日月倒悬之苦，这些都是仰仗王阳明大人啊！"

王阳明先生到都察院下马。大会众官商议，对在剿灭宁王朱宸濠和世子的战役中立下功劳的郡王、将军、仪宾、伪授大师、国师、元帅、都督指挥等进行划分和敲定。这工作分派给御史谢源、任希儒，由这两位大员在审验明白后制造记功册。

待一切准备妥当，王阳明先生于三十日上捷报。

后人有诗一绝，颂王阳明先生此时之功，全诗云：

<blockquote>
指挥谈笑却莱夷，
千古何人似仲尼。
旬日之间除叛贼，
真儒作用果然奇。
</blockquote>

一波未平一波又起

王阳明先生呈报的有关宁王朱宸濠反叛的报疏送达朝廷后，被兵部尚书王琼看见了。王琼邀请五府六部大臣，于左顺门召开会议。此次会议的众大臣中也有曾私底下接受宁王朱宸濠贿赂、与他私下暗通的，也有见宁王势大，怕他日后成事的。这伙人个个都持观望态度，但是谁也不敢明言朱宸濠有谋反之意。

王琼正色言说道："朱宸濠这个逆臣贼子素行不义，今日仓促逆天造反，实在是'蚍蜉撼大树，自取灭亡'。都御史王阳明则占据上游，他必能知晓贼子野心。不日定当有捷报给朝廷，其请朝廷军队出京征讨，这是一个彰显兵威的好时机。"

于是王琼连续给朝廷上了十三道奏疏，其目的主要如下：首先请武宗皇帝削去朱宸濠的属籍，昭告天下朱宸濠为逆贼。但有忠臣义士能举义兵、擒反贼宸濠者，封以侯爵。先发制人，先将通贼逆党朱宁、臧贤逮捕送至法司正罪，又传檄文至南京、两广、浙江、江西各地的军队，约定分据要害，一齐剿杀。

与此同时，朝廷立刻委派安边伯许泰为总督军务，担任总兵官；委任平虏伯江彬、太监张忠、魏彬俱为提督官；委派左都督刘翚为总兵官；委派太监张永赞画机密，并体勘宸濠反逆事情。

兵部侍郎王宪督理粮饷，先前往江西征讨，行至临清地方，听闻江西有捷报传来，说道："宁王朱宸濠已经被擒获。"许泰、江彬、张忠等闻之，嫉妒王阳明先生之伟大功勋，且羞耻于自己无功可陈。于是他们密疏请御驾亲征，顺便游览南方景致。武宗皇帝大喜，于是自称为总督军务威武大将军总兵官、后军都督府太师镇国公，往江西亲征。虽然此间朝廷的大臣竭力劝阻，但是新登基不久的武宗皇帝哪里听得进去，到了这个节骨眼上还有一些大臣继续谏言，则被正在兴头上的武宗皇帝下令廷杖而死。此情此景，朝廷内外谁还敢再多言！

武宗皇帝的御驾于是一路进发。大学士梁储、蒋冕奉命跟随护从。

九月十一日，王阳明先生于南昌启程，将朱宸濠等逆党囚禁在牢狱中。然后派遣下官给朝廷上疏。略云：

逆濠睥睨神器，蓄谋已久。招纳叛亡之徒，探辇毂之动静，无一日之漏。广置奸细，臣下之奏文百无一通。发谋之始，濠料大驾必将亲征，先于沿途伏有奸党，欲为博浪荆轲之谋。今逆贼不旋踵，遂已成擒。依法宜押赴阙门，以昭示上天之罚。今令部下各官押解，恐贼旧有潜布，乘隙窃发。若致意外之虞，臣死有余憾。况平贼献俘乃国家常典，亦臣子常职。臣谨于九月十一日，亲自率官军将濠并官眷逆贼等押赴至阙。

王阳明先生行至常山草萍舖，听闻武宗皇帝御驾亲征的事情，惊讶地叹息道："东南民力已竭，岂还能堪受此等骚扰？"当即索来笔墨，题诗于墙壁上。次日早晨，兼程而继续前进。题诗（《书草萍驿》）如此写道：

> 一战功成未足奇，
> 亲征消息尚堪危。
> 边烽西北方传警，
> 民力东南已尽疲。
> 万里秋风嘶甲马，
> 千山晓日渡旌旗。
> 小臣何事驱驰急，
> 欲请回銮罢六师。

这时武宗皇帝圣驾大队人马已经抵达淮徐地方。许泰、张忠、刘翚等一干人,见王阳明此时还没有抵达,于是向武宗皇帝密奏道:

陛下御驾亲征,若无贼可擒,岂不令天下人笑话。且江南之游,以何为名。今逆贼党与俱尽,如釜中之鱼。宜密谕王守仁释放宁王于鄱阳湖中,待御驾到,亲自擒之。他日史书上定会传说陛下英武,也教名扬万代也。

武宗皇帝原本也是好浮名之人,听了许泰、张忠、刘翚等人的一派胡言乱语,居然对其深信不疑。武宗皇帝当即用威武大将军之牌面,遣锦衣千户官追取朱宸濠。

王阳明先生这时候已经行至严州,接了牌面。有人在一旁提醒道:"威武大将军,即当今皇帝。牌到与圣旨一般,礼合往迎。"

王阳明先生说道:"威武大将军论其品级的话不过一品,且说文武官僚不相统属,我没有必要去迎奉他!"

众属下都无不担心地说道:"不迎接恐怕会无辜获罪吧!"

王阳明先生说道:"人子于父母乱命,若可告语,当涕泣随之,我怎么能做这种阿谀奉承的事情呢!"

三司官苦苦相劝。王阳明先生不得已才命令参随拿着敕印出来,一起迎候威武大将军到自己的办公处所。以敕印对牌面是王阳明先生的妙策。中军官便问:"锦衣奉御旨至此,我们应该馈赠如何等级的谢仪?"

王阳明先生说道:"就五金即可。"

中军官说道:"如果对方觉得少,不肯收下,我们该如何是好?"

王阳明先生说道:"那就随他的便了。"

锦衣千户果然大怒,拒绝不肯接受,翌日即来辞别。王阳明先生握着对方的手,镇静自若地说道:"下官在正德初年,下锦衣狱甚久,与贵衙门官相处极多,却从未见有如大人这样轻财重义的人了。昨日薄物聊表我的区区鄙意,只求礼备。听闻大人您不肯收纳令我十分惶恐!下官我别无他长,单只会做几篇粗浅文字。他日当为大人您表彰您的高尚品德,以令后世知道锦衣官中也有如大人这般高洁品格的官员。"

锦衣千户呆若木鸡,很长时间不能答出一语,于是只得怏怏别去。王阳明先生竟不奉其牌旨,不将朱宸濠交付派来的人。锦衣千户恼羞成怒,昼夜兼程赶回去向自己的主子汇报自己的遭际。

许泰、江彬等闻讯大怒,于是无中生有,在皇帝跟前诽谤王阳明先生,说道:"王阳明曾经与宁王朱宸濠私下交好,派遣门人冀元亨往见宁王,许他借于宁王兵士三千。后见事势无成,然后袭取宁王以掩饰自己的罪责。"

太监张永素知王阳明先生的忠义品格,极力为王阳明先生辩雪。几番斡旋后,皇帝同意先为查探,待王阳明抵达杭州,张永对此进行核实。王阳明先生与张永二人相见,张永说道:"许泰、江彬等诽谤阁下,只因先生献捷太早,阻碍了他们南行的计划,这件事情使他们不高兴了。"

王阳明先生说道:"西南地方的民众常年遭受朱宸濠的戕害,今日刚刚经历大战,继而又是严重的旱灾,人民生活在水深火热当中。若在此时京军突然到来,必然要征收粮饷,民众为穷迫所激的话,势必逃聚到山谷又叛乱闹事。到那时候奸党群应,这里的政局又成土崩之势。如果此时再去讨伐，将会是难上加难的事情。"

张永对王阳明先生的解释十分信服，过了一会儿才说道："我此行正是因为许泰、江彬那群小人迷惑圣听，我打算居中调停，并非企图掩王大人您的功劳。但下官揣测皇上圣意，也觉得皇帝此番巡游无名。王大人您何不顺应天意，这个事情还可挽回几分。如果您不让步，相反还激怒了那群小人，对于今后的大事岂不于事无补？"

王阳明先生说道："张大人您的看法十分明智，下官我其实也不愿居此功劳，我情愿将功劳悉数让给那帮鸟人，请允许下官致仕官场吧！"

说完，王阳明便把朱宸濠以及逆党囚犯全部交付张永，然后给武宗皇帝上疏乞请告老还乡。自此，王阳明先生摒去人从，在西湖净慈寺养病。张永此时则在武宗皇帝面前备言王阳明尽心为国之忠，但在其上奏中却对王阳明致仕一事如此禀告：江西反侧未安，事仅全赖弹压。王阳明要休职一事，万万不可听其自便。

接触三个奸人

这帮奸臣逮捕了先生的门人冀元亨，将其移交给南京法司。虽然遭受到万般残酷的拷问，但是冀元亨并没有透露任何牵涉王阳明先生的言辞来。

这些奸臣的阴谋落空无果。

张忠、许泰这帮人又伺机向武宗皇帝密奏，说道："宁王朱宸濠余党还有很多，微臣愿亲往南昌府去搜捕叛乱，以彰显皇帝的天威！"

结果武宗皇帝视听不明，又一次纵容了奸臣们的阴谋。

等到王阳明赴任到了南昌府,张忠、许泰等一帮人也随后赶到。张、许二人带领京军二万余人,所过之处填街塞巷,声势十分浩大。这伙人后来扎营于都察院,气焰十分嚣张。

作为地方官吏,王阳明前往拜访。

许泰等一干人命令王阳明先生在席位旁侧坐下。王阳明先生佯为不知内情,却坐到指定座位的上席,自踞上坐,这样就使许泰、江彬等坐在最主位的位置。

许泰、江彬等且愧且怒,便以语讽刺王阳明。王阳明先生则不卑不亢,以交际事体逐一回答,然后一行人相坐无言。

王阳明先生离开后,就对门人邹守益等人说道:"我并非要争上位,只是担心屈体于对方,便当受其节制,这么做实在是身不由己呀!"

许泰、江彬等假借搜捕余党为名,祸害无辜的平民百姓,还向富室索诈贿赂,直到对方给出一个自己满意的数目才肯作罢。这帮人还纵容京军占据民房,任意抢掠市井财物,甚至还向官府索粮要赏。得意忘形的时候,他们还直接叫出王阳明先生的名讳无端谩骂,或者故意产生冲突。其目的很明显,他们就是打算借此生衅,与王阳明先生大闹一场,这样他们的头领许泰、江彬就好在武宗面前谤毁。

对于这种情势,王阳明先生全然不计较,吩咐左右务必以礼相待。对于这帮人的所作所为,王阳明先生提前命令市民移居到乡村,以躲避许泰、江彬下属的欺压,只让一些老弱病残守家。王阳明先生又自出金帛,不时地慰犒京军。凡是病者都为他们提供医药,死者则为他们提供棺殓。目睹此事的京军无不称颂王都堂(王阳明)是好人。

许泰、江彬等人见状,于是暗怪王阳明先生收买军心,严禁京军接受来自王阳明先生的犒劳。王阳明先生于是传示内外：京军离家苦楚，本地的居民应当以礼厚待。于是凡管辖内的百姓遇边军，都十分客气有节，还不断地贡献酒食。京军人人感激，再也没有做过抢夺之类的事情。

时十一月冬至将近。

王阳明先生示谕百姓，因刚刚经历朱宸濠的叛乱，无辜丧命的人十分多，的确值得人同情。现在冬至节临近，凡居丧人家都准备好奠仪。如有在军队服役的，破例放假三日回家祭奠祖先。于是家家户户上坟供酒，哀哭的声音远近相接。也在此地的北军听闻后没有不思乡落泪的，纷纷向长官叩头请求返乡。

此情此景分明是"楚歌一夜起，吹散八千兵"，叫人唏嘘不已！

欲辱人必被辱之

张忠、许泰、刘翬等，自恃是北方人，擅长骑射，认为王阳明先生是南方人从未学习过这种本领。于是一日张忠、许泰、刘翬等假借演武，打算与王阳明先生比赛射技。王阳明先生起初谦谢推辞，但是这帮人却再三勉强，就等着看王阳明出丑。

这时候，王阳明先生说道："王某我本是一介书生，怎么敢与诸公比较技艺！"

张忠、许泰、刘翬等都叫王阳明先射。其中的刘翬以为王阳明先生果真不习骑射，于是变得十分自负，对身旁的许泰、张忠说道："我们先射一回，示范给王老先生看看！"

军士设标的于一千一百二十步以外。三人呈雁行一字排开，张忠居中，许泰在左，刘晖在右。三人各逞精神施射。北军与南军分别于两边，抬头望射。一张张弯弓如十六夜满月，箭矢发出如流星划过，每一矢发出都叫喊声涌动。张忠、许泰、刘晖三人接连射了九支箭羽，只有许泰一箭射在靶子上，张忠一箭射着靶子的边缘。都说北方人擅长骑射，而张忠、许泰、刘晖等心高气傲，其技艺不过如此而已。张忠、许泰、刘晖三人见状，不觉面有愧色，为了掩饰相顾自言自语说道："这些年伴随圣驾，久不操弓执矢，我们的技艺便生疏了。必求王阳明大人射一回赐教！"

王阳明先生一再谦让。

张忠、许泰、刘晖三人于是越发相强迫，说一定要王阳明先生试射一番，不射不行。如果王阳明也射而不中，自家便可掩饰其惭。王阳明先生被强请不过，就只好吩咐中军官取弓箭过来，拱手对许泰、江彬等人说道："下官初学，让你们见笑了。"

王阳明先生独自站立在射场之中，武官一干人等悉数环立于傍。三人抬眼含笑观看，实际上期待王阳明出丑。王阳明先生神闲气定，姿势十分稳健，只见"飕——"的一箭，正中红心。京军连声喝彩，纷纷称赞其技艺巧妙。

许泰、江彬等心中不快，言道："这是偶然幸中而已。"

王阳明先生于是一连又发两矢，全部都射中目标靶心。京军见王阳明先生三发三中，欢呼动地，场面蔚为壮观。

许泰等便执王阳明先生之手道："王老先生久在军中，果然习熟。我们都已经领略了您的风采，就不必再射了。"

一行人自此不欢而散。

是夜，刘晕私底下差遣自己的心腹去窥探京军的口气，一个个回来都报告道："王都堂为人甚好，武艺亦精。彼等南军服事这第一流的王都堂，也好建功立业，不枉为人一世。"

刘晕听闻这席话，一夜未睡，第二天早上见到许泰、张忠，焦虑地说："北军之心全都归附王阳明了，以后我们该怎么办呀？"

许泰、张忠于是商议班师回朝。这段时间里他们的军队总共杀害良民数百人，却诬告被杀的人都为逆党，割下首级论功请赏。

京军离开江西省城，百姓才又开始安居乐业。

也就是这个时候，武宗皇帝大驾自淮阳至京口，馆于前大学士杨一清之家。许泰等来谒见，他们对皇帝禀告说："逆党已经被我们除尽。"紧接着他们随圣驾渡江，驻于南京，游览江山胜景。

遭遇逸谤

江彬等三人趁机逸谤王阳明先生，说道："王阳明专兵得众心，将来必有占据江西之事。"

张永极力辩护，言王阳明先生之忠。只怪当朝的武宗偏信奸佞之言，任之不问。

许泰等又遣心腹屡次伪发圣旨，来召王阳明先生。只要王阳明先生带领人马，将近南都，就以擅离地方论罪。王阳明先生看穿了他们的伎俩，没有掉入他们的陷阱。正德十五年正月，王阳明先生尚留南昌城。

张忠、许泰等三人侍宴武宗，武宗皇帝说话间言及天下太平。三人同声回答道:"江西王阳明早晚必反,实在是我们的心腹大患。"

武宗皇帝问道:"你们说王阳明迟早会反叛,这么说你们有什么依据?"

三人一起回答道:"王阳明兵权在手,人心归向。去年臣等带领京军至南昌城,得知他又通过私恩小惠,旨在收买军心。若非臣等速速班师返回朝廷,京军中的多数人估计也会归顺于他吧。皇上若不肯信,只需派遣人召他前来,王阳明他必不肯来。"

武宗皇帝果然发旨召王阳明先生面见。张永敬重王阳明先生的人品,又怜王阳明先生之忠,暗地里遣人星夜飞驰通报王阳明先生,揭穿那三人的阴谋。

王阳明先生得诏,即日起马,行至芜湖。张忠听闻王阳明先生到来,害怕皇上召见时王阳明先生有所启奏,于是遣人假冒圣旨阻止他前来。

进退维谷

王阳明先生在芜湖停留了半月时间。一夜默坐,听水波拍岸之声,他叹道:"若只是自己一个人蒙受谤毁,死就死了。可是丢下老父亲一人怎么办呢?"于是他就对门人说:"此时如果有一办法可以带着我的父亲远离这是非之地的话,我一定会去做而且不后悔。"

王阳明先生进退维谷之中,不得已入九华山,每日端坐草庵中养气修身。一日微服重游化城寺,路过地藏洞。回顾自己27岁时,于此洞见老道,两人共谈三教之理。不觉然今年已经49岁,恍惚间光阴流转了二十二年，功名羁绊不得自由。进不得面见圣上，扫除奸佞；退不得归卧林泉，专心讲学。王阳明不由自主地凄然长叹。

又见山岩中有僧危坐，他便问道："何时到此？"

僧答道："已三年了。"

王阳明先生说道："吾儒学道之人，若肯如此精专凝静，何患无成？"

吟一诗云：

> 莫怪岩僧木石居，
> 吾侪真切几人如。
> 经营日夜身心外，
> 剽窃糠秕齿颊余。
> 俗学未堪欺老衲，
> 昔贤取善及陶渔。
> 年来奔走成何事，
> 此日斯人亦启予。

张忠等既阻王阳明先生之行，又反奏王阳明先生不来朝谒，其奸邪实在可憎。

武宗问张永，张永密奏道："王阳明已到芜湖，却为江彬等所阻拦。阳明是位忠臣。今闻众人有争功谋害之意，打算弃其官入山修道。此人若去，天下就更无肯为朝廷出力的忠臣了。"武宗感动，于是降旨，命王阳明先生兼江西巡抚，克期速回理执事务。

王阳明先生于是于二月返回南昌府，三月乞宽江西省租税。

这个时候，王阳明先生以报祖母岑太夫人养育之恩，临终需要面诀以尽孝养为由，急忙上三疏请归省葬，但是一次都没有得到武宗皇帝的允可。

五月，江西发大水。王阳明先生上疏自我弹劾请罪。

按：这个时候，武宗御驾犹留南几，王阳明先生进谏无由，"姑且以陈述地方灾害以自我弹劾，以希君心开悟，而意加万民"。

格物说及学者用功法

六月，王阳明先生重新返回赣州。路过泰和县，正赶上少宰罗整庵（名钦顺）以书问学。王阳明先生告以左说，说道："学无内外，格物其实就是格一个人心中之物。正心者其实就是正一个人的心。以理之凝聚而言，这就是所谓的性；以其主宰而言，则就是我们常言的心；以其主宰的发动者而言，更确切地说属于意的范畴；以其发动之明觉而言，则上升到更高阶段的知；以其明觉之感应而言，则回归到我们常言的物。因此对于物而言，我们只能去格；就知而言，我们常说的是致（良知）；就意而言，可以称作是诚；就心而言，则需要正。我们常所谓'穷理以尽性'，这就是其中的一个功能。天下无性外之理，也即没有性外之物。学之不明，其缘由是世儒都认为理为内，认为物为外，因此将反观内省与讲习讨论分为两回事，所以就有了朱陆学说的分歧。但是回到陆象山的致知学说上而言，其实也未尝是专事于内。与他相对的朱晦庵所倡导的格物，也未尝就专事于外，这些都需要辩证结合着来看。"

罗整庵对王阳明上述的解答十分信服。

王阳明先生的这段问答记载于现在的《传习录》第二卷。其书谓之格物，指示学者用功之方法极为详尽，值得一读。

作《啾啾吟》训诫世人

六月，王阳明先生抵达赣州。在这里王阳明大阅士卒，教授战法。江彬遣人来窥视王阳明先生的动静，其实是寻找机会陷害王阳明先生。与王阳明先生相知者都纷纷请王阳明先生反省，不要招致敌人的怀疑。王阳明先生未从，作《啾啾吟》，内文如下：

> 君不见：
> 东家老翁防虎患，
> 虎夜入室衔其头。
> 西家儿童不识虎，
> 执竿驱虎如驱牛。
> 痴人惩噎遂废食，
> 愚者畏溺先自投。
> 人生达命自洒落，
> 忧谗避毁徒啾啾。

王阳明且说道："我在此是与童子歌诗习礼，这有什么值得怀疑的？"

门人陈九川[1]等也因为担心言论获罪，对学问有所荒芜。王阳明先生说道："我等何不继续讲学？我昔日在南昌城，于奸臣朱宸濠的眼前，也是恬然应对。纵有大变也是躲也躲不掉的，我之所以不轻动，也是有我的考虑。与夷狄患难，也未必不是我自己的收获呢。"

钱德洪[2]言道："我昔日修封阳明先生上疏，《便道归省》与《再报濠反疏》同日而上报朝廷，内心感到十分疑惑。除非是国家危急存亡之日，否则哪还有时间顾及此事？当是时，王阳明先生倡义兴师，朱宸濠在旦夕之间就被先生擒获，先生依旧上疏请命将出师，先生真是将自己舍身度外啊！等读到《谏止亲征疏》，便不得不感叹古人在大功告成时却仍需面对重重困难！"

钱德洪与王阳明先生亲炙日久，故能理解先生为何如斯举动。

因小人重报捷音

七月，武宗皇帝还在南都停留。许泰、江彬都想通过献俘为自己邀功求赏。

---

[1] 陈九川（1494—1562），字惟浚，江西临川人，明朝政治人物，进士出身。正德九年（1514），登甲戌科进士，跟从王守仁游学。不久，授太常博士。明武宗南巡之争时，因上疏进谏而被削籍，再跟从王守仁完成学业。明世宗即位后，召回恢复官职，再升主客郎中。

[2] 钱德洪（1496—1574），名宽，号绪山，字洪甫。明朝中后期哲学家、思想家、教育家。钱德洪是王阳明的学生，是王阳明之后儒家心学的重要代表人物之一，与同时期的哲学家、思想家王龙溪齐名。

张永道："万万不可。昔日，车驾未出北京时，朱宸濠已被擒获。王阳明献俘北上，过玉山，渡钱塘，在杭州将俘囚交付吾手，都是众所周知的事情，你们怎么能如此明目张胆地袭取功劳呢？"

于是威武大将军下命令到南赣，责令王阳明先生重新向朝廷报告战捷的消息。王阳明先生于是舍去之前上奏的折子，将所有功劳尽数记入许泰、江彬、张忠、魏彬、张永、刘晖、王宪等护驾诸官姓名之下。且疏中言道："逆贼朱宸濠不日就擒，这都是多亏了总督、提督诸臣私下密授给我御敌方略！"

折子很快递交至朝廷，于是这群蝇营狗苟的小人稍稍转怒为喜。

批　评

呜呼！群小所为真是无比卑鄙！群小之心术和奸邪固然不能战胜正义，但是其占据优势地位之时正义也是无可奈何。遍观古今史书散见的正邪两党的轧轹总是让读者切齿扼腕，但是哪个朝代能避免如此荒诞不公平的事情发生呢？呜呼！上天是为使正义之光愈加赫灼才生出此等祸害吗？为何令伟人忧愤之事如此之多呢！

钱德洪说道："平宁王朱宸濠之事，还不算难事，如何应对张忠、许泰一伙人的刁难才是最困难的事情！"

王阳明先生在艰难之中，修养日精，识虑更加紧切。擒住朱宸濠则是王阳明先生毕生伟业，精神方面的历练在这一时期也尤为突出。

门人冀元亨横死

八月，王阳明先生备咨刑部，为对冀元亨的诬告辩冤。事先朱宸濠尚未叛乱的时候，冀元亨①应朱宸濠之召，但是后来因为论学不合被朱宸濠称作是"书呆子"而返还。王阳明先生担心招惹事端还派人护送冀元亨从小道归乡。其中细节在前已有所述。

就在同一月，张忠、许泰等挑衅王阳明先生图谋不得，于是设计逮捕冀元亨，对其严加拷问。冀元亨生性忠厚老实，也无片语之阿谀顺随诬陷者，自然就遭到更严重的迫害。与此同时，科道官就此事交互上疏辩论。王阳明先生备咨刑部，为冀元亨鸣喊冤枉。后来明世宗即位后下了圣旨，下令将冀元亨释放。但是冀元亨此时已患重疾，出狱后五日病死。同门陆澄、应典辈准备棺材盛殓。王阳明先生闻听讣告，为冀元亨设灵位为之大声恸哭，并作文祭奠，抚恤其家。

像冀元亨这样的忠信笃学之人，居然也遭遇此大灾难，实在是令人唏嘘不已。

---

① 冀元亨（1482—1521），字惟干，湖南常德人。明朝政治人物。正德十一年，冀元亨乡试中举，其一直跟随从学王守仁。朱宸濠曾经为其所学所服，并厚赠遣送，冀元亨却将礼物赠官。朱宸濠事败后，张忠、许泰诬陷王守仁与其私通，朱宸濠并没有承认，并称之曾经与冀元亨论学。张忠遂逮捕冀元亨，并用炮烙严刑拷问，冀元亨始终不承认，后逮捕入京师下诏狱。明世宗即位后，言臣均称其冤，其出狱后五日内去世。

祭刘养正母

起初,庐陵县刘养正和王阳明先生素有厚交。正赶上其母之新丧,来请王阳明先生作墓志,实为朱宸濠托之邀请王阳明先生,而不合返之。其后刘养正既死,王阳明先生过吉安府,令有司葬其母,复为文以奠。

辞曰:

嗟嗟!刘生子吉,母死不葬,爱及干戈。一念之差,遂至于此,呜呼哀哉!今吾葬子之母,聊以慰子之魂。盖君臣之义,虽不得私于子之身,而朋友之情,犹得以尽于子之母也,呜呼哀哉!

此事发生在这一年的六月。

闰八月,王阳明第四次上疏省葬,世宗皇帝不允。

起初,王阳明先生在赣州,闻祖母岑太夫人之讣告,及父海日翁生病,打算上疏乞归,却逢福州平叛之命。中途遇宁王之变,于是上疏请命讨贼,因乞归省吊墓之事,朝廷答应王阳明,说等待他将叛贼平定的时候再做定夺。至此王阳明先生共向朝廷上疏提请归老还乡四次。其间曾经听闻父亲海日翁病危,王阳明便打算弃职逃归故乡,没过多久得知父亲健康恢复,这件事情才延缓下来。

一日,王阳明先生问诸友道:"我打算逃回,为何你们无一人赞同?"

其中的门人周仲答道:"先生您的思归之念,执着得如同您对报效国家一样。"

王阳明先生良久说道:"报效国家这么重要的事情我怎么能不执着呢!"

战后的经营

九月,王阳明先生再至南昌府。武宗大驾尚未归京。百姓不胜其苦,却仍要兴建南昌府工役。王阳明檄各道院选取朱宸濠府邸的废地,奖励殖产贸易,以济饿代税,辖内百姓才稍微得到休养生息。

王阳明曾经写信给邹守益,说道:"自到南昌城,政务纷错,互相讲习的情形远远不及虔中(即赣州)时候的情景。虽自己舵柄不敢放手,而滩流悍急,须仗有力如吾谦之(指邹守益)者持篙而来,庶能相助,接下来如险滩一样的困难还有很多。"

收王心斋为弟子

泰州有叫王银(号心斋)[①]者,穿着古代衣冠,手里执着木简,写二诗为贽,以宾礼请见王阳明先生。王阳明先生为其装束惊讶,于是走下台阶以礼迎接王银。进入客厅后,王银却踞然上坐。

王阳明先生问:"你佩戴的是什么衣冠啊?"

---

① 即王艮(1483—1541),明代哲学家,泰州安丰场(今江苏东台)人,人称王泰州。起初投入王守仁门下只为求生,后经王守仁点化转而治学,并创立传承阳明心学的泰州学派。初名银,王守仁替他改名为艮,字汝止,号心斋。

王银说道:"我佩戴的是虞氏之冠。"

王阳明又问:"你穿的是什么服饰啊?"

王银说道:"我穿的是老莱子的服饰。"

王阳明先生说道:"你在学老莱子吗?"

对方答道:"所言极是。"

王阳明先生说道:"你是学习他的着装打扮,还是学习他上堂会客的时候不慎摔倒,还像小孩子一样掩面啼哭呢?"

王银不能答,脸色开始有所缓和,渐以座椅侧移。等到两人谈论到致知格物的教义,王银恍然悟道:"他人之学,饰情抗节,矫之于外。王阳明先生之学,精深极微,应该从心学的角度去揣摩。"

王银于是换常服,行弟子之礼。王阳明先生为王银更名为艮,字曰汝止,自此王银称为王艮,闻名于世。

王阳明先生后来对自己的门人说道:"我擒朱宸濠的时候,都没有什么触动,今却为王艮这个人所感动。此人真是成为圣人的好苗子。"以此可察王艮的品性十分卓越。

收舒芬①为弟子

进贤县的舒芬做翰林院学士的时候,被谪贬为市舶官。这期间他遇到了王阳明先生,但是舒芬自恃博学,见到王阳明先生就问律吕。王阳

---

① 舒芬(1487—1531),字国裳,号梓溪,明南昌进贤(今江西省进贤县)人,经学家,正德十二年状元。著有《舒文节公全集》(又名《梓溪文钞》)。

明先生不答，只是问舒芬什么是元声。

舒芬回答道："我对元声规则所知颇详，只不过没有找一间空屋子，亲自实践过而已。"

王阳明先生说道："元声怎么能依靠器具去发现呢？心得养则气自和，心者，才是元气的根本。书云'诗言志'，志即是乐的根本；'歌永言'，歌即是制律的根本。永言和声，它们的本源都是在于歌。歌的根本在于心，故尔心也是出自同样的本源。"

舒芬于是跃然而悟，决意拜王阳明为师，成为其座下弟子。

此为心学所论音律之根本。

听讲盛况

也是在这个时候，陈九川、夏良胜、万湖、欧阳德、魏良弼、李遂、裘衍等人每日都来侍讲，颇有洙泗杏坛的风范。但是巡按御史唐龙、督学佥事邵锐，都信守旧学，便对王阳明先生之学心存怀疑。唐龙后来以"止讲择交"相劝。

王阳明先生对此这样评论道："我所讲的良知为人人所共有。独学者不能获得启悟，因而甘愿随俗习非。今日如果以是心至，我肯定又会遭到大家的疑谤，但是如果我拒不和你交流，又于心不忍。只有那些追求真学问者，譬之如淘沙而得金，却忽略了实际上像沙那样被淘汰的人占到百分之八九十的比例，但是我决不能做出舍沙以求金的行为来。"

面对唐龙、邵锐的疑问，很多人都选择了规避的态度。看见同门中凡是由方巾中衣①而来的，都认为是错误的。这时候唯独王臣、魏良政、魏良器、钟文奎、吴子金等人挺然不变，信奉王阳明学说的人的态度逐渐发生改变。

就在这年冬天，武宗皇帝自南京起驾，队伍抵达临清的时候，下令将朱宸濠等逆囚悉行诛灭，所见者无不拍手称快。

小 结

朱宸濠谋逆为明室大乱。王阳明先生以孤身逆旅，举义兵，不经二十余天便讨伐成功，真可谓是用兵如神。如果此言差矣的话，那又是什么促使了王阳明先生擒获朱宸濠呢？尽管此时谗言横起四方，先生的功名一下子变为罪过，但是王阳明先生不失正义，泰然待天晴之日，这点着实叫人钦佩。若非坚信良心光明者，如何能达到如此这般的成功呢？这两年，王阳明先生于文武两个方面，都开始逐渐成就其毕生的功业。

---

① 借指信仰传统学说的文士。——译者注

第九章　第三次讲学时期

本章要叙述的是，王阳明50岁至56岁大概六年的时间中，诸如门人教化、讲学上的论辩，以及他的四处游历的事迹。经历了人生中那么多的残酷体验，王阳明先生此时的胆识谋略与此同时几乎经历了最高限度的磨炼。对此，读者朋友如果对王阳明这一时期的传教的殚精竭虑详加体悟，肯定会受益良多。

本章要论及的大多内容是从王阳明洋洋洒洒的论学的书籍中拔萃而来，可以称得上是旷世杰作。例如其中的《答顾东桥①书》《拔本塞源

---

① 即顾璘（1476—1545），明代官员、文学家。字华玉，号东桥居士，长洲（今江苏吴县，其于1995年撤销）人。弘治间进士，授广平知县，累官至南京刑部尚书。少有才名，以诗著称于时，与其同里陈沂、王韦号称"金陵三俊"，后宝应朱应登起，时称"四大家"。著有《浮湘集》《山中集》《息园诗文稿》等。

论》《与南大吉①书》《与聂豹②书》等等，不胜枚举。通过这一篇章的阅读，就可以体悟到王阳明先生学养之深邃、文风之豪迈、行文之雄健等大儒风姿。

发表"致良知"

正德十六年（1521），辛巳年，王阳明50岁。他仍身在江西，正月的时候居住在南昌，从这时候起，他就开始传播阳明学的最核心思想——致良知。

在这之前，王阳明得知武宗皇帝的车驾在上个月十日已经返回宫廷，起初的顾虑一下子就没有了。当时的王阳明还在亲征的路途之上。由于经历了宁王朱宸濠、张忠、许泰等人的蓄意陷害，王阳明更加体会到了良知真的足以令人忘却患难、超越生死。所谓的考三王（指的是中国大圣人尧、舜、禹），即"建天地，质鬼神，俟后圣"，再没有什么事情能和这些相提并论了。

此时在《与门人邹守益书》中，王阳明先生如此写道："我近来在书信中悟得'致良知'三字，这是真圣门正法眼藏。我以前的存疑还都没

---

① 南大吉是明代中期关学学者之一。字符善，号瑞泉，明代陕西渭南人，南金长子。性豪宕，雄于文。因王阳明曾为其座主故称门生，后与王阳明有过一段特殊的交往关系，深受阳明心学之影响，其思想也从原来笃信程朱而转向阳明心学。

② 聂豹（1486—1563），字文蔚，号双江，江西永丰县人，为王守仁心学正统传人，是明代有名的廉吏之一。聂豹推崇王阳明的"致良知"学说，以阳明为师，但他认为良知不是现成的，要通过"动静无心，内外两忘"的涵养功夫才能达到。著有《困辨录》《双江集》等。

有获得释解，今自多事以来，只有这良知陪着我经历困难的岁月。譬如操舟得舵，平澜浅濑，无不如意，虽遇颠风逆浪，舵柄在手，可以免除没溺的担忧。"

王阳明又说："致良知"是学问大头脑，是圣人教人第一要义。他认为有学问的头脑为良知发现做好了充足的准备。关于这一点的具体言论摘其要如下：

良知是学者究竟话头。

良知之在人心，无间于圣愚，天下古今之所同也。

良知是天理之昭昭灵觉处。故良知即是天理，思是良知之发用。若是良知发用之思，则所思莫非天理矣。

良知是造化的精灵，这些精灵生天生地，成鬼成帝，皆从此出。

盖良知只是一个天理自然明觉发见处，只是一个真诚恻怛，便是他本体。故致此良知之真诚恻怛以事亲，便是孝；致此良知之真诚恻怛以从兄，便是弟；致此良知之真诚恻怛以事君，便是忠。

夫良知即是道。良知之在人心，不但圣贤，虽常人亦无不如此。若无有物欲牵蔽，但循着良知发用流行将去，即无不是道。

在王阳明看来，上述的"致良知"就是致吾心内在的良知。他认为，良知人人都有，个个自足，是一种不假外力的内在力量。

一日与门人陈九川一起聊天，正在兴头上的时候，王阳明先生突然仰天发出长长的一声喟叹。

弟子陈九川忙问："老师您为何发此喟叹？"

王阳明回答道:"致良知这么浅显易懂的道理,居然被埋没了如此漫长的岁月,到现在也没被人所认识到,这是多么可惜的一件事情啊!"

陈九川对答:"一如宋儒,崇尚在对识神的理解之上发现性体。①因此,一个人的见识愈发宽广,其道行的修行则愈发深邃。当然也有这样的看法,认为宋儒倾向于经验主义,而忽略个体的感觉,故而不能知道性的本体究竟为何物!如今先生您提倡良知学说,这才是古人所期待的最高境界!为什么还会有别的疑惑呢?"

王阳明答道:"这里我所主倡的良知说,就是千古圣贤世代相传的一点真骨血。我知道'良知'这两个字,还是从龙场悟道的时候开始。自那以后,我便已不出此意,只是点此二字不出。于学者言,无端地费却多少辞说。今幸见出此意,一语之下,足可洞见其全体,真是无比痛快,此情此景令人高兴得手舞足蹈。学者闻之,亦省却多少寻讨功夫。学问头脑,至此已是说得十分下落。但恐学者不肯直下承当耳。如此良知之说是自我一生中的百死千难中悟将出来的,哪有那么容易就能够参悟通透到这个程度呢!为了世人,我愿意将自己的领悟毫无保留地公布出来。此本是学者穷其究竟的话头,可惜此理论被历史埋没时间太久了。一般的学者往往会因为外表的所见所闻而找不出症结所在,从而陷入迷乱的境地。我就不得不一口气把这些理论全部为他们解释清楚。我只是有些隐忧,只怕这些学者们这么容易就得到了良知的最本质含义的

---

① 即心学。所谓心,它包含了两个大的概念,此概念中又分小的概念。两个大概念,就是指形质之心和有质无形之心。心藏神,就是指识神和性体。识神也就是后天获得的思维,也称欲神、欲念、识心、主观意识等等。

话，会不加甄别就盲目拜倒在'良知'的脚下，只把时间当作一种消遣胡乱玩弄，那么，我的这番作为就更是辜负了良知的最本真含义了！"

王阳明自正德七年40岁的时候起，但凡与学者讨论，必会以"存天理灭人欲"为人间至理。每每被人问起其缘故，他都推介说自己仍然在参悟之中，至于"天理"究竟为何物、如何之获得的问题，王阳明先生曾对周围的朋友说："近欲发挥此，只觉有一言发不出。津津然含诸口，莫能相度。"这是一种什么样的体悟的确很难揣摩，大概只能领会而不能口授吧！

记录陆象山的子孙

王阳明认为陆象山深得孔、孟精神的精髓。

陆象山，即陆九渊，其号为象山先生，字子静。南宋著名哲学家，与当时众所周知的理学家朱熹齐名，合称为"朱陆"。陆象山一生的辉煌在于创立学派，从事传道授业活动，受到他教育的学生多达数千人。他以"心即理"为核心，创立"心学"，强调"自作主宰"，宣扬精神的动性作用。他的学说独树一帜，与当时以朱熹为代表的正宗理学相抗衡。然而，陆象山的学术思想一直以来都被忽略和打压，而没能很好地得到弘扬。文庙中也没有供奉陆象山的牌位，使其享受子孙万代的膜拜。陆象山的子孙后世也是丝毫没有因为陆象山的存在而获得到任何好处。

王阳明对此感到十分遗憾。他就给陆象山故里抚州府金溪县官吏发令，叫他对陆象山的子孙后代进行封赏，按照明朝其他地方圣贤子孙的事例，对于陆氏嫡生子孙应当免除他们的差役。如果其后人有才华出众的俊秀子弟,要写明其姓名报告给朝廷,让他们有机会继续读书深造。

我也曾对朱子学和陆王学说的历史进行讨论,择其要如下:

朱子学说从其源头中国相传至今日的日本,在成形中融入了已有的各种思想,其概貌大多还只是资料的堆积和介绍。故而朱子学犹如高山不让土壤,江海不拒细流那般,但是朱子学所全力倡导的以北宋诸家的学说最为著名。代表人物有周濂溪、张横渠、邵康节、程明道、程伊川等大哲。其中"二程"在日本近世哲学史上占据了尤为重要的地位。概而言之,陆象山、王阳明间接地受到了以程伊川系统为主的朱子学说的影响。朱熹则是生于程伊川殁后二十三年,即公元1107年,其系统大致发展为:程伊川—罗从彦—李延平—朱熹。朱熹可以说是朱子学的集大成者,是开创了儒教史上一个新的时期的伟人。

陆象山和朱熹是同一时代的人,是朱熹平日里关系亲密的讲友与同好。但是,两个人讲学的方法却截然相反。自此开始,天下的学者划分为朱陆两派,朱熹和陆象山各执一端。等到朱熹(1200)和陆象山(1192)二人殁后,再到1279年南宋灭亡,此间大约经过了八十年。元朝八十八年,明朝入侵,再到王阳明出生历史又流逝了一百又三年。

就在这二百七十年间,中国儒学出现了朱子学派、陆子学派和朱陆中庸学派三足鼎立的局面。而朱子学派的经典著作已被当局完备注释,因此在科举考试和朝堂政治中被广泛重视,得以成为官员选拔和谋求晋升的参考用书。因而朱子学在当时受到广泛吹捧,在学堂也被大面积地讲授,其盛况远远超越了陆子学派。

陆象山殁后二百八十年,王阳明亲眼看见了朱子学的陋习之后,决意要振兴和实践更为适合社会现实的陆子学说。自此大大鼓吹陆象山的学说，在此基础上，形成了具有自己特色的学说，被称作阳明学。

上述就是二者之间的渊源所在。因此王阳明要求表彰陆象山的子孙后代，又倡导翻刻《象山文集》，还为全集撰写序言，这些都是用来大力弘扬陆象山，这是其重要缘故所在。

席元山曾经听说王阳明先生论学于龙场的时候对陆象山的学说深为诟病，然后开始写作《鸣冤录》一文辗转递送给王阳明先生。席元山在书信中批评王阳明"称其身任斯道，庶几天下非之而不顾"，可谓是言辞激烈。

王阳明的学问系统有可能源自于陆象山，其相同点甚多毋庸赘言，其中的"心即理"学说尤其从陆象山学说所得处甚多。但是陆象山学说最核心的就是"心即理"，换言之，陆象山学说即建立在"心即理"学说的基础上，王阳明的学说如果摒弃"心即理"一说也是无从谈起的。由于这个缘故，吾人要了解王阳明的"心即理"说，必然不能撇开陆象山的"心即理"学说。然而，由于时代性质和经历等方面的差异，其二人的学说用语上的巨大差异自然是不言自明的。

首先对"心即理"的含义进行简要的解释。"心即理"的真正含义并不是肤浅的"心"就是"理"的意思。我们常说的"心即理"即认为心理合一，二者是异语同义，"心即理"的理论基础是物我一体论，即身、心、意、知、物是浑然一体的，是不可以相互独立的存在的。

王阳明先生将"心即理"作为其心学的立言宗旨。他说："诸君要识得我立言宗旨，我如今说个'心即理'是如何，只为世人分心与理为二，故便有许多病痛。"王阳明指出，心即理，理即心，心理为一，主体即本体，离心求理则无理，遗理求心则无心。以此反对把心与理分二的观点，从此角度来看，这是对陆九渊思想的一种继承。

王阳明先生又在"心即理"的基础上，进一步提出"良知者心之本体"的思想，把良知与心互相等同，认为心的本然状态即是良知，并指出："吾心之良知，即所谓天理。"以更具主观认知功能的良知来取代天理在其心学体系中的地位。进而强调"致良知"，以发挥心本体的主观能动作用，把本体与工夫结合起来，集本体论、认识论、道德修养论为一，这就丰富并发展了陆九渊的心学思想体系。

事实上，世人经常会误解"心即理"的字面含义，将本心和私心混淆起来进行理解，认为二人的学说只是如"二二相加即为四"的简单累加，并无端连累到陆王二子的学说，且此倾向常演不歇。这种观点其实是对陆王二子学说的无意背离，甚至无异于毒害世间。这只能看作是浅学之徒的误解而已。当然也有称作是专家的人对此学说人为地进行刻意曲解，对陆王二子进行蓄意诬陷，这全是他们自身的过失罢了。由于王阳明倡导心即理的学说，因此与朱子的即物穷理学说并不相容，朱子认为世间一切事物各具自理，因此应当从经验主义的角度结合其学说对世间万物的理展开进一步研究。详而言之，吾人日常所为种种事项，即便是一草一木皆含有其自身之理，如要求之，必然要依靠于相关知识资料。譬如说，对君的忠、对亲的孝便同此理，首先是从经验上、书籍中的忠孝或者通过师友的言传身教来体验，客观上还要充分明白忠孝的定理，然后精密地区分究竟何为忠、何为孝，这个认识过程就是所谓的心外有理说。

但是王阳明的学说与此大不相同。王阳明认为世间一切事物不必尽求其理，事物之理已在吾心具备，如我等求心外事物之理，在事物之理不存时，吾心仍能善做吾人之事，显示出标准，此种情况下，是做法正确，错误的情况下，事情便不可为。

这是王阳明学说和朱子学说一个重要的相异之处。

白鹿洞门人聚义

这年五月，王阳明打算抽空回故乡一趟，于是就约了座下的门生们聚集到一起，再一次好好地探讨下阳明学的要义。

就在这个时候，南昌府知府吴嘉聪打算编撰南昌地方的府志。当时大学者蔡宗衮①在南康府担任教授职务，主持白鹿洞②的大小事务。

其实蔡宗衮也曾经是王阳明的学生，因此王阳明就受到了蔡宗衮的邀约，讲学于白鹿洞中。在这次讲学的过程中，王阳明认识了夏良胜③、舒芬、万潮、陈九川等人，然后一起编写《南昌府志》，一起探讨如何提高学养。

在此间，王阳明先生曾写书信敦促弟子邹守益（字谦之）道：

醉翁之意盖有在，不专以此烦劳也。区区归遁有日。圣天子新政英明。如谦之亦宜束装北上，此会宜急图之，不当徐徐而来也。

（参见《与邹守益书》）

---

① 蔡宗衮，字希渊。正德十二年进士。官至四川提学佥事。
② 白鹿洞位于九江庐山东北玉屏山南，虎溪岩背后，是北宋六大书院之一。
③ 夏良胜，字于中，南城人。少为督学副使蔡清所知，曰"子异日必为良臣，当无有胜子者"，遂名良胜。正德二年举乡试第一。明年，成进士，授刑部主事，调吏部，进考功员外郎。

王阳明此时热衷于讲学的情景由此可见一斑。

孝宗弘治十五年（比正德辛巳早二十多年）春，湛甘泉在避地发履冢（地名）下，经常与霍兀崖、方叔贤在此聚集，然后整日闭门不出，来探讨学养。

湛甘泉是陈献章白沙先生的弟子，比王阳明大了6岁。其为学自成一家，所以与王阳明可以共同探讨。

王阳明听说了此事，马上前往拜访，鼓励他们说："你们都是英贤之人，能有机会与你们在一起探讨学问是多么幸福的事情，我知道你们是不会虚度光阴、错失这样交流提高的机会的。"

还有另外一件事情，这年秋天，霍兀崖过洪都（今南昌），他和王阳明一起讨论《大学》的内涵，动不动就以程朱二子的旧学说来标榜自己。

王阳明见状说："若传习书史，考正古今，以广吾见闻则可；若打算以是求得入圣门路，譬之采摘枝叶，以缀本根，而打算通其血脉，盖亦难矣。"

真可谓是语重心长，自上可以一观王阳明对朱程旧学说所持的态度了。

随意体认天理

就在当月，王阳明的好友湛若水给王阳明寄赠了一篇文章，题目为《大学中学庸测》。在给湛若水的回信中，王阳明这样写道：

随处体认天理，是真实不诳语。究兄命意发端，却有毫厘未协。修齐治平，总是格物，但欲如此节节分疏，亦觉说话太多。且语意务为简古，比之本文，反更深晦。莫若浅易其词，略指路径，使人自思得之，更觉意味深长也。

（参见《与湛若水书》）

王阳明先生对事物判断的直截了当实在是令人钦佩。

谕众说之异同

一日，方叔贤也给王阳明寄来《〈大学〉与〈尚书〉〈洪范〉论》一篇。王阳明在给方叔贤的回复中说道：

道一而已。论其大本一原，则《六经》、《四书》无不可推之而同者，又不特《洪范》之于《大学》而已。譬之草木，其同者生意也；其花实之疏密，枝叶之高下，亦欲尽比而同之，吾恐化工不如是之雕刻也。君子论学固惟是之从，非以必同为贵。至于入门下手处，则有不容于不辨者。

（参见《与方叔贤书》）

以上同样可以看出王阳明学说与其他众说的异同之处。

论心之动静

事情是从伦彦式（字以训）曾经路过虔州（今赣州）时候向王阳明先生的一次问学开始的。

当月，伦彦式委派弟弟伦以谅向王阳明转交了自己的书信，上面写道："一者学无静根，二者感物易动，三者处事多悔，请问这是什么缘故呢？"

王阳明给伦彦式回信中这样写道：

往岁仙舟过赣，承不自满足，执礼谦而下问恳，古所谓敏而好学，于吾彦式见之。别后连冗，不及以时奉问，极切驰想！近令弟过省，复承惠教，志道之笃，趋向之正，勤卷有加，浅薄何以当此？悚息悚息！

谕及"学无静根，感物易动，处事多悔"，即是三言，尤是近时用工之实。仆罔所知识，何足以辱贤者之问！大抵三言者，病亦相因。惟学而别求静根，故感物而惧其易动，感物而惧其易动，是故处事而多悔也。心，无动静者也。其静也者，以言其体也；其动也者，以言其用也。故君子之学，无间于动静。其静也，常觉而未尝无也，故常应；其动也，常定而未尝有也，故常寂；常应常寂，动静皆有事焉，是之谓集义。集义故能无祇悔，所谓动亦定，静亦定者也。心一而已。静，其体也，而复求静根焉，是挠其体也；动，其用也，而惧其易动焉，是废其用也。故求静之心即动也，恶动之心非静也，是之谓动亦动，静亦动，将迎起伏，相寻于无穷矣。故循理之谓静，从欲之谓动。欲也者，非必声色货利外诱也，有心之私皆欲也。故循理焉，虽酬酢万变，皆静也。

濂溪所谓"主静",无欲之谓也,是谓集义者也。从欲焉,虽心齐坐忘,亦动也。告子之强制正助之谓也,是外义者也。虽然,仆盖从事于此而未之能焉,聊为贤者陈其所见云尔。以为何如?便间示知之。

(参见《答伦彦式》)

君父之情

正德十六年(1521)四月,武宗朱厚照驾崩。

同年四月,明世宗朱厚熜登基摄政,改年号为嘉靖。执政初期,世宗皇帝朱厚熜先后诛杀了江彬、许泰、张忠、刘翚等奸臣贼党,随后立刻着手为王阳明先生平反,下旨对其之前的功劳大肆褒奖,并下诏令王阳明先生立刻赴京城觐见。

圣旨措辞择其要如下:

尔昔能剿平乱贼,安静地方,朝廷新政之初,特兹召用。敕至,尔可驰驿来京,毋或稽迟。

接到新皇帝的圣旨后,王阳明于六月二十日即刻启程,打算途中取道钱塘,但是由于朝廷中的辅佐大臣们嫉妒王阳明的显达荣耀,就设计阻拦,科道官对之颇为不满,于是这帮大臣们对新皇帝建言,以为"朝廷新政,武宗国丧,资费浩繁,不宜行宴赏之事"。

王阳明一抵达钱塘,就给皇帝上疏,恳乞皇帝能够同意自己顺道归省故乡。

朝廷这次很快就回诏同意王阳明返乡归省,并擢升其为南京兵部尚书和参赞机务,御赐蟒衣(锦绣衣——原作者注)佩玉。其御赐的待遇在当时是极为隆重的,惹得其他臣僚嫉妒自然是难免的事情。

王阳明在写给皇上的《乞归省疏》中写道:

臣自两年以来,四上归省奏,皆以亲老多病,恳乞暂归省视。复权奸谗嫉,恐罹暧昧之祸,故其时虽以暂归为请,而实有终身丘壑之念矣。既而天启神圣,人承大统,亲贤任旧,向之为谗嫉者,皆以诛斥,阳德兴而公道显。臣于斯时,若出陷阱而登之春台也,岂不欲朝发夕至,一快其拜舞踊跃之私乎?顾臣父老且病,顷遭谗构,朝夕常有父子不相见之痛。今幸脱洗殃咎,复睹天日,父子之情,固思一见颜面以叙其悲惨离隔之怀。况臣取道钱塘,迂程乡土,止有一日。此在亲交之厚,将不能已于情,而况父子乎?然不以之明请于朝,而私窃行之,是欺君也;惧稽延之戮,而忍割情于所生,是忘父也。欺君者不忠,忘父者不孝:故臣敢冒罪以请。

上书可以看作是王阳明之前忠君孝亲思想的余韵。

神仙养生论

同一月,王阳明在京城与门生陆澄(字符静)谈论养生之道,言道:

京中人回，闻以多病之故，将从事于养生。区区往年盖尝毙力于此矣。后乃知养德、养身只是一事。元静所云"真我"者，果能戒谨恐惧而专心于是，则神住、气住、精住，而仙家所谓长生久视之说，亦在其中矣。老子、彭篯（神仙学说的祖师）之徒，乃其禀赋有若此者，非可以学而至。后世如白玉蟾、丘长春之属，皆是彼所称述以为祖师者，其得寿皆不过五六十。则所谓长生之说，当必有所指也。元静气弱多病，但宜清心寡欲，一意圣贤，如前所谓"真我"之说；不宜轻信异道，徒自惑乱聪明，毙精竭神，无益也。

王阳明以上言论立足于圣贤学问的立场上，反复就养德养才展开细致的讨论。

这年八月，王阳明终于了却了多年的夙愿，得以回到故乡越中地方，直到56岁的这几年间一直都在此居住。

衣锦还乡

九月，王阳明回到祖地余姚拜祭祖先。

在归省祖茔期间，他回到了瑞云楼，那是王阳明出生的地方。对于王阳明而言，这也是收藏他的胎衣的地方。

王阳明自然免不了要痛哭一场，许久才停下来。在王阳明一生中，他的生身母亲怀胎十数月才得以分娩，然后早早过世，子欲养而亲不待是人生最痛苦的事情之一。一辈子疼爱王阳明的祖母也是如此，祖母去世的时候，王阳明不在家乡，也没赶得上参加祖母的葬礼。如今回到故地，物是人非，难免一番唏嘘感慨。

回到故乡，王阳明自然也免不了平日与宗族亲友宴游，随地随时受邀指示良知。钱德洪昔日里曾听闻王阳明先生在江西的江右地方讲过学，经过深思熟虑之后前来登门拜访。

在当地，仍有一些老顽固将王阳明少年时代的豪迈不羁以及任侠纵游的事情，拿出来进行质疑。他们听说王阳明如今的道学修养却高深莫测、成就斐然，认为这些评价根本就不足以采信。

钱德洪得知这一情况，连夜去观察王阳明的举动。通过自己的判断，他认为王阳明如今的高深学问的确并非杜撰，然后力排众议，在获得家中父母的同意后，率领两个侄子大经、应扬及郑寅、俞大本一干人等，通过王正心的介绍拜见王阳明，请求加入王阳明的门下，成为他的座下弟子。

第二天，夏淳、范引年、吴仁、柴凤、孙应奎、诸阳、徐珊、管州、谷钟秀、黄文涣、周于德、杨珂等总共七十四人都前来拜见，一起来倾听王阳明有关"良知"的教养讲座。

因武功获官"新建伯"

正德十六年（1521）十月二日，王阳明被朝廷册封为新建伯一官职。朝廷在下达的对王阳明的封赏制词中如此写道：

> 江西反贼剿平，地方安定，各该官员，功绩显著。你部里既会官集议，分别等第明白。王阳明封新建伯，奉天翊卫推诚宣力守正文臣，

特进光禄大夫柱国,还兼两京兵部尚书,照旧参赞机务,岁支禄米壹千石,三代并妻一体追封,给与诰卷,子孙世世承袭。正德十六年十二月十九日,准兵部吏部题。

龙山公的诞辰

正德十六年(1521)十二月十九日,皇帝派遣使者送来赏赐,同时下了一道温旨,以此慰问王阳明的父亲龙山公王华。随旨到来的慰问品有羊酒。

使者来传达圣旨的时候,正赶上龙山公王华的72岁诞辰,亲朋好友都欢聚一堂。这时候就有人说,在平定宁王叛乱的时候,龙山公王华给予了王阳明很大的帮助。

龙山公王华听闻此言,说道:"吾儿(指王阳明)素来喜欢在天理方面下功夫,迟早会在这方面大有作为。有一段时间,有传言说吾儿与孙燧、许逵一同被朱宸濠所陷害,我就一直说,吾儿是忠义之人。有这样的儿子,我还有什么可担忧的呢!当我听说吾儿带兵征讨朱宸濠的时候,又有人传言说朱宸濠对此勃然大怒,暗地里派人刺杀吾儿,周围的亲友们都劝告我暂且去别的地方躲避危险,我当时笑着对他们说,吾儿所做的是大义的事业,我也原本是国家的大臣,只可恨我现在衰老之躯,不能披盔挂甲与吾儿一起冲锋陷阵,我为什么要躲避到外地,让大家担心呢!我素来恬淡安然,丝毫不曾改变。今日,我与儿子久别重逢,如有再生之感。"

此时,王阳明身着御赐的蟒衣,佩戴皇帝赐给的玉佩,手举着酒斛为父亲龙山公王华祝寿。

龙山公王华见状眉头紧蹙，对王阳明说道："昔日宸濠发动叛乱的时候，所有人都认为你会死但你却没有死，所有人都认为你去平复叛乱，难以平定而最终却被平定了。谗害构陷蜂拥而起，隐伏待发的祸患到处发生，前后两年的时间非常危险，我也知道难以幸免。天上出现了太阳和月亮，显扬忠臣，荐举贤良之士，高官厚爵，胡乱冒充封赏，父子又相见于一堂，这难道不是很幸运的事情吗？但是盛者衰之始，福者祸之基，福祸相依的道理人所共知。尽管如今的圣恩是非常幸运的事情，但我心里还是有所惶恐的。"

王阳明脱去官袍，在父亲面前跪下，言道："父亲大人的教导，也正是儿所日夜牵挂的地方。"

在场者无不为其感人的场面心生佩服，对龙山公王华充满希冀的训诫感到敬仰。尊敬的读者朋友，你们也设身处地地想一想，龙山公王华对人生如此鞭辟入里的分析，是不是让人觉得如同身入其境了呢？

为龙山公王华祝寿的第二日，王阳明对自己的门生说："昨日身着皇上御赐的蟒衣，佩戴皇帝赐给的玉佩，人们看到我都说我得到了人生中最高的荣誉。但是到了晚上，回去后脱下蟒衣和玉佩要就寝的时候，看到身上丝毫没有改变，没改变的只有这把老朽骨头了，只有它没有丝毫变化。到这时，我突然明白，对于人而言，荣辱原来并不存在，它只能使人迷失自我！"

随后，王阳明作诗一首，题名为《归兴二首》：

其一：

　　百战归来白发新，
　　青山从此作闲人。
　　峰攒尚忆冲蛮阵，
　　云起犹疑见虏尘。
　　岛屿微茫沧海暮，
　　桃花烂漫武陵春。
　　而今始信还丹诀，
　　却笑当年识未真。

其二：

　　归去休来归去休，
　　千貂不换一羊裘。
　　青山待我长为主，
　　白发从他自满头。
　　种果移花新事业，
　　茂林修竹旧风流。
　　多情最爱沧州伴，
　　日日相呼理钓舟。

　　世间人一旦功名成就，多以傲然的神气向周围人炫耀，以之为生平最快事。但是王阳明此时已功名大成，却如此自省自察，其个人修养的高深自此可得一观。

避祸辞官

明世宗嘉靖元年（1522），王阳明51岁，在故乡越地。

先是由于王阳明平定朱宸濠的叛乱的时候，时任兵部尚书一职的王琼奏请皇帝，让朝廷同意给王阳明自主调遣军队的权力。因此，每当给朝廷上报军功，王阳明都要附带着说有王琼的功劳。兵部尚书王琼则更加全心全力为王阳明说好话。

这样的情况被同朝为官的奸臣们看在眼里，猜忌在心也同时发生。于是这些奸臣们心生一计，一定要想出个办法阻止王阳明的官职继续上升。他们首先就从打压跟着王阳明一起征讨南方贼患的有功之臣开始。

他们把功劳簿上的内容任意删改，十分嚣张。

王阳明得知此事后，马上就给皇帝上奏折，请求辞去之前封赏的官职。王阳明在奏疏中这样写道：

册中所载，可见之功耳。若夫帐下之士，或诈为兵檄，以挠其进止；或伪书反间，以离其腹心；或犯难走役，而填于沟壑；或以忠抱冤，而构死狱中，有将士所不与知，部领所未尝历，幽魂所未及泄者，非册中所能尽载。今于其可见之功，而又裁削之，何以励效忠赴义之士耶！

同一封奏折中，王阳明还写道：

殃莫大于叨天之功，罪莫大于掩人之善，恶莫深于袭下之能，辱莫重于忘己之耻：四者备而祸全。此臣之不敢受爵者，非以辞荣也，避祸焉尔已。

王阳明的奏折递交了上去，但是一直都没有得到皇帝的批准。

以上可以看出王阳明先生情操是多么的高洁！

龙山公卒，行丧葬礼仪

嘉靖元年（1522）二月十二日，封赏抵达后的第二天，王阳明的父亲龙山公王华去世。终年72岁[①]。龙山公王华是突然发病，一病就再也没能起来。因为王阳明在征讨贼寇和平定叛乱中功勋卓越，当时朝廷推详论述征讨宁王朱宸濠的功劳，于是往上加封海日翁、竹轩翁、槐里公三代，都为新建伯。

就在这一天，皇帝委派的宣旨的差役刚好抵达，海日翁听说使者已经在门口了，便着急敦促王阳明和他的几个弟弟出门迎接，说："虽然皇恩来得仓促，但是决不可荒废礼仪！"

意思就是说，虽然皇上派的人匆忙抵达，但是我们王家可不能忽略了为臣之道！后来他听说已经成礼了，于是就阖上眼睛驾鹤西游了。

王阳明告诫自己的家人先不要痛哭，将皇上御赐的新礼服和绶带给父亲穿戴整齐，然后开始举家治丧。王阳明先是放声痛哭，由于失去亲人悲伤过度，登时就昏厥过去，就此得了场大病。

[①] 一说77岁。存疑。

他的门生和家族的后人一起协助治理丧事，根据每个人的才能安排工作。仙居县①的金克厚②平时谨小慎微，就让他监管厨房。金克厚对于物品的出借收回非常严格，遇到有不认真的部下，立刻就将物品追讨收回。经他这么一管理，家里里里外外都显得井然有序，有条不紊。

百天祭举行完毕后，王阳明才开始允许弟弟和侄子们稍稍吃一点干肉，说："家中的子弟豢养日久，如果强迫他们做不能的事情，是教他们作假，这就是虚伪。可以稍微地放宽这些要求，使他们各自尽自己的努力即可。"意思即家中的列位锦衣玉食的生活过得久了，如果一直强迫他们不碰荤腥，这是鼓励他们做虚伪的事情。如今大家可以根据自己的实际喜好来选择食物了。

在越城这个地方丧葬有这样一个习俗：居丧期间有客人吊唁，主人必须要摆上豆沙糖包和杀鸡宰羊烹鲜割肥来招待客人，时间久了就滋生了互相攀比阔绰的风气。

王阳明则彻底把这些习俗革除了，只有遇到年纪高的长辈和来自远方的客人，素食中间才会呈放上两盘肉食，说道："斋素行于幕内，若使吊客同孝子的食物标准一样，非所以安高年而酬宾旅也。"意思是说，素食只能在室内吃，如果让前来吊唁的客人也和孝子一样吃素食，这并不是用来安慰年老的人和酬谢宾客旅人的方式。

湛甘泉闻讯也赶来吊唁龙山公王华，他看到有人在居丧期间居然吃

---

① 位于今浙江省东南部。
② 金克厚，字宏载，号竹蜂，吕前人。尚志砥行，困于科举，从学于余姚王阳明先生，行弟子礼。阳明先生传授"心学"，金克厚潜心学习，深受影响，若水之赴壑。授六和知县，历官工部郎中。为官以廉洁称。

肉食，很不高兴，后来就写信来批评王阳明。王阳明表示愿意承认自己的罪过，一点不做辩解。

这一年，金克厚与钱德洪一齐通过乡试，接着又一起考中了进士。事后，金克厚对钱德洪说："我的学业很大程度上都是在主管厨房事宜的时候获得启示的，并且用这些心得求取功名。王阳明先生经常说的学必操事而后实，这实在是太切实有用了。"

从上述可以看出，金克厚认为自己最终的成功得益于老师王阳明对自己昔日的磨炼。有句话说："严师出高徒。"此言果然不虚！

病中谢绝探访

龙山公王华的溘然辞世，使得王阳明也因悲伤抱病卧床。远方志同道合的朋友也都纷纷跑来看望，每日里的接待络绎不绝。

由于不堪其扰，王阳明就在门口的墙壁上贴了一纸通告，全文如下：

某鄙劣无所知识，且在忧病奄奄中，故凡四方同志之辱临者，皆不敢相见；或不得已而相见，亦不敢有所论说，各请归而求诸孔、孟之训可矣。夫孔、孟之训，昭如日月，凡支离决裂，似是而非者，皆异说也。有志于圣人之学者，外孔、孟之训而他求，是舍日月之明，而希光于萤爝之微也，不亦缪乎？

虽然是对探望自己的好友们的婉拒，但是王阳明先生文辞中的真情实意，也得到了大家的谅解。这也是他病重的一段时期。

七月，王阳明先生再次上疏请求辞去封爵。到了七月十九日，皇帝批准了吏部的上奏，答复内容如下：

钦奉圣旨：卿倡义督兵，剿除大患，尽忠报国，劳绩可嘉，特加封爵，以昭公义。宜勉承恩命，所辞不允。

看来皇帝对王阳明的恩遇和信任也是旁人所不能企及的。

请求恩赏公平

龙山公王华的去世，使王阳明先生一时间暂时免去了来自京城敌对势力的纷扰。也就在这前后，王阳明先是给朝廷上疏辞去官职，然后请求皇帝封赏在讨逆中立下卓越功勋的将领。但是由于负责封赏的官吏不懂得如何在军旅方面进行赏赐，结果平定朱宸濠叛乱的将领要么未被行赏反被削减其绩，要么还未来得及进行封赏都已经被提前惩处，要么给一些虚职实际上让其退闲，要么假借不忠的名义而随意废斥……如此种种，王阳明也悉数看在眼里，最终他不由得仰天叹息道："同事诸臣，伸长了脖子等待赏赐等了三年时间！我如果也听之任之的话，今后还有谁能够秉承忠义之气，以赴国难！功成而不行赏，这无疑会伤了天下那些为国效命的壮士们的心。"

于是王阳明先生紧接着第二次向朝廷上疏，奏疏中写道：

日者宸濠之变,其横气积威,虽在千里之外,无不震骇失措,而况江西诸郡县近切剥床者乎?臣以逆旅孤身,举事其间。然而未受巡抚之命,则各官非统属也;未奉讨贼之旨,其事乃义倡也,若使其时郡县各官,果畏死偷生,但以未有成命,各保土地为辞,则臣亦可如何哉?然而闻臣之调,即感激奋励,挺身而来,是非真有捐躯赴难之义,戮力报主之忠,孰肯甘粉齑之祸,从赤族之诛,以希万一难冀之功乎?然则凡在与臣共事者,皆有忠义之诚者也。夫考课之典,军旅之政,固并行而不相悖,然亦不可混而施之。今也将明旅之赏,而阴以考课之意行于其间,人但见其赏未施而罚已及,功不录而罪有加,不能创奸警恶,而徒以阻忠义之气,快谗嫉之心;譬之投杯醪于河水,而求饮者之醉,可得乎?

王阳明的奏疏随后便递交给朝廷,但是一直都没有得到任何的回复。

遭到弹劾

当时御史程启充、给事毛玉首先上奏折,企图通过弹劾王阳明以阻止阳明学在明朝社会各个角落流传。

王阳明的门生中有一个叫陆澄的,当时担任刑部主事,听说了这件事也赶紧给皇帝上疏,分别从六个方面展开辩论来使对方相信王阳明学说。

王阳明得知这一举动后立刻阻止门生陆澄说:"这是前辈告诉我的话,如果我们不进行辩解,这样就可以免除诽谤。更何况今日的局面远远比这复杂得多。四方英杰，每个人的学问都不相同，议论纷纷，又有谁有绝对把握可以战胜呢？我们没有必要动不动就标榜自己正确，诋毁别人错误，认为别人愚蠢自己聪明。我们既然对自己的学问感到自信，则更加有必要变得谦虚谨慎，谨言慎行。世间所谓的默而成之，就是不言却能使人信服。更何况是今日多口多舌的复杂情景，我们完全没有必要砥砺切磋，非要争个你对我错！而且一旦议论之风出现，势必会有私怨产生，也就会有人为了捍卫自己的信仰产生口舌之争，这一切都是没有必要的！"

从上述谈话中，我们深为王阳明的博大胸怀和雅怀大度而感到钦佩，他超然物外的思想境界并非是一般人所能赶超得过的。

这点尤其值得我们借鉴！

同一月，钱德洪去省城，拜访王阳明并向其辞行，再次接受师父的指教。

王阳明说："胸中应该经常存有舜、禹，存有天下不与气象。"

钱德洪表示进一步愿闻其详。

王阳明说："舜、禹有天下而不迷失自我，在万千世界中不会沉沦堕落。"

这的确是王阳明的人生体悟。

嘉靖元年（1522）九月，王阳明将父亲龙山公王华安葬在石泉山。

考官排挤王门学子

明世宗嘉靖二年（1523），王阳明52岁，在故乡越地。

第九章 第三次讲学时期

这年二月，南宫"考试院"的考官出了有关心学的考试题，其实是暗中打算以此排除王阳明的学说，企图以此来弘扬朱子的学术主张。

王阳明的门人徐珊[①]一看见考试题目，就感叹道："吾恶能昧吾知以侥幸时好耶！"

这句话的意思是说："我怎么能昧着良知去做这样的阿谀奉承的题目呢！"其对老师的感情溢于言表，令人感动。徐珊然后选择不作答卷而出了考场。

听说了这件事的人都对徐珊的高尚节操而感到钦佩，然而他的同门师兄欧阳德[②]、王臣、魏良弼[③]等面对同样的题目，选择了直接阐述王阳明的学说，完成自己的考试，最后却出人意料地获得了录取。

了解内情的人都认为人生中的事情都是由其的宿命所注定的。我却认为，人生中的所有事情都是不能注定的，在这件事中，那是门人们对王阳明学说的坚定信仰而使得他们决定如此选择的！

---

① 徐珊（1487—1548），字汝佩，号三溪，浙江余姚人。嘉靖壬午浙江亚魁。仕至湖广辰州同知。嘉靖间，珊以庙工采木于盘顺中里之卯洞，凡居二年。著有《卯洞集》四卷等。

② 欧阳德（1496—1554），字崇一，号南野，泰和（今江西泰和）人。明理学家。嘉靖二年进士，历刑部员外郎，以学行改翰林编修。累迁礼部尚书。以宿学居显位。知六安州时建龙津书院。复集四方名士于灵济宫讲学，至者五千人。德遇事侃侃持正，好引掖后进，为京师讲学之盛。卒，谥文庄。德所为诗文、章奏、案牍及讲学之文，有欧阳南野集三十卷；又有南野文选四卷，（均《四库总目》）并行于世。欧阳德还指出"良知"与"知觉"也不同。

③ 魏良弼（1492—1575），明理学家、教育家，字师说，一作师悦，号水洲，新建（今属江西南昌）人。受学于王守仁，与钱德洪、陈九川、刘邦采、罗洪先、邹守益等往复论学，联集讲会，阐扬王学。著有《水洲文集》，后人撰有《魏水洲先生行略》。

诽谤再起

在这次考试中,钱德洪落第回来,深深痛恨时政的荒谬无常。待他见到王阳明,王阳明则面露喜悦之色地迎接他归来,道:"圣学从兹大明矣。"

其意思是说圣贤之学从此以后彻底清楚了。钱德洪则回答道:"时事如此的糟糕,我们又怎么能够彻底清楚了呢?"

王阳明说:"我并不希望自己的思想主张被天下的文士都知道。事实上通过多年前我命题的山东会试的题目,即便是穷乡僻壤都能够知道我的主张。既然朝廷有人认为我的学说是错误的,那么天下必有起来寻求真理的人。"呜呼!王阳明先生这是何等勇猛豁达的精神境界啊!

再说门人邹守益、薛侃、黄宗明、马明衡、王艮等人,他们一直守候在王阳明的身边,由于朝廷对王阳明的非议之声愈演愈烈,对于这件事,王阳明说道:"请诸君说一下这样议论的缘由!"

这时候有人说那是因为王阳明势位隆盛,因此就遭到嫉妒和诽谤;也有人说王阳明的思想主张如日中天,打算要和宋儒传统学说一决高下,则以学术遭谤;更有人言天下从游者众,与其进不保其往,于是就开始诋毁王阳明。

王阳明先生镇定地说道:"你们说的三种原因的确是有这个因素,但是你们都没有抓住问题的根本所在。"

诸门生都感到不解。

王阳明继续解释道:"就在我在南京之前,仍还有一些乡愿的意思。时至今日,我只相信良知的真是真非,更没有什么遮掩袒护,才做得成狂者。虽然以上导致了天下的人都认为我做事行不掩言，但是我依旧只是依据良知为人处世。"

门生们就向王阳明请教乡愿与狂者有什么区别。

王阳明回答道："乡愿以忠信廉洁的品格为谦谦君子所喜爱，并且不与小人同流合污。探究之所以会这样的根源，才知道忠信廉洁本身就是君子的写照，同流合污则是小人蝇营狗苟的描摹。大凡那些内心不善良的人，他们是不能走上圣人尧、舜的道路的。狂者则志存古人，一切纷嚣俗染，所有的一切都不足以累烦其心，真有凤凰翔于千仞之意，一克念即成为圣人。惟有不克念，故阔略事情，而他们的行为经常不虚伪。惟其不虚伪，故而他们的心没有变坏，处理事情仍旧可以秉持公正。"

世间此时诽谤王阳明的人一下子倍增，大多数情况下，王阳明都以乡愿到狂者的转变过程来应对。但是门人们对于这个说法之前闻所未闻，大多对其都是一知半解。

事实上，只有王阳明先生对此观点十分心知肚明。

他之所以如此周详地对门人用了"乡愿"和"狂者"的概念来比况，那是因为王阳明深刻地明白，他自己此时的情况和其他人的情况不一样，他认为善待人生才是乡愿的志向。为了表面上不被朝敌所怀疑，所以他就称二者相似。他这么做的最终目的还是为了息事宁人，不再招惹是非，从而避免更多的非议和诋毁。

从这里我们也可以看出王阳明对人生境界的体悟是何等的超然和洒脱！大凡历史上那些从事社会活动的人多多少少都不能避免与自己对立的人存在，换言之，与自己对立的敌人越多，这些人的人生轨迹愈发光亮照人！

中国的亚圣颜回①对这种情况也曾经如是说道:"不容何病,不容然后见君子。"意思即是说,一个人必须要经受住像疾病一样的惨淡人生的折磨,你才最终能成为真正的大君子!

回顾古今所有圣贤之人,无不如此,他们都是面对敌人的对立,坚守住了自己的节操,从而为后人所景仰!

教谕讲友间的态度

王阳明在写给黄宗贤的书信(《与黄宗贤书》)中如是写道:

"近与薛尚谦、(子华)②、黄宗明讲《孟子》中'乡愿狂狷'一章,颇觉有所获益和警示,等和相见时我们再好好地谈论下。四方朋友来去无定,中间不无切磋砥砺之益,但真有力量能担当此大任的人,却是十分的少见。大抵是近世的学者无有要成为圣人的志向,胸中的牵挂太多,很难获得思想上的清脱。听说你有这个远大的志向,孜孜不怠一直在努力,真的是太好了!但有一点需要提醒你的是,论议须谦虚简明为佳。若过于自命不凡而且词意重复,我担心对你的学业会无益有损。"

以上的言论今日更可成为吾等做学问的人的终生指导方针。

---

① 颜回(前521—前481),字子渊,春秋时期鲁国人,他14岁即拜孔子为师,此后终生师事之。在孔门诸弟子中,孔子对他称赞最多,不仅赞其"好学",而且还以"仁人"相许。历代文人学士对他也无不推尊有加,宋明儒者更好"寻孔、颜乐处"。
② 日文中没有"子华",但是信中又说"四方朋友",前后不通,故而查《王阳明全集》后补上。——译者注

训诫轻傲

薛尚谦要离开，王阳明在临行之际赠诗（《次谦之韵》）一首，如下：

> 珍重江船冒暑行，
> 一宵心话更分明。
> 须从根本求生死，
> 莫向支流辩浊清。
> 久奈世儒横臆说，
> 竞搜物理外人情。
> 良知底用安排得？
> 此物由来自浑成。

他又写信（参见《与尚谦书》），道："常言道，自咎罪疾大多因为轻傲二字，从此可以充分知道要用力恳切。我也知道轻傲处便是良知，致此良知，除却轻傲，便是格物。如果要领悟致知二字，千古人品的高下真伪，一齐觑破，而且毫发不容掩藏：我之前所讨论的乡愿，可以充分体现出这一点。这二字是我在赣州时终日研讨、与同志切磋，参悟还不是很透彻的。前段时间我在古本序中修改一段话，颇觉得自己有这样的体悟，然而一般人却往往不能体察。而今我给你寄来这封信，这种感觉越发明确了。此真真是千古圣学的奥秘，从前的儒者多不擅长悟到这一点，故而他们的学说入于支离外道而自己却不曾察觉。"

王阳明自始至终都不曾放弃悟道学说，自信如此这般，进步如此神速，其境界自此可见一斑。

九月，王阳明改葬父亲龙山公王华先生于天柱峰，随之将生身母亲郑老太夫人迁葬至徐山。郑老太夫人曾经葬于余姚境内一个叫穴湖的地方，不久改殡到郡南的石泉山，等到与龙山公王华合葬的时候，打开墓穴发现里面有水患，王阳明后来常做噩梦，于是就决定再度迁葬父母双亲。

到了十一月，王阳明抵达浙江萧山，正好赶上以生性秉直、以诤谏有名的官员林见素公自都御史告老还乡。林见素公路过钱塘的时候，就渡钱塘江来拜访王阳明。

王阳明先生趋迎林见素公于萧山，两人夜宿浮峰寺。两公聚到了一起，对当前的朝政时局多有讨论，少不了一番感慨。林见素公甚至还鼓励王阳明及从行诸友，应当珍惜光阴，及时勉学，不要辜负了人生的理想。

论儒老佛三教

张元冲侍讲于舟中，问老师王阳明道："释老①二氏与圣人之学所差毫厘，有人称这都是因为他们都和人的性命相关。但佛教和道教在性命中对于私人利益的态度，其差异则谬以千里。如今再观此二氏的作用，对我的学业有很大的作用，不知道我是否有必要兼收并取呢？"

王阳明说："说兼而取之，那就是大错特错了。圣人尽性而知天命，

---

① 即释迦牟尼和老子的学说。

任何条件都不具备，哪里能够兼而取之？道教和佛教二者之效用，都是我所主张的阳明学的效用体现。就是吾尽性至知天命中完养此身，就是所谓之仙道；就是吾尽性至知天命中不染世累，就是所谓之佛性。但是，如今的儒者看不见圣学的大的轮廓，故而形成了与佛、道二教不一致的两种看法。譬如说，厅堂三间共为一厅，如今的儒者根本不知此三间皆可为自己所使用。一看见佛教，就分割左边一间与之；见了道教，则分割右边一间与之；而安排自己居住在当中那一间房子。这些人都是举一而废百之徒者也。你们且看，大凡历史上的圣人，都是与天地民物同体，儒、佛、老、庄皆为自己所用，这才称得上所谓的大道。但是佛教和道教却自私其身，充其量只能称得上是小道罢了。"

从上可以清楚一观王阳明对于儒、道、佛三教的观点。

南大吉门人

嘉靖三年（1524），王阳明先生53岁，在故乡越中地方。

不断有人慕名前来拜王阳明为师，其门人的数目也是与日增多。

当地的郡守名叫南大吉，也以座主（主客）的名义称自己是王阳明的门生。南大吉此人性情豪旷，并且不拘小节。

有一次，王阳明与弟子南大吉在一起论学，南大吉突然间有新的领悟，立刻就对王阳明说："我在地方为官多年，在面对事务的时候犯了很多过失，您为何不置一言进行训诫呢？"

王阳明问道："你何过之有啊？"

南大吉于是历数其事。

王阳明听完回答说:"我已经说过了。"

南大吉有些迷惑:"什么时候?"

王阳明道:"如果我没说的话,那你又是怎么知道的呢?"

南大吉回答道:"良知。"

王阳明复问道:"良知不就是我常日所言的吗?"

南大吉笑谢而去。

过了数日,南大吉又跑来诉说自己更多的过失,说完了他疑惑地问王阳明先生道:"与其犯了过失后悔改,为什么不能够提前自我反思,预防其发生岂不是更好?"

王阳明道:"听别人言不如自悔更为真切。"

南大吉笑而辞谢而去。

又过了数日,南大吉的过失倾诉更加频繁,且说:"犯了过失和错误,还可以自我反省,但是心里的过失可如何是好啊?"

王阳明开导南大吉道:"那是你昔日的镜未展开,因此就能够藏垢其中;如今那面镜越来越干净,如果一尘之落,定然自难住脚。这是你成为圣贤之人的大好时机啊,你一定不要辜负了!"

听讲者三百余人

南大吉于是开设了会稽书院,在此招纳了附近八个城邑里有才学的文士,王阳明先生亲自率领这些学子们研讨学习,时不时还敦促他们。

于是萧谬、杨汝荣、杨绍芳等从湖广前来,杨仕鸣、薛宗铠、黄梦星等从广东前来,王艮、孟源、周冲等从直隶前来,何秦、黄弘纲等从南赣前来，魏良采、刘文敏等从安福前来，魏良政、魏良器等从新建前来，曾忭从泰和前来，众文士欢聚一堂，十分壮观。

讲习所使用的地点是一处寺庙，面积狭窄无法容纳这么多人。一日讲到"君子喻于义，小人喻于利（《论语》）"这个章节，在座者无不因感动而觉得酣畅淋漓。

其中有两个从地方来的学生王畿和魏良器，此二人平素关系十分要好，之前每每讨论到"良知"这一观点的时候，都认为其会阻碍自己当官的道路。他们还曾经对人说不要去听王阳明的讲座。

这一日听完王阳明的讲学，此二人深深感到之前自己因为无知而失言。二人当场就道歉，并拜王阳明为师。王畿自号龙溪，后来成为王阳明先生的高徒，一直致力于王阳明的学说的弘扬与传播。

在会稽书院听讲的时候，众弟子绕成圈围坐在王阳明身边，有三百多人。

王阳明面对座下的弟子们，只对他们阐述《大学》中"万物同体"的核心理论。他鼓励弟子们各自去寻求本性，追求内心的"良知"，争取达到至善的境地，从而在功夫方面有所领悟。

因为王阳明善于因材施教，所以拜师的弟子们都愿意追随他、学习他的学说。

诗人董沄

海宁人董沄，号梦石，因为善于诗词写作，在知识分子间小有名气。这年他已经是68岁的老人了。

这年他来会稽旅游,听说王阳明在这里讲学,董沄就肩挑着酒斛,戴着草帽,拿着诗书前来拜访。董沄进了门,对王阳明只行了拱手礼,就一抬屁股坐到了上位。

王阳明对于他的气势很是惊异,但还是以礼仪招待他,和董沄的谈论持续了一天一夜。董沄有所领悟,经由何秦强行向王阳明俯首拜陈,要成为王阳明的学生。

随后,王阳明和董沄徜徉流连于山水景色之间,王阳明每天都对董沄有新的教诲,董沄也领悟到很多道理,心中怡然快乐,甚至因此而忘记了归日。

董沄的后代和好友都来叫他返乡回去,对他说:"你一把岁数了,为何要这般自讨苦吃呢?"

董沄则毫不在乎地说:"你这完全说错了,我刚刚幸运地从苦海中得以逃脱出来,我还觉得你们辛苦自己,才应该被怜悯。你们却相反认为我是辛苦的。我刚刚在渤海①扬鳍遨游,在云霄之上振翅高飞,你们怎么能胡说我又投入渔网和樊笼中了呢?你们赶紧回去吧!我将继续从事我所爱好的事情。"

董沄自此便自号为从吾道人。王阳明对此还写了《从吾道人记(乙酉)》,记录了当时的情形。

卓哉萝石!"血气既衰,戒之在得"矣,孰能挺特奋发,而复若少

---

① 原文为"渤湖",应是对"渤海"的误写,亦有可能为"鄱阳湖",此处存疑。——译者注

年英锐者之为乎？真可谓之能"从吾所好"矣。世之人从其名之好也，而竞以相高；从其利之好也，而贪以相取；从其心意耳目之好也，而诈以相欺；亦皆自以为从吾所好矣。而岂知吾之所谓真吾者乎！夫吾之所谓真吾者，良知之谓也。父而慈焉，子而孝焉，吾良知所好也；不慈不孝焉，斯恶之矣。言而忠信焉，行而笃敬焉，吾良知所好也；不忠信焉，不笃敬焉，斯恶之矣。故夫名利物欲之好，私吾之好也，天下之所恶也；良知之好，真吾之好也，天下之所同好也。是故从私吾之好，则天下之人皆恶之矣，将心劳日拙而忧苦终身，是之谓物之役。从真吾之好，则天下之人皆好之矣，将家、国、天下，无所处而不当；富贵、贫贱、患难、夷狄，无入而不自得；斯之谓能从吾之所好也矣。夫子尝曰："吾十有五而志于学"，是从吾之始也。"七十而从心所欲，不逾矩"，则从吾而化矣。萝石逾耳顺而始知从吾之学，毋自以为既晚也。充萝石之勇，其进于化也何有哉？呜呼！世之营营于物欲者，闻萝石之风，亦可以知所适从也乎！

[参见《王阳明全书》卷八《从吾道人记（乙酉）》一篇]

天泉桥宴请门人

八月，中秋月满之夜，王阳明在天泉桥设宴招待门生。

中秋之夜月色皎洁，如若画中描绘。王阳明吩咐门人到碧霞池上共用宴席，出席的门生大概有一百多人。酒兴正浓的时候，歌声也应之而起，不久就有人投壶划拳，有人击鼓取乐，有人泛舟怡情。

王阳明看到诸位门生玩兴正浓，就退席回去作诗两首，摘录如下：

月夜与诸生歌于天泉桥

其一：

万里中秋月正晴，
四山云霭忽然生。
须臾浊雾随风散，
依旧青天此月明。
肯信良知原不昧，
从他外物岂能撄。
老夫今夜狂歌发，
化作钧天满太清。

其二：

处处中秋此月明，
不知何处亦群英。
须怜绝学经千载，
莫负男儿过一生。
影响尚疑朱仲晦，
支离羞作郑康成。
铿然舍瑟春风里，
点也虽狂得我情。

第二日，学生们向王阳明拜谢。王阳明说："昔日圣人孔子在陈国，思念鲁国的狂士。世间的学者，沉溺于富贵声色场之名利场，就像被囚禁住的犯人，却不知道省悟和脱逃。等到他们听到孔子的教谕，才开始知道一切世俗皆不是人之性体，才得以豁然明白。但是只发现这层意思，但不加以实践，达到精微之处，则渐渐会有轻蔑世事变迁、阔略伦物之病。虽然与社会上庸庸碌碌之徒有所不同，但和他们一样，不能领悟道为何物。因此孔子在陈国的时候思念鲁国，纠正鲁国的狂者引导他们步入道。诸君讲论学问，只患忧不能领悟这个思想。如今很幸运地看到了这层意思，正好好好修炼，努力领悟，以求获得真道。而不要因为看见了这层意思而浅尝辄止，最终止步于狂者的阶段。"

读到此处，王阳明教化的盛况实在是令人艳羡不已。

敬畏与洒脱

这一月，舒柏[①]向王阳明请教"敬畏累洒落"的问题。

王阳明对弟子说："君子所常讲的敬畏，并非我们所认为的恐惧忧患，戒慎不睹则恐惧不闻。君子所常讲的洒落，也并非旷荡放逸之意，而是君子的心体不为欲望所累，没有什么能够羁绊他们追求的自由。我们所说的心之本体，就是天理。天理之昭明灵觉，也正是我常说起的良知。君子戒惧之功，无时或间，则天理常存，而其昭明灵觉之本体，自

---

① 舒柏，字国用，江西靖安县新兴都（今高湖乡）舒家人。明正德年间中举，任歙县右训导，后为梧州府同知。曾先后主管紫阳、梧山、岭表等书院，两广人士多游学于此。因随从王文成平田洲之乱有功，升南京刑部员外郎，未到任，即改任两浙盐运司运同。不久任南宁知府。著有《亚崮遗稿》《系言》等书。

无所昏蔽，自无所牵扰，自无所歉馁愧作，动容周旋而中礼，从心所欲而不逾，这才是所谓真洒落呢。这里的洒落生于天理而且存在其内部，天理也同样恒常存生于戒慎恐惧之中。你为什么会说存敬畏之心却反为洒落所累呢？"

以上的解答真是奥妙精微，令人佩服。

入山静养说

弟子刘侯则向王阳明请教是否有必要入山养静的问题。

王阳明对刘侯说："君子常说的养心之学就如同良医治病，根据不同病人的虚实寒热而斟酌药物的补泄，这样做的目的和去病没有区别，并且没有固定的药方，还要使人都信服。如果你一心打算入座穷山，绝世故，屏思虑，我则有些担心你会养成空寂的生活习惯，虽欲勿流于空寂，但仍会得不偿失。"

这正是王阳明的养心大法中"人须在事上磨炼做功夫乃有益"的重要体现。

圣学无碍举业论

钱德洪携两个兄弟钱德周、钱仲实在城南某个书塾读书。他们的父亲心渔翁[①]前往书塾探望。

---

① 即钱蒙。

钱家三兄弟和魏良政①、魏良弼等人与心渔翁一起去游览禹穴等名胜古迹,游玩了十天,忘记返回。

心渔翁问魏良政、魏良弼:"承蒙诸君相携这么长的时间,这样会不会妨碍你们的课业呢?"

魏良政、魏良弼回答说:"我们功名科举的学业无一刻不在学习啊。"

心渔翁说:"我自然也知道心学可以触类而旁通,但朱子学说是否也应该有所理会呢?"

这两人解释道:"以我们的良知,去寻求晦翁②的学说,譬如打蛇打得七寸一样,又何必担忧呢?"

心渔翁的疑惑没有得到释解,就去请教王阳明先生,请他来进行解答。得知心渔翁的疑问,王阳明回答道:"这一切非但没有妨碍,还有很大的益处。要成为圣贤者,就如同治家,其产业、宅第、服食、器物都是自己的购置,如果要请客,拿出自己的家当一起享用;等客离去,你的物品样样都还在,还可以自享,其用处终生无穷。试看今天的求学之人,譬之如治家不专务居积,擅长假贷为功,他们如果要请客,自厅事以至供具所有的物件无不遍借,客人到来之时,则借贷之物一时间琳琅满目,丰裕可观;待到客人离去,则全部还给别人,又成了家徒四壁的陋室。如果请客但是客人没有到来,则时过气衰,即便是借贷也做不出

---

① 魏良政(1496—1527),明经师,字师伊。江西新建人。嘉靖四年(1525)解元。王守仁巡抚江西时,与兄良弼,弟良器、良贵往学,深受守仁赞许。潜心于良知之学,著有《时斋集》《时齐集》。
② 指朱熹。

来了。这些人终身奔劳，到了最后却难逃一无所获的结局。"

在翌年（1525）的考试中，很多学士在稽山书院听王阳明讲学，获悉钱德洪、魏良政根据自己的主张分别在江、浙[①]当地的考试中金榜题名。

心渔翁听说了这回事，为此二人的真才实学感到由衷喜悦。

此时朝廷里关于大礼的争议刚起步，一天晚上，王阳明坐在碧霞池上，作诗（《碧霞池夜坐》）道：

> 一雨秋凉入夜新，
> 池边孤月倍精神。
> 潜鱼水底传心诀，
> 栖鸟枝头说道真。
> 莫谓天机非嗜欲，
> 须知万物是吾身。
> 无端礼乐纷纷议，
> 谁与青天扫旧尘。

作一首后不尽兴，又赋诗（《夜坐》）一首：

> 独坐秋庭夜色新，
> 乾坤何处更闲人。

[①] 原文为"淅"，应为错讹。

> 高歌度与清风去,
> 幽意自随流水春。
> 千圣本无心外诀,
> 六经须拂镜中尘。
> 却怜扰扰周公梦,
> 未及惺惺陋巷贫。

由于对于大礼起争议之事感触颇深,两首诗彰显了王阳明内心对此事的细致感受。

到了四月,龙山公王华居丧期已满,朝廷中官员屡次给皇帝奏疏,引荐王阳明继续做官。霍兀厓、席元山、黄宗贤、黄宗明先后皆以大礼的问题给王阳明来函询问,但是王阳明对之都置若罔闻,不做任何回应。

以上估计是另有隐情吧。

续刻《传习录》

《传习录》最开始由薛侃在虔州(今赣州)刻制,总共三卷。

到了这一年,南大吉搜集了王阳明论学的著述,重新刻印,总共增加了五卷,他复刻的地方在王阳明的老家越地。

嘉靖四年(1525),王阳明先生54岁,居住在越地。

这年正月里,王阳明的原配夫人诸氏去世,后来祔葬于徐山王阳明家的祖坟。

《尊经阁记》

同一月里,王阳明在稽山书院写完《尊经阁记》,大略意思是:

圣人之扶人极忧后世而述《六经》也,犹之富家者之父祖,虑其产业库藏之积,其子孙者或至于遗亡失散,卒困穷而无以自全也,而记籍其家之所有以贻之,使之世守其产业库藏之积而享用焉,以免于困穷之患。故《六经》者,吾心之记籍也,而《六经》之实则具于吾心;犹之产业库藏之实,种种色色,具存于其家,其记籍者,特名状数目而已。而世之学者不知求《六经》之实于吾心,而徒考索于影响之间,牵制于文义之末,然以为是《六经》矣。是犹富家之子孙,不务守成规享用其产业库藏之实积,日遗忘散失,至于窭人丐夫,而犹嚣嚣然指其记籍曰:"斯吾产业库藏之积也。"何以异于是?

以上可以一观王阳明先生对于《六经》的观点。

也是同一年,南大吉在王阳明处理政事的大堂上悬挂了一块名为"亲民堂"的匾幅。山阴知县吴瀛重新修建了县学,提学佥事万潮与监察御史潘仿重新修建了省城以南的万松书院,向那些科举落第的书生开放,给他们传播修养的学问,他们还邀请王阳明撰写一篇书记来记录之。王阳明皆为作记。

六月,礼部尚书席书举荐王阳明。

王阳明服丧期满后,按照朝廷惯例应当复出继续做官。御史石金等人不断向朝廷上疏举荐王阳明,但没有回应。

礼部尚书席书上疏特别举荐王阳明说："生在臣前者见一人，叫作杨一清；生在臣后者见一人，叫作王阳明。且使亲领诰卷，趋阙谢恩。"

于是杨一清进入内阁办事，第二年朝廷下诏让王阳明上朝领取封赏的文书并谢恩，但很快这事就无疾而终了。

九月份，王阳明返回祖里余姚，祭扫祖先英灵。

题壁勉励诸生

王阳明返回故乡余姚，与门生们商议好在每个月的初一、初八、十五、二十三这四天时间里于龙泉寺中天阁讲学论道。其间，王阳明在墙壁上书写了一文勉励自己的门生：

虽有天下易生之物，一日暴之，十日寒之，未有能生者也。承诸君子不鄙，每予来归，咸集于此，以问学为事，甚盛意也。然不能旬日之留，而旬日之间又不过三四会。一别之后，辄复离群索居，不相见者动经年岁。然则岂惟十日之寒而已乎？若是而求萌蘖之畅茂条达，不可得矣。故予切望诸君勿以予之去留为聚散，或五六日、八九日，虽有俗事相妨，亦须破冗一会于此。务在诱掖奖劝，砥砺切磋，使道德仁义之习日亲日近，则势利纷华之染亦日远日疏：所谓相观而善，百工居肆以成其事者也。相会之时，尤须虚心逊志，相亲相敬。大抵朋友之交，以相下为益，或议论未合，要在从容涵育，相感以成；不得动气求胜，长傲遂非，务在默而成之，不言而信。其或矜己之长，攻人之短，粗心浮气，矫以沽名，讦以为道，挟胜心而行愤嫉，以圮族败群为志，则虽日讲时习于此，亦无益矣。

其中告诫弟子如何做学问的精髓，时至今日仍可为我等讲学遵循的指针。

致知格物论

王阳明在答复顾璘（号东桥）的信中（《答顾东桥书》）说：

朱子所谓格物云者，是以吾心而求理于事事物物之中，如求孝子之理于其亲之谓也。求孝之理果在于吾之心耶？抑果在于亲之身耶？假而果在于亲之身，而亲没之后，吾心遂无孝之理与？见孺子之入井，必有恻隐之理，是恻隐之理果在孺子之身与？抑在于吾身之良知与？以是例之，万事万物之理，莫不皆然。是可以见析心与理为二之非矣。若鄙人所谓致知格物者，致吾心之良知于事事物物也。吾心之良知，即所谓天理也。致吾心之天理于事事物物，则事事物物皆得其理矣。故道："致吾心之良知者，致知也。事事物物皆得其理者，格物也。"是合心与理而为一者也。合心与理而为一，则凡区区前之所云，与朱子晚年之论，皆可不言而喻矣。

信中又说道：

心者身之主也，而心之虚灵明觉，即所谓本然良知也。其虚灵明觉之良知应感而动者,谓之意;有知而后有意,无知则无意矣。知非意之体乎?意之所用,必有其物,物即事也,如意用于事亲,即事亲为一物;意用于治民,则治民为一物;意用于读书,即读书为一物;意用于听讼,即听讼为一物;凡意之所在,无有无物者,有是意,即有是物,无是意,即无是物。物非意之用乎?

另外,还对格物致知的内涵进行了讨论,说道:

"格"字之义,有以"至"字训者。如"格于文祖",必纯孝诚敬,幽明之间,无一不得其理,而后谓之格;有苗之顽,实文德诞敷而后格,则亦兼有"正"字之义在其间,未可专以"至"字尽之也。如"格其非心"、"大臣格君心之非"之类,是则一皆正其不正以归于正之义,而不可以"至"字为训矣。且《大学》格物之训,又安知不以"正"字为义乎?如以"至"字为义者,必曰穷至事物之理,而后其说始通。是其用功之要全在一"穷"字,用力之地全在一"理"字也。若上去一"穷"字,下去一"理"字,而直曰"致知在至物",其可通乎?夫穷理尽性,圣人之成训见于《系辞》者也。苟格物之说而果即穷理之义,则圣人何不直曰"致知在穷理",而必为此转折不完之语,以启后世之弊耶?盖《大学》格物之说,自与《系辞》穷理大旨虽同,而微有分辨。穷理者,兼格致诚正而为功也;故言穷理,则格致诚正之功皆在其中;言格物,则必兼举致知、诚意、正心,而后其功始备而密。今偏举格物而遂谓之穷理,此非惟不得格物之旨,并穷理之义而失之矣。

拔本塞源论

王阳明先生在上述"格物致知论"的末尾，紧接着以"拔本塞源"展开讨论，这是一篇极为有名的杰作，展示了王阳明至大至广的人生理念，其略道：

圣人之心，视天下之人无内外远近，凡有血气，皆其昆弟赤子之亲，莫不安全而教养之，以遂其万物一体之念。天下之人心，其始亦非有异于圣人也，特其间于有我之私，隔于物欲之蔽；大者以小，通者以塞，甚有视其父子、兄弟如仇仇者。圣人有忧之，是以推其天地万物一体之仁以教天下，使之皆有以克其私、去其蔽，以复其心体之同然。其教之大端，则尧、舜、禹之相授，所谓"道心惟微，惟精惟一，允执厥中"。而其节目，则舜之命契，所谓"父子有亲，君臣有义，夫妇有别，长幼有序，朋友有信"五者而已。当是之时，人无异见，家无异习，安此者谓之圣，勉此者谓之贤，而背此者，虽启明如朱，亦谓之不肖。下至闾井田野农工商贾之贱，莫不皆有是学，而惟以成其德行为务。何者？无有闻见之杂，记诵之烦，辞章之靡滥，功利之驰逐，而但使之孝其亲，弟其长，信其朋友，以复其心体之同然，则人亦孰不能之乎？学校之中，惟以成德为事；有长于礼乐，长于政教，长于水土播植者，则就其成德而因使益精其能。迨夫举德而任，则用之者惟知同心一德，以共安天下之民，视才之称否，而不以崇卑为轻重；效用者亦惟知同心一德，以共安天下之民，苟当其能，则终身安于卑琐而不以为贱。当是时，才质之下者，则安其农工商贾之分，各勤其业以相生相养，而无有乎希高慕外之心；才能之异若皋、夔、稷、契者，则出而各效其能，或营衣食，或通有无，或备器用，集谋并力，以求遂其仰事俯育之愿。譬之一身，目不耻其无聪，而耳之所涉，目必营焉；足不耻其无执，而手之所探，足必前焉；盖其元气充周，血脉条畅，是以痒疴呼吸，感触神应，有不言而喻之妙。此圣人之学所以惟在复心体之同然，而知识技能，非所以与论也。三代以降，教者不复以此为教，而学者不复以此为学。霸者之徒，窃取先生之近似者，假之于外以内济其私，天下靡然宗之，圣人之道遂以芜塞。世之儒者慨然悲伤，搜猎先圣王之典章法制，而掇拾修补于煨烬之余，圣学之门墙遂不可复观。于是乎有训诂之学，而传之以为名；有记诵之学，而言之以为博；有辞章之学，而侈之以为丽。相矜以知，相轧以势，相争以利，相高以技能，相取以声誉。其出而仕也，理钱谷者，则欲并夫兵刑；典礼乐者，又欲与于铨轴；处郡县，则思藩臬之高；居台谏，则望宰执之要。故不能其事，则不得以兼其官；不通其说，则不可以要其誉；记诵之广，适以长其敖也；知识之多，适以行其恶也；闻见之博，适以肆其辩也；辞章之富，适以饰其伪也。呜呼！以若是之积染，以若是之心志，而又讲之以若是之学术，宜其闻吾圣人之教，而视之以为赘疣枘凿矣。非豪杰之士无所待而兴者，吾谁与望乎！

对于打算熟知王阳明先生的真实想法的人，建议对上篇精读、细读，否则是无法了解王阳明学说的精华的。

十月，王阳明的门生在越中地方建立阳明书院。阳明书院具体位置在越城西城门内的光相桥东边。

时间往后推十二年，就是嘉靖十七年（1538），王阳明去世后十年，巡按御史门人周汝员于楼前建立祠堂，悬挂匾额，题词道："阳明先生祠。"

论良知与礼

嘉靖五年（1526），王阳明先生55岁，居住在越城。三月，王阳明给门生邹守益写了一封信（《与邹守益书》）。

当时邹守益因为遭贬到广德州担任通判一职，建造复古书院，以集聚生徒，以及刻印《谕俗礼要》来教化当地民俗。他将自己的所作所为一一汇报给老师王阳明，王阳明写回信称赞他说：

古之礼存于世者，老师宿儒当年不能穷其说，世之人苦其烦且难，遂皆废置而不行。故今之为人上而欲导民于礼者，非详且备之为难，惟简切明白而使人易行之为贵耳。盖天下古今之人，其情一而已矣。先王制礼，皆因人情而为之节文，是以行之万世而皆准。其或反之吾心而有所未安者，非其传记之讹阙，则必古今风气习俗之异宜者矣。此虽先王未之有，亦可以义起，三王之所以不相袭礼也。后世心学不讲，人失其情，难乎与之言礼。然良知之在人心，则万古如一日，苟顺吾心之良知以致之，则所谓不知足而为屦，我知其不为蒉矣。非天子不议礼制度，今之为此，非以议礼为也，徒以末世废礼之极，聊为之兆以兴起之，故特为此简易之说，欲使之易知易从焉耳。

有关道德方面的变迁恒常的两个分类的论点,参看此书就不言自明了。

南大吉致良知修养的效果

四月,南大吉进皇宫觐见皇帝,结果却遭到贬斥丢了官。南大吉就此时自己的境况致信给业师王阳明,篇幅达一千数百字。信件全文兢兢业业,惟以得闻道为喜,迫切地向王阳明求学问道,生怕自己因为疏忽而不得领悟圣人之道而忧,全文中没有一个字提及自己的荣辱得失,以及被罢官后的愤懑。

王阳明读完南大吉的来信,感叹道:"此真有朝闻夕死之志者也!"

王阳明深深为南大吉有志于学问的精神所感动。如果没有"朝闻道夕死可矣"的精神,是不可能说出如此高深的话来的。于是他给南大吉回信道:

世之高抗通脱之士,捐富贵,轻利害,弃爵禄,决然长往而不顾者,亦皆有之。彼其或从好于外道诡异之说,投情于诗酒山水技艺之乐,又或奋发于意气,牵溺于嗜好,有待于物以相胜,是以去彼取此而后能。及其所之既倦,意衡心郁,情随事移,则忧愁悲苦,随之而作,果能捐富贵,轻利害,弃爵禄,快然终身,无入而不自得已乎?夫惟有道之士,真有以见其良知之昭明灵觉,廓然于太虚而同体。太虚之中,何物不有,而无一物能为太虚之障碍。故凡慕富贵,忧贫贱,欣戚得丧,爱憎取舍之类,皆足以蔽吾聪明睿知之体,窒吾渊泉时出之用。如明目之中而翳之以尘沙，聪耳之中而塞之以木楔也。其疾痛郁逆，将必速去之为快，而何能忍于时刻乎？关中自古多豪杰。其忠信沉毅之质，明达英伟之器，四方之士，吾见亦多矣，未有如关中之盛者也。自北宋张横渠之后，此心学不讲，或亦于四方无异矣。自此关中之士有所振发兴起，变气节为圣贤之学，将必自吾元善昆季始也。

在修养悟道方面，南大吉得王阳明熏陶的事例还有很多。据历史记载，南大吉与王阳明其交往时间虽不长，但二人却互相引以为知己。二人不仅情感甚笃，志趣相投，而且王阳明对南大吉的思想影响深刻。

讲学与实务

欧阳德初次见到王阳明先生还是在赣州的时候，在众多弟子里面，他的年龄最小。但是欧阳德凭借自己的才学已经顺利通过地方举办的乡试。因此，王阳明经常笑称欧阳德是"小秀才"。

欧阳德在王阳明先生左右的时候，不论王阳明安排他做什么事情，他都欣然恭命，即便是无比辛劳，他也决不会懈怠，故而王阳明对他也十分器重。

嘉靖二年，欧阳德登第考上进士，奉旨出守六安州①。刚到六安州的几个月，因为政务繁忙，他没有时间去听王阳明讲学，后来才逐渐有所

---

① 元至元末置，属庐州路。治所在六安县(今安徽六安市，1992年撤销)。辖境相当于今安徽六安、霍山等市县和湖北英山县地。明洪武初废六安县入州。1912年废州为县。

改观，有空和其他师兄弟一起跟随王阳明讲学。

对此，王阳明说道："我的讲学，正是要在你政务倥偬中进行，没有必要等大家聚集到一起才讲学！"

以上可以观得王阳明对实用活学的观点。

良知与见闻

后来，王阳明又曾经给欧阳德写信（《答欧阳德书》），如是写道：

良知不因见闻而有，而见闻莫非良知之用。故良知不滞于见闻，而亦不离于见闻。孔子云："吾有知乎哉？无知也。"良知之外，则无知矣。故致良知是圣门教人第一义。今云专求之见闻之末，则落在第二义矣。若曰致其良知而求之见闻，则语意之间未免为二。此与专求之见闻之末者，虽稍不同，其为未得精一之旨则一也。

另外，王阳明在信中提出了"知德性"和"知见闻"差异的讨论，本书将在后文再论。

钱德洪与王畿并举于南宫的考试，但此二人都选择放弃继续功名之路，与黄弘纲、张元冲同舟一起回到越城。

王阳明很高兴，之后大凡刚刚入王门的弟子，都必定先让钱德洪和王畿开导，等到其志向确定、认识境界开始提升的阶段，才提请与王阳明相见。每次见到钱德洪的时候，王阳明和弟子都默默对着焚烧的袅袅香火，相对始终无言。

他真是一个生性沉毅的人啊!

天地万物一体观与良知

八月,南方正是夏天,朝廷委派聂豹为福建省御史巡按,坐船到钱塘来见王阳明先生。

二人别后,聂豹致信给王阳明,写道:

子思、孟子、周濂溪、程明道无意相遭于千岁之下,与其尽信于天下,不若真信于一人。道固自在,学亦自在。

在王阳明先生的答书中,他以比喻的形式对聂豹进行解答(《答聂豹书》),略道:

读来谕,诚见君子不见是而无闷之心,乃区区则有大不得已者存乎其间,非以计人之信与不信也。夫人者,天地之心;天地万物,本吾一体者也。生民之困苦荼毒,孰非疾痛之切于吾身者乎?不知吾身之疾痛,无是非之心者也。是非之心,不虑而知,不学而能,所谓良知也。良知之在人心,无间于圣愚,天下古今之所同也。世之君子惟务致其良知,则自能公是非,同好恶,视人犹己,视国犹家,而以天地万物为一体,求天下无治不可得矣。古之人所以能见善不啻若己出,见恶不啻若己入,视民之饥溺,犹己之饥溺,而一夫不获,若己推而纳诸沟中者,非故为是而蕲天下之信己也;务致其良知,求其自慊而已矣。后世良知之学不明，天下之人外假仁义之名，而内以行私利之实：诡词以阿俗，矫行以干誉；掩人之善，而袭以为己长。讦人之私，而窃以为己直；忿以相胜，而犹谓之徇义；险以相倾，而犹谓之疾恶；妒贤嫉能，而犹自以为公是非；恣情纵欲，而犹自以为同好恶。相凌相贼，自其一家骨肉之亲，已不能无彼此藩篱之隔，而况于天下之大，民物之众，又何能一体而视之乎！仆诚赖天之灵，偶有见于良知之学，以为必由此而后天下可得而治，是以每念斯民之陷溺，则为之戚然痛心，忘其身之不肖，而思以此救之，亦不自知其量者。天下之人，见其若是，遂相于非笑而诋斥，以为是病狂丧心之人耳。呜呼！吾方疾痛之切体，而暇计人之非笑乎！昔者孔子之在当时，有议其为谄者，有议其为佞者，有毁其未贤，诋其为不知礼，而侮之以为"东家丘"者，有嫉而阻之者，有恶而欲杀之者。晨门荷蒉之徒，皆当时之贤士，且曰："是知其不可而为之者与？鄙哉，硁硁乎，莫己知也，斯已而已矣。"虽子路在升堂之列，尚不能无疑于其所见，不悦于其所欲往，而且以之为迂。则当时之不信夫子者，岂特十之一二而已乎？然而夫子汲汲遑遑，若求亡子于道路，而不假于暖席者，宁以蕲人之信我知我而已哉？仆之不肖，何敢以夫子之道为己任？顾其心亦已稍知疾痛之在身，是以彷徨四顾，相求其有助于我者，相与讲去其病耳。今诚得豪杰同志之士，共明良知之学于天下，使天下之人皆知自致其良知，一洗谗妒胜忿之习，以跻于大同，则仆之狂病，固将脱然以愈，而终免于丧心之患矣，岂不快哉！会稽素号山水之区，深林长谷，信步皆是，寒暑晦明，无时不宜。良朋四集，道义日新。天地之间，宁复有乐于是者？孔子云："不怨天，不尤人，下学而上达。"

吾①与二三同志，方将请事斯语，奚暇外慕？独其切肤之痛，乃有未能愁然者，辄复云尔。

（参见《王阳明全集》）

王阳明先生以讲学为己任，善于从中得到无限的快乐，大学者的人生态度尚且如此，更何况是我等泛泛之辈呢？

死后的门人

按：聂豹初次见到王阳明的时候，自称为晚生。此后过去六年，聂豹领命出任苏州知府，至此王阳明已去世四年了。

后来，聂豹见到钱德洪、王畿②二人说："我的学业得到了诸位先生的点化，到现在我仍希冀执贽跟着王阳明先生学习，然而如今已是不可能的事情了。今天要请你们二君作为旁证，我准备好香案祭拜王阳明先生。"以后聂豹对外也称自己为王阳明的门生。

嘉靖五年（1526）十一月③，王阳明先生的次子王正亿④出生。此时

---

① 原文为"仆（BOKU）"，疑错讹，纠正为"吾"。
② 王畿（1498—1583），中国明代思想家。字汝中，号龙溪，学者称龙溪先生。浙江山阴（今绍兴）人。师事王守仁。为王门七派中浙中派创始人，著有《龙溪全集》二十卷。
③ 一说同年十二月十二日。
④ 事实上，王正亿为王阳明亲生儿子。王阳明44岁时，因为没有儿子，而且其妻子诸氏也没可能生产了，遂由父亲龙山公做主，过继了王阳明堂弟王守信的儿子，即王正宪，过继时其已8岁。到王阳明晚年，55岁的时候得正亿。后来在阳明弟子的帮助下，王正亿继承了王阳明新建伯的爵位。

正妻诸氏已去世两年多,王正亿是王阳明的继室张氏生的。王阳明55岁初得子,乡里的先达有静斋、六有者,其时皆年逾九十,听闻此讯不胜欣喜,于是作二诗来表示祝贺。

王阳明先生便按照他们赠诗的用韵依次谢答,全诗如下所录:

嘉靖丙戌十二月庚申始得子,年已五十有五矣。六月静六二丈昔与先公同举于乡,闻之而喜,各以诗来贺,蔼然世交之谊也。次韵为谢二首。

其一:

海鹤精神老益强,
晚途诗价重圭璋。
洗儿惠兆金钱贵,
烂目光呈奎井祥。
何物敢云绳祖武,
他年只好共爷长。
偶逢灯事开汤饼,
庭树春风转岁阳。

其二:

自分秋禾后吐芒,
敢云琢玉晚圭璋。
漫凭先德余家庆,

> 岂是生申降岳祥。
> 携抱且堪娱老况,
> 长成或可望书香。
> 不辞岁岁临汤饼,
> 还见吾家第几郎?

因为当时正好是十一月十七日,王阳明起初给儿子取名字王正聪,时过七年后,王家因为家产纠纷,外舅黄绾因为当时需要避讳,所以就给王阳明的小儿子王正聪改名为王正亿。此名后来一直沿用,被记入王家族谱。

惜阴会

同年十二月,刘邦采[①]聚集安福地方(位于江西中部偏西)的同好成立学会,起名为"惜阴会"。刘邦采邀请王阳明为惜阴会撰写会籍。

王阳明先生应刘邦采的邀约撰写《惜阴说》一篇,兹录入部分

[①] 刘邦采,明教育家。字君亮,号师泉,江西安福人。初为邑诸生,以做"圣人"为志向。与刘晓、刘文敏等先后受业于王守仁。嘉靖七年乡试中式,授寿宁教谕,迁嘉兴府同知。不久弃官归。嘉靖十三年邹守益以国子祭酒致仕归,与之共建复古、连山、复贞诸书院。为学主张"性命兼修"。认为吾心主宰谓之性,性无为者也,故须首出庶物,以立其体。吾心流行谓之命,命大使者也,故须随时运化以致其用(《明儒学案·江右王门学案四》)。要求学者"修(九)容以立人道,慎(九)思以达天德,舒(九)畴以顺帝则"(《易蕴》)。善于辩说,聂豹称其"力大而说辩,排闷之严,四座咸服,人皆避而让舍,莫敢挂其锋"。著有《易蕴》。

如下：

同志之在安成者，隔月为会五日，谓之"惜阴"，其志笃矣。然五日之外，孰非惜阴时呼？离群而索居，志不能无少懈，故五日之会，所以相稽切焉耳。呜呼！天道之运，无一息之或停，吾心良知之运，亦无一息之或停。良知即天道，谓之"亦"，则犹二之矣。知良知之运无一息之或停者，则知惜阴矣。知惜阴者，则知致其良知矣。子在川上曰："逝者如斯夫！不舍昼夜①。"此其所以学如不及，至于发愤忘食也。尧、舜兢兢业业，成汤日新又新，文王纯亦不已，周公坐以待旦：惜阴之功，宁独大禹为然？子思曰："戒慎乎其所不睹，恐惧乎其所不闻，知微之显，可以入德矣。"或道：鸡鸣而起，孳孳为利，凶人为不善，亦惟日不足，然则小人亦可谓之惜阴乎？

（参见《王阳明全集》）

可见，王阳明先生所谓的致良知，也表现了要珍惜光阴的含义。

良 知

编者按：嘉靖六年（1527），王阳明先生路过吉安，顺便给安福的诸同仁寄了一封信，内容如下：

---

① 原文写作"书夜"，当为错讹。——译者注

诸友始为惜阴之会,当时惟恐只成虚语,迩来乃闻远近豪杰闻风而至者以百数,此可以见良知之同然,而斯道大明之几于此亦可以卜之矣。程明道曾有云:"宁学圣人而不至,不以一善而成名。"此为有志圣人而未能真得圣人之学者,则可如此说。若今日所讲良知之说,乃真是圣学之的传,但从此学圣人,却无不至者。惟恐吾侪尚有一善成名之意,未肯专心致志于此耳。

(参见《王阳明全集》)

大凡有志于探求智慧的同仁,在实践躬行方面难免有不足之处,作为今日的我们也应该警惕类似的问题发生。

致良知的修养方法

嘉靖六年(1527),王阳明先生56岁,居住在越城。

这年正月,王阳明先生在写给黄宗贤的书信中(《与黄宗贤书》)劝谕其重视自我修养,信中大致这样写道:

人在仕途,比之退处山林时,工夫难十倍;非得良友时时警发砥砺,平日志向鲜有不潜移默夺,弛然日就颓靡者。近与诚甫言,京师相与者少,二君必须彼此约定,便见微有动气处,即须提起致良知话头,互相规切。凡人言语正到快意时,便截然能忍默得;意气正到发扬时,便翕然能收敛得;愤怒嗜欲正到腾沸时,便廓然能消化得:此非天下之大勇不能也。然见得良知亲切时,其功夫又自不难,缘此数病,良知之所本无，只因良知昏昧蔽塞而后有，若良知一提醒时，即如白日一出，魑魅自消矣。《中庸》谓："知耻近乎勇。"只是耻其不能致得自己良知耳。今人多以言语不能屈服得人，意气不能凌轧得人，愤怒嗜欲不能直意任情为耻；殊不知此数病者，皆是蔽塞自己良知之事，正君子之所宜深耻者。诸君知谋才略，自是超然出于众人之上，所未能自信者，只是未能致得自己良知。须是克去己私，真能以天地万物为一体。

（参见《王阳明全集》）

句句恳切，妙味无限。

著述问答

四月，邹守益于广德州重新刻印王阳明先生的《文录》。

王阳明先生自行标注了年月，吩咐钱德洪分类排次，在此时写给邹守益的信中说道："你的编录请以年月为顺序，不再根据不同文体而进行分类，我的学问专门以讲学明道为事业，不在乎文辞体制的差异。"

过了一天，钱德洪发现了没有被收录的文章，询问王阳明先生的看法。

王阳明回答道："这不是孔子删述《六经》的方法。三代的教诲不明晰，大都是因为后世学者繁文盛而实意衰，故而所学的东西都忽略了其最本质所在。比如孔子删《诗经》，如果只根据文辞来筛选，岂止有三百篇而已呢？正因为孔夫子以彰显圣道为自己此生的志向，所以他的选择才有所精简。《六经》所有的删述和此例是基本相同的。若以爱惜文辞，便非孔子垂范后世的本真含义了。"

钱德洪说道:"先生文字,虽一时应酬不同,但无不是源于自己的性情。更何况学者传诵日久,恐为后世好事者所编辑,反而违背了今日裁定的本意了。"

于是,王阳明先生同意邹守益加刻附录一卷,最后送给邹守益,总共四册。

今日所传的《传习录》中卷也收录了钱德洪撰写的序言,读后即可知晓钱德洪编撰此书的本意。

兹摘录全文如下所示:

(钱)德洪曰:昔南元善刻《传习录》于越,凡二册。下册摘录之。先师手书,凡八篇。其答徐成之二书,吾师自谓"天下是朱非陆,论定既久,一旦反之为难;二书姑为调停两可之说,便人自思得之。"故元善录为下册之首者,意亦以是欤?今朱、陆之辨明于天下久矣;洪刻先师文录,置二书于外集者,示未全也,故今不复录。其余指知,行之本体,莫详于答人论学与答周道通、陆清伯、欧阳崇一四书;而谓格物为学者用力日可见之地,莫详于答罗年庵一书。平生冒天下之非诋,推陷万死,一生遑遑然不忘讲学,惟恐吾人不闻斯道,流于功利、机智以日堕于夷狄、禽兽而不叫,其一体同物之心,譊譊终身,至于毙而后已;此孔、孟以来贤圣苦心,虽门人子弗未足以慰其情也;是情也,莫见于答聂文蔚之第一书:此皆仍元善所录之旧;而揭"必有事焉"即"致良知"功夫,明白简切,使人言下即得入手,此又莫详于答文蔚之第二书,故增录之。元善当时汹汹,乃能以身明斯道,卒至遭奸被斥,油油然惟以此生得闻斯学为庆,而绝无有纤芥愤郁不平之气。斯录之刻，人见其有功于同志甚大，而不知其虎时之甚艰也。今所去取，裁之时义则然，非忍有所加损于其间也。

（参见《传习录·钱德洪序》）

小　结

自从王阳明先生镇压了朱宸濠的叛乱，躲避过了奸臣们的谗谤和陷害，此所谓如王阳明先生所言"某于此'良知'之说，从百死千难中得来"。到这一时期为止，王阳明思想中的心即理、知行合一、致良知的三个纲领已经完备形成，阳明学的体系随之形成。故而在此期间，王阳明先生主张自己一派的学说，和门生反复论述自己的观点，他对教学的各种反思对后人是十分宝贵的财富。

另外，从神仙养生论、儒老佛三教论、入山养静论、拔本塞源论、天地万物一体论到"心之动静""洒落与敬畏""讲友间的态度"等诸学说中，其中最恳切要说明了的，恰如孔子和弟子间的问答那般，一言以蔽之，王阳明门下诸门生文武兼达、学德并进，以圣贤为自己的奋斗目标，并为了成为那样优秀的人一直努力！

第十章　第三次靖乱时期

本章要讲的内容要从王阳明56岁这一年的五月份说起，一直到王阳明先生仙逝一年余时间里，他的文韬武略以及讲学的情况。因此，将此时期称作王阳明先生的晚年也未尝不可。或者说王阳明先生在文武两道上取得成功，于文教讲授的同时并不能忘却武治，于出征靖乱之际亦不荒废讲学布道。

尤其应该指出的是，区别于以往，就在第三次靖乱时期，王阳明先生几乎不诉诸任何的兵戎与干戈，而是寄希望以文德感化对方。看得出来，这一时期王阳明先生更为注重文教治国。

拜命出征

五月，朝廷下诏任命王阳明兼任都察院左都御史一职，率兵征讨思州和田州两个地方的流民叛乱。时间很快就到了六月，王阳明再度向朝廷上疏请辞，此次依旧没有得到皇帝的允许。

第十章 第三次靖乱时期

说起要征讨的叛乱，起先始于广西田州岑猛①作乱，朝廷起初委派提督都御使姚镆②前往征讨。随着征讨进展了一段时间，姚镆便向朝廷上奏报说岑猛父子悉数被自己所擒获，朝廷也降旨对其功劳进行犒赏。可是就在行赏完毕不久，民众在侥幸逃脱的头目卢苏、王受挑唆下又策动叛乱，还伺机占领了恩恩这个地方。

姚镆不得已于是又集合了附近四省的军队前往重新征剿，可是这回过去了很长时间都没有获得明显成效，后来姚镆就在朝廷上遭到巡按御史石金的弹劾。

朝廷对此事十分重视，马上召集朝廷文武大臣对征剿之事进行二度商议，在当时侍郎张璁、桂萼的推荐下，朝廷很快下了圣旨，改委派王阳明先生为总督，负责两广以及江西、湖广等地的军务，其权限包括可以根据实际情况因地制宜制定出合适的作战计划，对当地的反贼进行安抚或者彻底剿灭，另外也可以根据实际情况设置土官或者流官，并认真核实参与其事的各位大臣的功劳与过失后，具体以文件的形式向朝廷报告。朝廷对于有心致仕的王阳明先是一番安抚，然后再责令王阳明要有体念国家的心，不要再像以往的做法那样一味地推诿和逃避。

王阳明先生接收到了圣旨后，给皇帝上疏言：

---

① 岑猛，明广西田州（治今田阳）土官，字济夫。正德三年（1508），袭父职为土知府。七年，参加镇压江西华林起义，迁指挥同知。嘉靖四年（1525），明政府以其屡侵邻部，不听征调为由，命都御史姚镆率兵进击。他逃匿归顺州（今广西靖西），此间被杀。

② 姚镆，字英之，浙江慈溪人。明代名臣，著名军事家。先后授兵部左侍郎、礼部主事。多次奉命平定南方叛乱，著有《锦囊琐缀》八卷等。

臣伏念君命之召，当不俟驾而行，矧兹军旅，何敢言辞？顾臣患痰疾增剧，若冒疾轻出，至于偾事，死无及矣。臣又复思，思、田之役，起于土官仇杀，比之寇贼之攻劫郡县，荼毒生灵者，势尚差缓。若处置得宜，事亦可集。镆素老成，一时利钝，亦兵家之常。御史石金据事论奏，所以激励镆等，使之善后，收之桑榆也。臣以为今日之事，宜专责镆等，隆其委任，重其威权，略其小过，假以岁月，而要其成功。至于终无底绩，然后别选才能，兼谙民情土俗，如尚书胡世宁、李承勋者，往代其任，事必有成。

（参见《王阳明全集》）

王阳明的上疏呈上之后，皇帝下诏书命令姚镆从前线下来，立刻致仕退休，并派遣使者敦促王阳明早日踏上征途。

到了八月份，王阳明不得已去广西赴任，曾经写了一文，名为《客坐私嘱》（亦有写作《客坐私祝》）。

《客座私祝》

《客座私祝》文中写道：

但愿温恭直谅之友，来此讲学论道，示以孝友谦和之行，德业相劝，过失相规，以教训我子弟，使无陷于非僻；不愿狂躁惰慢之徒，来此博弈饮酒，长傲饰非，导以骄奢淫荡之事，诱以贪财黩货之谋，冥顽无耻,扇惑鼓动,以益我子弟之不肖。呜呼!由前之说,是谓良士;由后之说,是为凶人;我子弟苟远良士而近凶人,是谓逆子。戒之戒之!嘉靖丁亥八月,将有两广之行,书此以戒我子弟,并以告夫士友之辱临于斯者,请一览教之。

(参见《王阳明全集》)

九月,王阳明从越中出发。这是他最后在家乡的日子,与妻儿话别,向着江西进发,他对此应该也有所预感吧!

九月初八,钱德洪与王畿在舟中拜访张元冲,一起讨论为学的宗旨。由于争论不休且没有答案,于是他们决定借机向恩师王阳明先生请教。

到了前半夜,钱德洪与王畿便就他们所讨论的要旨(即四言教论),亲耳聆听了王阳明先生的教诲。

翌日王阳明踏上征程,渡过了钱塘江,路过了吴江、山月岩、严滩等地,都有诗作遗世。在经过钓台的时候,王阳明先生便即兴写诗《复过钓台》,全文如下所示:

> 忆昔过钓台,
> 驰驱正军旅。
> 十年今始来,
> 复以兵戈起。
> 空山烟雾深,
> 往迹如梦里。

知行合一：王阳明详传

> 微雨林往滑，
> 肺病双足胝。
> 仰瞻台上云，
> 俯濯台下水。
> 人生何碌碌，
> 高尚乃如此。
> 疮痍念同胞，
> 至人匪为己。
> 过门不遑入，
> 忧劳岂得已。
> 滔滔良自伤，
> 果哉未难已。

一转眼九个年头逝去，王阳明先生赋闲讲学也有五年多的时间，从上诗可以知道，此情此景下，王阳明先生肯定是感慨万端，内心难以平静。另外，就在此诗作的跋中，如是记录道：

右正德己卯献俘行在，过钓台而弗及登，今兹复来，又以兵革之役，兼肺病足疮，徒顾瞻怅望而已。书此付桐庐县尹沈元材刻置驿亭之壁，聊以纪经行岁月云耳。时从行进士钱德洪、王汝中、龙溪建德县[①]尹

---

① 今建德市。

杨思[①]臣及元材，凡四人。

（参见《王阳明全集》）

接下来王阳明一行冒雨抵达西安县[②]，诸门生皆在雨中等待王阳明的到来。王阳明十分感动，于是写信给钱德洪、王汝中（即王畿），并展示给书院的其他弟子阅读：

> 几度西安道，
> 江声暮雨时。
> 机关鸥鸟破，
> 踪迹水云疑。
> 仗钺非吾事，
> 传经愧尔师。
> 天真泉石秀，
> 新有鹿门期。

钱德洪、王汝中正忙着选择地址建造新的书院。王阳明此时路过天真山，对天真山的景象惊叹不已，于是写了一首诗，用书信寄给两位弟子，内容如下：

---

① 日文版本为"忠"。为错讹。
② 今衢州。

> 不踏天真路,
> 依稀二十年。
> 石门深竹径,
> 苍峡泻云泉。
> 泮壁环胥海,
> 龟畴见宋田。
> 文明原有象,
> 卜筑岂无缘?

迄今纪念王阳明先生的祠堂有仰止祠、环海楼、太极云、泉泻云等。同月二十四日,王阳明先生路过常山县,赋诗留念,兹摘录如下:

> 长生徒有慕,
> 苦乏大药资。
> 名山遍深历,
> 悠悠鬓生丝。
> 微躯一系念,
> 去道日远而。
> 中岁忽有觉,
> 九还乃在兹。
> 非炉亦非鼎,
> 何坎复何离?
> 本无终始究,

第十章 第三次靖乱时期

> 宁有死生期?
> 彼哉游方士,
> 诡辞反增疑。
> 纷然诸老翁,
> 自传困多歧。
> 乾坤由我在,
> 安用他求为?
> 千圣皆过影,
> 良知乃吾师。

(原题为《长生》)

论徐樾的禅定法

十月,王阳明抵达南昌。他用诗记录了自己当时的感受:

> 南浦重来梦里行,
> 当年锋镝尚心惊。
> 旌旗不动山河影,
> 鼓角犹传草木声。
> 已喜间阎多复业,
> 独怜饥馑未宽征。
> 迂疏何有甘棠惠,
> 惭愧香灯父老迎。

(原题为《南浦道中》)

从南昌再次启程南行,路过丰城后,王阳明先生从广信乘船继续赶路,沿途诸生徐樾、张士贤、桂轨等请求拜见。

王阳明先生以兵事未暇一一婉拒,允诺说等将来回途中再相见讨论。徐樾从贵溪一路追至余干,王阳明先生方才勉强同意让他登舟相见。

徐樾刚刚从白鹿洞打坐归来,此刻他已经萌生禅定的意愿。

王阳明先生看了一眼已经有所察觉,然后劝告徐樾千万不要过于执迷静虚的功夫。

欢迎盛况

接下来的一站是南浦,王阳明抵达后,南浦的父老军民都夹道欢迎。人群林立,万人空巷,以至于道路一度不能通行。

父老左右前后紧跟着王阳明先生到达官府,顶舆传递入都司。王阳明先生命父老军民就谒,东入西出,有不舍者,出且复入,自辰至未(晚上六点钟)渐而散开,始举有司常仪。

第二日,王阳明拜谒了孔子庙,讲《大学》于明伦堂,诸生群聚,挤得都没有立锥之地。

以气象动人

这个时候,有个叫唐尧臣的人走上前给王阳明献茶,因此得以上堂旁听。起初唐尧臣不信王阳明的学说,听闻王阳明先生到了南浦,远远望见王阳明先生的气象,心里暗自吃惊,于是言道:"三代后居然还有如此豪迈高洁气象的人啊!"等到亲耳听闻王阳明的讲学,他热血沸腾不再怀疑。

一起听王阳明讲学的黄文明、魏良器辈笑着问唐尧臣:"像你这样对王阳明学说持怀疑态度的人居然也来拜访先生呀?"

唐尧臣则答道:"如果没有这么大的名气,哪能够吸引得住我啊!比如说你们这些平庸之辈就不会有这么强大的感召力呀!"

以上可知王阳明先生巨大的感召力量。

士友三百人畅谈良知

到达吉安府的时候,王阳明先生与螺川①的文士欢聚一堂。

此时欢聚的文士有彭簪、王钊、刘阳、欧阳瑜等,他们带领着旧游同好总共有三百余人,一行人热情地将王阳明先生迎接入螺川的驿舍中。

王阳明先生立谈不倦,说道:"尧、舜是一生都生知安行的圣人,但他们仍旧勤勉于困知勉行的功夫。我辈缺乏知勉行的资质,相反却悠悠荡荡,坐享生知安行的成功,此样岂不是误己误人的行为?"

随后他又说道:"良知的效用虽至大至广,但如果让其文过饰非,而失去了最本真的内容、舍本逐末的话,则危害就变大了。"

临别之际,王阳明叮嘱道:"功夫只要简易、真切,愈真切,愈简

---

① 螺川即螺山,形状似螺,在江西吉安县北十里,南临赣江。

易；愈简易，愈真切。"

故而，简易就成为阳明学的另外一个重要特征。

督励同志

十一月十八日，王阳明先生抵达广东肇庆。

王阳明先生给钱德洪、王畿二门生寄书说道："我的家事全依赖魏廷、魏豹尽力，而钱德洪、王汝中你们也都受到阳明学良好的熏陶，对于阳明学说的继承我可谓是没有后顾之忧。绍兴书院里面的门生们，不知道大家最近有没有新的领悟。钱德洪、王汝中既然已经担任书院的负责人，你们自然能振作教化，并有所作为。书院定期会讲的事宜，无论如何都不得荒废，其间纵有一二懈怠，也绝不可有任何的停滞，否则迄今所有的努力都白做了。我的故乡余姚也获应元等诸位朋友的鼎力协作，阳明学的事业想来也会日异而月不同。老夫我虽出山林，但是每每都能从中获得慰藉。你们这些门生都是一日千里的千里马，根本不需要我的鞭策，就能取得非凡的成绩，这点我也非常放心。即日我已抵达肇庆，去梧州不消三四日就可到达。我刚刚到达田州这个地方，绍兴书院及余姚各会同志诸贤的成绩，恕不能一一列出名字。所有的一切我都记在心里。"

王阳明现在虽在征途，还不忘督励自己的同志，其精神实在令人佩服。

第十章 第三次靖乱时期

纵横经略

十一月二十日,王阳明在广西梧州开府讲学。

十二月朔,王阳明给朝廷上疏说道:

田州之事,尚未及会议审处。然臣沿途咨访,颇有所闻,不敢不为陛下一言其略。臣惟岑猛父子固有可诛之罪,然所以致彼若是者,则前此当事诸人,亦宜分受其责。盖两广军门专为诸瑶、僮及诸流贼而设,事权实专且重,若使振其兵威,自足以制服诸蛮。夫何军政日坏,上无可任之将,下无可用之兵,有警必须倚调土官狼兵,若猛之属者,而后行事。故此辈得以凭恃兵力,日增桀骜。及事之平,则又功归于上,而彼无所与,固不能以无怨愤。始而征发愆期,既而调遣不至。上嫉下愤,日深月积,劫之以势而威益亵,笼之以诈而术愈穷。由是谕之而益梗,抚之而益疑,遂至于有今日。今山瑶海贼,乘衅摇动,穷追必死之寇,既从而煽诱之,贫苦流亡之民,又从而逃归之,其可忧危奚啻十百于二酋者之为患。其事已兆,而变已形,顾犹不此之虑,而汲汲于二酋,则当事者之过计矣。臣又闻诸两广士民之言,皆谓流官久设,亦徒有虚名,而受实祸。诘其所以,皆云未设流官之前,土人岁出土兵三千,以听官府之调遣;既设流官之后,官府岁发民兵数千,以防土人之反复。即此一事,利害可知。且思恩自设流官,十八九年之间,反者数起,征剿日无休息。浚良民之膏血,而涂诸无用之地,此流官之无益,亦断可识矣。论者以为既设流官,而复去之,则有更改之嫌,恐招物议,是以宁使一方之民久罹涂炭,而不敢明为朝廷一言,宁负朝廷,而不敢犯众议。甚哉！人臣之不忠也。苟利于国而庇于民，死且为之，而何物议之足计乎！臣始至，虽未能周知备历，然形势亦可概见矣。田州接近交趾，其间深山绝谷，蛮贼盘据，动以千百。必须存土官，藉其兵力，以为中土屏蔽。若尽杀其人，改土为流，则边鄙之患，我自当之；自撤藩篱，后必有悔。

（参见《王阳明全集》）

在朝的诸位大臣商议了王阳明的奏折，决定采用王阳明先生的建议，决议如下：

"王阳明大人才略素优，他所提出的建议必然自有道理。很多事宜难以未卜先知，俟待根据当地的实际风俗人情，随机应变地采取措施，这样才能保证辖地经久无患。凡是事有宜亟行的情况，听任王阳明大人因地制宜自行举措，全权负责，把问题都解决彻底，以免留下后患。"

由此可见，王阳明先生的才略已经为朝野上下所熟知与认可。

抒怀文德大化

想当初，朝廷下旨任命王阳明为两广总督，王阳明却上书请求辞官。奏疏如是写道："如若非要让我做官的话，就做个像在南京、北京的太常国子的职位。"这样的请求当然不会得到许可。

后来，王阳明在写给黄绾的信（《与黄绾书》）中写道：

往年于（朱）宸濠乱之赴义将士，功久未上报，人无所劝，再出，何面目见之？且东南小贼，特疮疥之疾；在朝百辟谗嫉朋比，此则腹心之祸也，大为可忧者。诸公任事之勇，不思何以善后？大都君子道表，小人道消，疾病既除，元气自复。但去病太亟，亦耗元气，药石固当以渐也。

他又说道："思、田二州之事，本无紧要，只为从前张皇太过，导致到了后来难以收拾。今必得如奏中所请，庶图久安，否则反复也是不能预知的。"

黄绾是王阳明先生的亲戚，也是王阳明的前辈，因此，他写给黄绾的信就表达了内心最真实的想法。

随后，王阳明也给方献夫写了一封信（《与方献夫书》），信中写道：

今圣主聪明不世出，今日所急，惟在培养君德，端其志向，于此有立，是谓一正君而国定。然非真有体国之诚，其心断断休休者，亦徒事其名而已。

同信中又说道：

诸公皆有荐贤之上疏，此诚君子立朝盛节，但与名其间，却有所未喻者。此天下治乱盛衰所系，君子小人进退存亡之机，不可以不慎也。譬诸养蚕，便杂一烂蚕其中，则一筐好蚕尽为所坏矣。凡荐贤于朝，与自己用人不同：自己用人，权度在我；若荐贤于朝，则评品宜定。小人之才,岂无可用,如砒硫芒硝,皆有攻毒破痈之功,但混于参苓著术之间而进之,鲜不误矣。

同信中还说道:

思、田二州之事已坏,欲以无事处之。要已不能;只求减省一分,则地方亦可减省一分之劳扰耳。此议深知大拂喜事者之心,然欲杀敌千无罪之人,以求成一将之功,仁者之所不忍也。

方献夫也是王阳明先生的前辈,因此写了这样一封信。

到了这一年十二月份,朝廷任命王阳明暂兼巡抚两广一职,王阳明先生上疏请辞,依然没有获得允准。

按语:本篇书信引文全部参照《王阳明全集》译出,下同。

上疏镇压思、田逆贼

嘉靖七年(1528),王阳明先生时年57岁,人在广西梧州。

到了二月份的时候,平定了思州和田州二地,王阳明先生便给朝廷上疏,报告征讨情况,在奏折中他如是写道:

臣奉有成命,与巡按纪功御史石金、布政使林富等,副使祝㻞、林文铬等,参将李璋、沈希仪等,会议思、田二州之役,兵连祸结,两省荼毒,已逾二年,兵力尽于哨守,民脂竭于转输,官吏罢于奔走;今日之事,已如破坏之舟,漂泊于颠风巨浪,覆溺之患,汹汹在目,不待知者而知之矣。

通过上文，王阳明详述了反复征战的利害，并且这样记录道：

臣至南宁于是下令尽撤调集防守之兵，数日之内，解散而归者数万。惟湖兵数千，道阻且远，不易即归，仍使分留宾宁，解甲休养，待间而发。初苏、受等闻臣奉命处勘，始知朝廷无必杀之意，皆有投生之念，日夜悬望，惟恐臣至之不速。已而闻太监、总兵相继召还，至是又见守兵尽撤，其投生之念益坚，乃遣其头目黄富等先赴军门诉苦，愿得扫境投生，惟乞宥免一死。臣等谕以朝廷之意，正恐尔等有所亏枉，故特遣大臣处勘，开尔等更生之路；尔等果能诚心投顺，决当贷尔之死。因复露布朝廷威德，使各持归省谕，克期听降。苏、受等得牌，皆罗拜踊跃，欢声雷动；率众扫境，归命南宁城下，分屯四营。苏、受等囚首自缚，与其头目数百人赴军门请命。臣等谕以朝廷既赦尔等之罪，岂复亏失信义；但尔等拥众负固，虽由畏死，然骚动一方，上烦九重之虑，下疲三省之民，若不示罚，何以泄军民之愤？于是下苏、受于军门，各杖之一百，乃解其缚，谕"于今日宥尔一死者，朝廷天地好生之仁，必杖尔示罚者，我等人臣执法之义。"于是众皆叩首悦服，臣亦随至其营，抚定其众，凡一万七千人，溅溅道路，踊跃欢闻，皆谓朝廷如此再生之恩，我等誓以死报，且乞即愿杀贼立功赎罪。臣因谕以朝廷之意，惟欲生全尔等，今尔等方来投生，岂忍又驱之兵刃之下。尔等逃窜日久，且宜速归，完尔家室，修复生理。至于诸路群盗，军门自有区处，徐当调发尔等。于是又皆感泣欢呼，皆谓朝廷如此再生之恩，我等誓以死报。

臣于是遂委任张佑、方隅将其悉数平定，是皆皇上神武不杀之威，风行于庙堂之上，而草偃于百蛮之表，是以班师不待七旬，而顽夷即尔来格，不折一矢，不戮一卒，而全活数万生灵。是所谓绥之斯来，动之斯和者也。

（参见《王阳明全集》）

奏疏呈报皇帝之后，朝廷派遣使者前来对王阳明进行奖励，赏赐银子五十两，缣丝材质的衣服四袭。主管的部门备办羊酒，其余各给赏有差等。

对于这件事情的经过，王阳明写一篇文章，后来刻在石头上。文中道：

嘉靖丙戌（五年）夏，官兵伐田州，随与思、恩之人人相比相煽，集军四省，汹汹连年。于时皇帝忧悯元元，容有无辜而死者乎？乃令新建伯王守仁曷往视师，其以德绥，勿以兵虐。班师撤旅，信义大宣。诸夷感慕，旬日之间，自缚来归者一万七千。悉放之还农，两省以安。昔有苗徂征，七旬来格；今未期月而蛮夷率来臣服，绥之斯来，速于邮传，舞于之化，何以加焉。爰告思、田，毋忘帝德。爰勒山石，昭此赫赫。文武圣神，率土之滨。凡有血气，莫不尊亲耳。

（参见《王阳明全集》）

建立学校

四月，王阳明先生上疏给朝廷讨论迁移都台到田州，此事无果。

王阳明先生在思州、田州兴建学校。这是考虑到思州、田州二地刚刚归顺朝廷，如果想改变他们原先的生活习惯，遵循华夏的文化习俗，最好的办法就是建立学校。

　　但是老百姓遭受战祸流弊四处逃窜，大部分人还没有定居下来。想要立刻建立学校，最终只能是徒劳。但是学校教育是教化的根本，又不能拖延，于是王阳明先生发公文、提学道，要求所属的儒学教养机构，只要有生员，不管是廪膳生员还是增广生员，只要有意改到田州府学的，而且各地的儒生愿意附籍入学的，由提学道选派教官暂时领导学习的事情，相互讲学、游玩、休息，兴起孝悌，或者倡导实行乡约，随时随地进行启发引导，逐渐打开了局面。等到建立学校，将学生们全部迁往学校学习，并按照惯例增加补充生员到国子监读书。

　　五月份，王阳明安抚辖内归顺朝廷的老百姓。

　　六月份，兴建南宁府学校。王阳明先生这样说道："理学不明，人心陷溺，因此兵士逐渐疏于训练，风教不振。"

　　王阳明每日里都与各学校的教师朝夕开讲，已经能够觉察到他们渐有奋发之志。但是他又担心身处穷乡僻邑之地，自己又不能总是亲身到这些地方。于是他便委派自己的得力门生陈逅前来主持灵山诸县的教育工作，与此同时委派季本在敷文书院担任主教。

征讨余贼

　　在这年七月，王阳明指挥兵士们奇袭八寨、断藤峡等地，并将活跃在此地多年的流寇叛乱悉数剿灭。

八寨、断藤峡诸地的蛮贼总共有数万人之众，这些地方地理位置十分便利，连通南方各个少数民族地域，西接云南、贵州诸蛮，东北与牛场、仙台、华相、风门、佛子及柳庆、府江等诸贼互相呼应，延袤二千余里，流劫出没祸害四乡的年头也很长了。之前因为王阳明先生忙于思、田二地的叛乱平剿，无暇顾及此处。到了这个时候，王阳明先生认为思、田二州已经顺利平定，卢苏、王受新归服，如果出其不意兵分几路进行征讨是比较可行的谋略。王阳明先生委派旗下将领率右江及思、田二地的官兵进剿八寨诸贼。与此同时命令参议汪必东、副使翁素、佥事汪溱，率左江及永、保土兵进剿断藤峡诸贼。命令该道分巡兵备收解，纪功御史册①报，及行太监张赐并各镇台之兵来会。在短短的一月之内，王阳明的军队大破贼众，总共斩获敌寇总数达三千余人。此时，王阳明先生见诸贼巢穴基本上全部都被扫荡平定，而自己的兵士们开始沾染疾疫，于是下令班师奏捷。

王阳明给皇帝上疏报告了自己带领军队平定思、田二地以及八寨、断藤峡的战绩。疏言如下：

"断藤峡地方的诸贼，他们在各处屯聚，自我朝建国初以来，屡征但是没有成功。到了天顺（英宗年号）间，都御史韩雍统兵二十万攻破断藤峡贼寇巢穴。但是撤兵没多长时间，贼寇重新攻陷浔州，这个地方自此大乱。后来联络附近的兵力重新进行剿抚，但是仍匪患连连，这个地方的贼匪们至今没有弃恶从善。尤其是现在嚣张不已的八寨诸贼尤为凶猛暴戾，他们擅长利镖毒弩，一旦与其交锋，很难占到便宜；另外一

---

① 原文为"删"。

个原因是他们的山寨建在天险石壁之上，进兵无路。自从建国初都督韩观，曾经打算用数万之军士围困其地，最后还是不能攻破，没有办法只能去招抚。等到了成化年间，当地官吏岑瑛曾经与当地武装合作深入敌穴，斩获二百敌寇，但是贼寇势力突然大大增加，岑瑛的兵士们自然是力不能支，最后也不得不改用安抚的策略。如今由于湖广两地的兵士已返回，因此我准备因势利导其顺便之势，使他们成为思、田的新合作伙伴，善用其剿灭匪患报效朝廷。两地进兵，虽然各不到八千之众，然而到了三月报捷，其战果已经超过三千兵士的军功。两广之地的父老乡亲无不以为数十年以来都还没有这样的大成功。"

由于王阳明很快结束了征讨，免除了朝廷的心腹大患，于是皇帝就要奖赏平定思州、田州的功劳。九月初八，使者冯恩秉承皇帝恩赐到达驻守地，但是王阳明先生却给皇帝上疏一封，执意要辞去赏赐。

关心学况与家事

此时，王阳明修书一封给弟子钱德洪和王畿，询问家乡的消息。信中如是写道："地方上的战事幸运的是即将平息，我们相见之日渐可期待了。近年不知道你们还像以往那样聚会论道吗？想当年我们的卧龙之会，虽然对大家没有特别大的收益，但是你们也不宜就此荒落废弃；你们保存实力饬羊，以后也有可能东山再起，这些都是说不准的事情。在余姚得到应元诸友的互相敦促，他们的获益还是不小的。前几日有人来自家乡，我听闻你们在龙山举办讲座，至今不废，这是最值得欣慰的事情。收到我的信后，希望你转达我的心声和寄望，你们也应该更加勤勉学业。不知道你们九十多个师兄与吾子正宪还不论早晚亲近走动吗?希望你们也多多照顾他奖掖后学,好好相处,为师在这里就不再多说了。另外,希望魏廷豹一定不要辜负我的嘱托,对于小辈的教养绝对不能轻率疏忽,我十分希望你们互帮互助、一起进步。"

罹患咳疾

十月,王阳明给皇帝上疏请求告老还乡。

此次上疏中如是写道:

臣自往年承乏南、赣,为炎毒所中,遂患咳痢之疾。岁益滋甚。其后退休林野,稍就医药,而疾亦终不能止。自去岁入广,炎毒益甚。力疾从事,竣事而出,遂尔不复能兴。今已舆至南宁,移卧舟次,将遂自梧道广,待命于韶、雄之间,夫竭忠以报国,臣之素志也。受陛下之深恩,思得粉身斋骨以自效,又臣之所日夜切心者也。病日就危,而尚求苟全以图后报,而为养病之举,此臣之所以大不得已也。

上疏递交给朝廷,可惜依然没有得到皇帝的允准。

一日,王阳明先生路过伏波庙并拜谒。这座庙宇在梧州,前有所述,此庙宇是为了祭祀汉代的马援而建立的。

王阳明15岁时曾经做梦谒伏波庙,前已所述,此次二度拜祠,一切宛然如梦中,谓兹行殆非偶然,胸中难免一番感慨,后作诗两首:

第十章 第三次靖乱时期

其一：

四十年前梦里诗，
此行天定岂人为？
徂征敢倚风云阵，
所过如同时雨师。
尚喜远人知向望，
却惭无术救疮痍。
从来胜算归廊庙，
耻说兵戈定四夷。

其二：

楼船金鼓宿乌蛮，
鱼丽群舟夜上滩。
月绕旌旗千嶂静，
风传铃木九溪寒。
荒夷未必先声服，
神武由来不杀难。
想见虞廷新气象，
两阶干羽五云端。

随处体认天理与致良知

在写与邹守益的书信中,王阳明谈到了教学法,提及"随处体认天理,勿忘勿助"之说。这里所言极有道理。只要根究其本质,难免会落入捕风捉影的俗套。纵令鞭辟向里,仍然与圣门致良知的功夫隔着一层纸的厚度。"如果再次失之毫厘,那更是会存千里之缪。试看世间那些无志之人,他们已经选择声利辞章的学习,其间突然发现自己性分难达,又被一种似是而非之学兜绊羁縻,终生不会做出成绩。这是由于这些人并没有真为圣人的志向,未免挟有见小欲速的褊狭认识,则此种治学问的办法实在是难以让人认可。所以我们常言道:虽然身在豪杰之士,但是由于任重道远,在追求志向的过程中,稍微有所疏忽,当即陷落其中、难以自拔的例子那更是不胜枚举。"

而在《王阳明年谱二》中,亦有关于"致良知"的相关论述:

近来信得致良知三字,真圣门正眼法藏。往年尚疑未尽,今自多事以来,只此良知无不具足。

从上可以看出,王阳明先生经过常年的砥砺、体悟和总结,此时开始用"良知"来概括和表达他"心学"的最本质的内容。

增城祭祀祖先

王阳明先生的五世祖王纲,死于苗贼之难,朝廷后来在位于广州以东增城建造一座庙堂来纪念他。

第十章 第三次靖乱时期

这一月,当地官吏重新修缮了王纲的祠庙,王阳明先生决定前往谒祠奉祀。前往路途中,正好路过好友湛甘泉先生的旧书庐,一时间王阳明先生多有感慨,便题诗于墙壁道:

我祖死国事,
肇礼在增城。
荒祠幸新复,
适来奉初蒸。
亦有兄弟好,
念言思一寻。
苍苍见葭色,
宛隔环瀛深。
入门散图史,
想见抱膝吟。
贤郎敬父执,
童仆意相亲。
病躯不遑宿,
留诗慰殷勤。
落落千百载,
人生几知音。
道同着形迹,
期无负初心。

(原题为《书泉翁壁》)

王阳明先生又题湛甘泉旧居道：

> 我闻甘泉居，
> 近连菊坡麓。
> 十年劳梦思，
> 今来快心目。
> 徘徊欲移家，
> 山南尚堪屋。
> 渴饮甘泉泉，
> 饥食菊坡菊。
> 行看罗浮云，
> 此心聊复足。

（原题为《题甘泉居》）

关于王阳明和湛若水的交往，此前由于政见立场的不同，二人一段时间里也是疏于联络。但是再度回顾年轻时候结交下来的这段情谊，如今路过故人旧居，王阳明先生难免要感慨万分。

鼓励学友安顿后事

在写与钱德洪、王畿的另一封书信中，王阳明描述了当时的状况，写道："从书信来观，得知你们近日学业大有进步，真的是叫我喜慰！另外余姚、绍兴诸同志又能相聚切磋提高，他们奋发兴起，日勤不懈，

第十章 第三次靖乱时期

阳明学的昌盛真有"星星之火，可以燎原"的迹象，我高兴得都不知道如何表达自己的心情！另外，此间地方悉已平靖，虽然还有二三个大贼巢，它们横跨两省，盗贼的根株渊薮，的确是不除不快，我决意将其也一举剪除，所以又要再迟留两三个月。这件事一旦完成，旬月间便可以踏上归途了。王守俭、王守文我的两位兄弟，他们近来对我的儿子王正宪承夹持启迪，想来王正宪也有所进步。再说王正宪尤极懒惰，如果不痛加针砭，他的这些毛病是不能轻易就改正的。父子兄弟之间，情既迫切，责善反难，要改变这一状况还要依靠师友之间的提携和教导，我当然知道你们平日骨肉道义，感情甚笃，我在这里就不再多唠叨了。"

王阳明先生在上信中写出了对归乡的热切与期待，但是最终不幸逝世于归途之上，读到此处实在是令人伤怀。

终焉：此心光明复何言

这个时候，王阳明的病情日趋恶化。有文献记载道："自至广城，又增水泻，日夜数行不得止。至今遂两足不能坐立。"王阳明先生的疾病主要是早年罹患过的肺病复发，加上路途颠簸，又患上了严重的水泻，身体状况自此是越来越衰弱，在平灭了思州和田州的贼徒后，他归心似箭地行走在返还故乡的途中。

从这里看得出来，王阳明先生此时的心情还是非常愉悦和期待的。

在归乡途中，在王阳明与同志们的会谈中亦能体察到他的打算，那就是他打算归田静养，体悟心学。令人遗憾的是，这一切都没来得及实现。

天下能有王阳明这么伟大的人物实属幸事。十一月二十五日，王阳明越过梅岭到达南安。正要登船的时候，南安推官门生周积来见，王阳明从凳子上直起身，咳喘不停，缓慢地问弟子道："近来进学如何？"

周积以政事繁忙有所荒置作答，然后问王阳明身体是否有恙。

王阳明说："我的病势已经回天无力了，之所以现在还没死，依靠的是体内蓄积的元气。"

周积退下之后赶紧迎医诊药，为王阳明先生诊疗。

二十八日晚，停船靠岸，王阳明问："我们现在到哪里了呢？"

在旁边侍奉的人答道："青龙铺。"

第二天，王阳明召周积进得病榻跟前，过了很久时间，睁开眼睛说："吾将去矣！"

周积顿时流下了眼泪，问王阳明有什么遗言，王阳明微笑着说："此心光明，复何言尔？"

话刚说完，王阳明先生便瞑目而逝，时间是二十九日的辰时。这样一代百世殊绝的伟人至此阒然与世长辞。

呜呼哀哉！

殁后际遇

赣州兵备官门人张思聪亲自在南野驿迎接王阳明遗体到来，以广州布政使门人王大用所赠美材制作寿棺，紧接着周积在南野驿的中堂为王阳明沐浴衾敛如礼。

十二月三日，门人刘邦采前来奔丧，张思聪与官属师生设祭台，放王阳明遗体入棺。第二日,舆榇登舟。士民远近遮道,哭声震天溃地,舟所过之处,门生、军民无不前来拜祭,其场面十分壮观!

嘉靖八年正月,发丧于南昌府。正月初六,王阳明的灵柩抵达弋阳县。钱德洪、王畿带领王正宪俱来奔丧。

二月庚午,王阳明的灵柩抵达故里越城。

二月四日,王家后人与门生在中堂祭奠王阳明的灵柩,开始治丧。妇女在门内哭泣,孝子王正宪带领弟弟王正亿以及亲族子弟在门外哭泣,门生在幕外哭泣,早晚按照当时礼仪祭奠。每天门生来吊唁的有一百多人,有的人从王阳明初丧到最后下葬都没有回去,书院和诸寺院聚会就跟王阳明在世的时候一样。

十一月,葬王阳明先生于洪溪。十一月十一日出殡当天,门人会葬者千余人,以及生前好友、附近的官员,都赶赴王阳明先生绍兴的家乡,众人莫不扶灵柩而恸哭。四方来送葬的人无不交涕悲恸。

当时,礼部尚书桂萼因为与王阳明私怨颇深,于是给皇帝谗奏王阳明先生聚集弟子门人私底下倡导邪说,应该查禁,决不能姑息。此时由于朝中对王阳明丧事有不同的意见,承继爵位和赠予谥号等各项礼仪都没有实行,而武宗皇帝此时却下诏禁止阳明学。

得知此消息后,在朝廷为官的黄绾立刻给武宗皇帝上疏进行商榷,然而可惜的是黄绾的建言根本没有被皇帝采纳。与朝廷的态度大相径庭的是,阳明学自此却日益得到发扬光大,在中华神州大地星星之火燎原开来。

嘉靖十一年(1532),王阳明门人方献夫纠集同志会于京师。自从王阳明去世后,桂萼之流在朝学禁方严。薛侃等也因此获罪遭到贬谪。黄绾、程文德、黄宗明等四十人也赶来聚会。嘉靖十二年，门人欧阳德合同志会于南畿地方。

嘉靖十三年（1534）正月，门人邹守益于安福建立复古书院；三月，门人李遂于衢麓建立精舍，以祀王阳明先生；五月，巡抚贵州监察御史王可，于贵阳建立王公祠，立碑作记。其后，在中华大地上建立了很多纪念王阳明先生的王公祠，虎溪精舍、文湖书院、阳明祠、仰止祠、明经书院、寿岩书院、混元书院、连山书院等，不胜枚举。

之后通过讲学和建祠来祭祀王阳明先生的门人同志越来越多。如嘉靖十四年（1535）乙未，在南京姑苏刻王阳明先生《文录》；巡按直隶监察御史曹煜于九华山建立了仰止亭，以祭祀王阳明先生。嘉靖十五年（1536）丙申，巡按浙江监察御史张景、提学佥事徐阶等重新整修天真书院，设立祀田祭祀；门人礼部尚书黄绾作碑记。嘉靖十六年（1537），门人周汝员于越地建立新建伯祠堂。

嘉靖四十五年（1563），王阳明的生平著文被刻成《阳明文录续编》。

第二年，即隆庆元年正月，新继位的皇帝穆宗下诏，对病故大臣有应得恤典赠谥而未得者，给事中御史上书议奏，如是写道：

故原任新建伯兵部尚书兼都察院左都御史王守仁（即王阳明），功勋道德，宜膺殊恤。

五月，皇帝下诏赠王阳明先生为新建侯，谥庙号文成。

隆庆二年（1568）六月，王阳明先生的次子王正亿袭新建伯一爵。

到万历十二年（1584），神宗在位时期，下诏以新建伯王阳明从祀孔子庙祀。

小　结

　　王阳明先生平定思州和田州二州，在返乡途中不幸仙逝。此正所谓是到了他"功成名而身退"的时候，然而王阳明先生却不幸撒手人寰。此时王阳明先生在武功方面已经取得了大成，在文化教养方面，其思想体系亦日臻完备。王阳明先生之学说，以良知为宗，经文纬武，已经如此，想必王阳明先生此生也了无遗憾了吧！

　　一切正如王阳明先生临终时所言，公明正大，寂然不动，真真正正地表现了一位得道君子的气象。在立志于修养心性方面，"此心光明复何言"①七个字，如果我们能拳拳服膺的话，也必将此生无忧！

---

① 此句中文版本多为"此心光明亦复何言"八个字，由于日语中"亦复"一词读作"mata"，写作"复"或者"又"，因此原作者判断为七个字。

后　记

承蒙北京时代华文书局编辑的邀请，有机会和妻子一同翻译《知行合一：王阳明详传》一书，我们都觉得是件非常开心的事情。

我和妻子都是日语专业出身，迄今已在高校从事日本文学领域的教学与科研工作多年。在本书的翻译过程中，面对明代大儒王阳明坎坷多舛的生平和抽象晦涩的哲学主张，我们遇到了不少困难。由于文学和哲学隶属于不同的研究分野，我们的翻译工作进展得既谨慎又愉悦，好多次我们为了一个词语的翻译在电话中争论半个多小时，虽然辛苦依旧乐此不疲。等待最后达成统一见解的时候，我们又幡然疑释，伴随着会心一笑。尽管我们相距千里之遥，不能看得到此刻对方开心的笑颜。

之前我们同在南方的一所大学任职，日子过得富足而美满、平淡又快活。为了追求学术上的进一步提升，我和妻子回到北方求学又将一年。每次筹划许久的相聚，都是聚也匆匆、别亦匆匆。我们只能把对彼此的真心深爱珍藏在心底，而此次《知行合一：王阳明详传》一书的共同翻译，更是在多年以来彼此间生成的默契中合作完成的。可以说，此书的翻译是在无比的幸福中进行的。

应该一提的是，我们执教高校的所在地江西赣州，王阳明先生也曾

后　记

在那里戎马帷幄，留下了不少脍炙人口的诗篇，其一生主要思想主张的相继提出也都与赣州有着极深的历史渊源。在本书翻译的过程中，我脑海里反复闪现过南国猩红色的肥沃土壤、潮湿温软的空气、目不暇接的青山绿水，以及碧空中逸巡游走的云彩。每当想到王阳明五百多年前先于此活动过，我就对妻子说：一定要翻译好这部书稿，以此作为我们在赣州工作、生活过的美好纪念。

在本书翻译过程中，我们同时参看了国内出版的王阳明作品和部分著述，同时就书稿日文的难懂之处得到熟识多年的好友松草雅弘先生和神原秀明先生的热情指导，借此请允我们一并恭致谢忱！在遇到内容相左的时候，我们选择以《王阳明全集》的实际记录为判断依据，重大更改、修订之处，重要历史人物和地名等信息都在文本中以脚注形式进行扼要阐明。由于本书原版以日语文言体写成，为了让国内读者一睹原著风貌，在不影响阅读的情况下，我们选择了以文言和白话相结合的现代汉语文体"归化"译出，力求兼顾行文晓畅与通俗，希望能符合我国读者的阅读习惯。

另外原著（为1915年广文堂再版版本，初版于1904年5月，由日本文明堂发行）附录部分刊录了作者高濑武次郎教授于1915年8月上旬在日本立命馆大学哲学馆开设的夏季短期讲习会中以"朱子学与阳明学"为题的课堂讲义，总计十节，其中从比较视角对阳明学与朱熹、陆象山及苏格拉底等哲学思想家的学说展开探讨，由于译者目前文力所限，经商议后决定暂将此部分简要目录译出供广大读者参考，而其内容暂时空白的遗憾只能有待于在今后继续提高后再来补充完善了。

在去年的博士课程中正好接触到译介学的内容，当时我还对译介学的核心理论"创造性叛逆"和"叛逆性创造"冥思而难得其解。在本书的译介中，我将之前自己对这门课程的理解融会其中，与此同时也丰富了我对译介学说的认识。这真是一个译学相长的过程！现在，我同妻子分别获得2013年度国家留学基金管理委员会和日本国际交流基金会的资助，于今年9月份将同赴东京和名古屋的世界著名学府访学一年。我们会珍惜这宝贵的提高机会，在经营幸福爱情的同时，好好利用人生中的每一寸光阴，真心希望能为中日两国间的文化交流与对话贡献一己微薄之力！

赵海涛
2013年5月于北京师范大学木铎金声中谨记

原书附录

题名：朱子学与阳明学（简要目次）

第一节　心即理

  一、陆王二子的关系

  二、心即理的意义

  三、心即理与即物穷理

第二节　知行合一

  一、知行合一的意义

  二、知行合一的要旨

  三、知行合一的疑问及辩解

  四、知行的真正意义

  五、王阳明的知行合一与程伊川的知行合一

  六、王阳明的知行合一与苏格拉底的知行合一

　　　　七、朱王二子与知行的关系

第三节　良知

　　　　一、良知的发现

　　　　二、良知的体用

　　　　三、良知固有说

　　　　四、良知普遍说

　　　　五、良知即百行的标准

　　　　六、致良知的程度

　　　　七、致良知的功夫

第四节　心即理、知行合一、致良知的关系

第五节　四句教（二种）

第六节　朱子的宇宙观

　　　　一、理气二元论

　　　　二、太极论

第七节　王子的宇宙观

第八节　朱子的性说

第九节　王子的性说

第十节　朱陆即朱王的异同

一、朱陆二子的异同

二、致知格物

三、其他凡七个条

王阳明简要年谱

- 1472年，宪宗成化八年九月三十日，出生于浙江省余姚县（今余姚市）龙泉山。

- 1482年，成化十八年，11岁，随父亲王华（新状元）寓京师。

- 1488年，孝宗弘治元年，17岁，回余姚与诸氏完婚于江西南昌。诸氏，余姚人。

- 1489年，弘治二年，18岁，偕夫人回余姚，识娄一谅、信圣人必可学而致之。一改活泼性格，严肃求成圣人，格竹失败。

- 1492年，弘治五年，21岁，举浙江乡试。明年会试下第，归余姚，结龙泉诗社，对弈联诗。

- 1497年，弘治十年，26岁，寓京师，苦学诸家兵法。想借雄成圣。

- 1499年，弘治十二年，28岁，举进士出身，二甲第七名，观政工部。与七子唱和，是所谓泛滥辞章时期。

- 1500年，弘治十三年，29岁，在京师，授刑部云南清吏司主事。到直隶、淮安审决积案重囚。游九华山，出入佛寺道观。

- 1502年，弘治十七年，31岁，告病归余姚，筑室阳明洞天，静坐行导引术，能先知，后因其簸弄精神，不能成圣，弃去。

- 1504年，弘治十七年，33岁，在京师，秋季主考山东乡试。九月改兵部武选清吏司主事。
- 1505年，弘治十八年，34岁，开门授徒，与湛若水定交。
- 1506年，武宗正德元年，35岁，上封事，下诏狱，谪贵州龙场驿驿丞。
- 1507年，正德二年，36岁，赴谪至钱塘，过武夷山，回越城。
- 1508年，正德三年，37岁，至龙场，大悟格物致知之旨。
- 1509年，正德四年，38岁，在贵阳，受提学副使席书聘请主讲文明书院，始揭知行合一之旨。
- 1509年，正德五年，39岁，三月，任庐陵知县。十二月，升南京刑部四川清吏司主事。路过辰州、常州时教人静坐补小学工夫。
- 1511年，正德六年，40岁，在京师。正月，调吏部验封司清司主事。二月，为会试同考官。十月，升文选清吏司员外郎。
- 1512年，正德七年，41岁，在京师。三月，升考功清吏司郎中，黄绾、徐爱等几十人同受业。十二月，升南京太仆寺少卿。据《大学》古本立诚意格物之教。
- 1513年，正德八年，42岁，赴任便道归省。十月至滁州，督马政。地僻官闲，日与门人游琅琊、瀼泉间。新旧学生大集滁州。教人静坐入道。
- 1514年，正德九年，43岁，在南京教人存天理去人欲。
- 1514年，正德十年，44岁，在京师，拟《谏迎佛疏》未上。上疏请归，不允。
- 1516年，正德十一年，45岁，在南京。九月，经兵部尚书王琼特荐，升都察院佥都御使，巡抚南赣、汀、漳等处，平定征南王谢志山、金龙霸王池仲容等江西、福建、广东、湖广等地的暴动。

- 1517年，正德十二年，46岁，正月至赣，二月平漳，十月平横水、桶岗等地，行十家牌法。
- 1518年，正德十三年，47岁。正月，征三浰，三月，疏乞致仕，不允。平大帽、俐头。六月，升都察院右都御使，荫子锦衣卫，世袭百户。辞免，不允。七月，刻古本《大学》《朱子晚年定论》。八月，门人薛侃刻《传习录》。九月，修濂溪书院，四方学者云集于此。
- 1519年，正德十四年，48岁。六月，奉命勘处福建叛军，至丰城，闻朱宸濠反，遂返吉安，起义兵。旬日平朱宸濠。与前来平叛的宦官周旋。
- 1520年，正德十五年，49岁，在江西。王艮投门下，艮后创泰州学派。阳明自言在应付宦官刁难时全靠良知指引。
- 1521年，正德十六年，50岁，在江西。始揭致良知之教。五月，集门人于白鹿洞。六月，升南京兵部尚书。九月，归余姚，封新建伯。
- 1522年，世宗嘉靖元年。51岁，在绍兴[山阴]。正月疏辞爵，二月父王华死。丁忧。有御使承首辅杨廷和旨意倡议禁遏王学。
- 1523年，嘉靖二年，52岁，在绍兴。来从游者日众。南京刑部主事桂萼议大礼得宠。
- 1524年，嘉靖三年，53岁，在绍兴。四月，服阕，朝中屡有荐者。有人以大礼见问者，不答。十月，门人南大吉续刻《传习录》。
- 1525年，嘉靖四年，54岁，在绍兴。夫人诸氏卒。礼部尚书席书力荐，不果。决定每月朔望在余姚龙泉寺之中天阁聚会生徒。十月，立阳明书院于越城西[山阴东]光相桥之东。

- 1526年，嘉靖五年，55岁，在绍兴。十一月庚申，子正聪生，七年后黄绾为保护孤幼收为婿，改名正亿。
- 1527年，嘉靖六年，56岁，在绍兴。四月，邹守益刻《文录》于广德州。九月，出征思田。天泉证道，确定四句教法。
- 1528年，嘉靖七年，57岁。二月，平思田之乱。七月，袭八寨、断藤峡。十月，乞骸骨。十一月二十九日辰时，公历1529年1月9日，病逝于江西南安府大余县青龙铺码头。

原文参考书目

- 《王阳明全书》，38卷24册；
- 《王阳明全集》，8卷16册；
- 《传习录·附录》，共4卷4册；
- 《王学提纲》，2卷2册，吉村秋阳撰；
- 《王阳明出身靖乱录》，3卷；
- 《明儒学案》，40册62卷；
- 《阳明先生则言》，2卷2册；
- 《阳明先生集要》，15卷10册；
- 《王阳明奏议选》，桑原忱著；
- 《王阳明文粹》，4卷4册，村濑晦辅著；
- 《阳明学》（杂志），第1期至第80期；
- 《王门宗旨》，10册；

- 《王心斋全集》，2卷；
- 《王阳明文录抄》，5册；
- 《王阳明》，1卷，三宅雄次郎著；
- 《论王阳明学》，井上哲次郎论文，刊于《阳明学》（杂志）第1期、第2期、第3期；
- 《明史》，（清）张廷玉编；
- 《朱文公文集》，121卷；
- 《朱子语类大全》，141卷；
- 《朱子全书》，66卷；
- 《朱子书节要》，20卷；
- 《朱子学》，2卷；
- 《宋学概论》，1册，小柳司气太著；
- 《宋元学案》，140册；
- 《二程全书》，66卷，16册；
- 《张子全书》，17篇17卷；
- 《周子全书》，1册；
- 《陆象山全集》，36卷；
- 《陆象山》，1册，建部豚吾著；
- 《三鱼堂集》，18卷10册；
- 《学蔀通辨》，12卷3册；
- 《求是编》，4卷1册；
- 《国朝先正事略》，60卷；
- 《国朝名家诗钞小传》，4册4卷；

- 《国朝学案小识》，14卷12卷；
- 四书五经，等；
- 《中国历代沿革图说》，1册，河村与一郎编。

译文参考书目

- 高濑武次郎. 王阳明详传（第2版）. 东京：广文堂，1915年；[1]
- 王阳明. 王阳明全集（1-5）. 北京：线装书局，2012年；
- 王守仁. 王阳明全集（1-3）. 上海：上海古籍出版社，2011年；
- 王守仁. 王阳明诗文选译. 南京：凤凰出版社，2011年；
- 吴震. 《传习录》精读. 上海：复旦大学出版社，2011年；
- 王守仁. 王阳明全集新编本（1-6）. 杭州：浙江古籍出版社，2010年；
- 王守仁，陈荣捷. 王阳明传习录详注集评. 上海：华东师范大学出版社，2009年；
- 王守仁. 传习录（新编）. 郑州：中州古籍出版社，2008年；
- 张清河编. 王阳明诗歌选择. 成都：西南交通大学出版社，2008年；
- 王守仁. 阳明先生集要. 北京：中华书局，2008年。

---

[1] 《王阳明详传》于1904年5月，日本文明堂初版，本书参照底本为广文堂再版。——译者注